Eric Silver
Sie waren stille Helden

Eric Silver
Sie waren stille Helden

Frauen und Männer,
die Juden vor den Nazis retteten

Aus dem Englischen
von Verena Koch

Carl Hanser Verlag

Die Originalausgabe erschien 1992 unter dem Titel
The Book of the Just bei George Weidenfeld
& Nicolson Limited in London

2 3 4 5   98 97 96 95 94

ISBN 3-446-17459-1
© Eric Silver 1992
Alle Rechte der deutschen Ausgabe
© Carl Hanser Verlag München Wien 1994
Umschlag: Quint Buchholz, Ottobrunn
Satz: Reinhard Amann, Aichstetten
Druck und Bindung:
Franz Spiegel Buch GmbH., Ulm
Printed in Germany

*Für Sidonie Brichta
und für meine Eltern Harry und Fanny Silver,
die ihr auf der sicheren Seite
des Ärmelkanals Zuflucht gewährten.*

Inhalt

Danksagung
9

Prolog
Das Böse bekämpfen
11

1 Verschwörer des Guten
17

2 Die ehrenhaften Konsuln
52

3 Unter Gefangenen
93

4 Widerstand aus den Kirchen
113

5 Der gütige Halbmond
149

6 Ein Akt des Widerstands
164

7 Die wenigen, die den Gehorsam verweigerten
196

Epilog
Motive und Beweggründe
229

Glossar
236

Register
239

Quellen
244

Auswahlbibliographie
249

Bildnachweis
251

Danksagung

Ich danke:
Dr. Mordecai Paldiel und den Mitarbeitern der Gedenkstätte Yad Vashem, Jerusalem.
Dem Archiv der *Jerusalem Post* und dem unermüdlichen Ernie Meyer, der über die Geschichte der jüdischen Rettung schreibt, solange ich zurückdenken kann.
Dem Moreshat-Archiv im Kibbuz Givat Havivah.
Yehudit Wade, der bei den Recherchen behilflich war.
Sylvain Brachfeld und Yitzchak Kerem, die mir von ihren Untersuchungen über die belgischen beziehungsweise griechischen Juden berichteten.
Meinen Freunden und Kollegen Cordelia Edvardson, Richard Oestermann, Simonetta Della-Seta, Peter Philipp, Ephraim Lahav und Nadia Slovik, die bei Interviews, unvertrauten Sprachen und mit Informationen zum Hintergrund behilflich waren.
Lynn Sharon, die mir großzügig gestattete, die unveröffentlichten Memoiren ihres verstorbenen Mannes heranzuziehen.
Retter und Gerettete, die mir ihre Zeit und ihre Erinnerungen schenkten.
Richter Moshe Bejski, der das Typoskript las und mich vor vermeidbaren Fehlern bewahrte.
Linda Osband, die immer taktvolle Lektorin bei Weidenfeld & Nicolson.
Meiner Frau Bridget, die mir wieder einmal half, die Panik beim Schreiben durchzustehen.

Prolog
Das Böse bekämpfen

»Israel verlieh mir eine Medaille«, sagte mir ein pensionierter polnischer Außenhandelsfachmann eines Abends in einem Jerusalemer Hotelzimmer. »Auf der Medaille steht, wer ein Leben rettet, rettet die ganze Welt. Ich habe ein Leben gerettet.« Dieses Buch erzählt Geschichten von Menschen, die Juden gerettet haben – manche einen, manche bis zu zehntausend –, als in Europa Jagd auf sie gemacht wurde, als man sie willkürlich und systematisch niedermetzelte. Das Buch will dieses schreckliche Geschehen nicht etwa relativieren: Der Holocaust ist eine geschichtliche Tatsache. Er war das Ergebnis einer geplanten Vernichtungspolitik. Die Nazis, nicht ihre Kritiker, nannten das »die Endlösung der Judenfrage«. Daß dies im letzten Jahrzehnt des 20. Jahrhunderts in Frage gestellt wird, ist der Gipfel der Geschmacklosigkeit. Wenn es nicht exakt sechs Millionen Tote waren, liegt diese Zahl doch im Bereich des Möglichen. Eine Million wäre grauenhaft genug. Man denke an die Armenier. Das Erbe der Konzentrationslager ist immer noch vorhanden. Massengräber, namenlose Asche, Dokumente und Photographien verschwinden nicht, nur weil man nichts mehr davon wissen möchte. Ich habe zu viele Freunde mit Nummern auf den Armen. Die Haushälterin meiner Mutter, ein Flüchtling aus Österreich, war die einzige Überlebende einer jüdischen Familie mit dreizehn Söhnen und Töchtern. Viele, die von den Helden dieses Buches gerettet wurden, haben ihre nächsten Angehörigen verloren. Ich besuchte als Journalist ein israelisches Beratungszentrum, in dem ein halbes Jahrhundert danach Überlebende und ihre Kinder immer noch die Scherben zusammenzusetzen versuchen.

Dieses Buch will in erster Linie zeigen, daß es Menschen gab, die sich engagierten, die weder gleichgültig noch verängstigt waren, die ihr Leben, ihre Freiheit, ihre Karriere riskierten, um Juden zu retten – und manchmal einen hohen Preis dafür bezahlten. Hitlers Europa war keine Welt, in der es nur uns und sie, Juden und Gojim, Opfer und Täter gab. Die Tragödie ist, daß es nicht genug Gerechte unter den Völkern gab. Es war einfacher, sich abzuwenden, sich und seine Familie zu schützen, oder sogar – wie die polnischen »Freunde«, die die Eltern des späteren israelischen Premierministers Yitzhak Shamir ermordeten, als diese um Hilfe baten – an der Orgie des legalisierten Blutvergießens teilzunehmen. Und doch ist es wichtig, daß es einige gab, die sich widersetzten. Wichtig für die Geretteten und wichtig für die übrige Menschheit, wenn sie ihre Selbstachtung nicht verlieren will.

Niemand weiß, wie viele es waren. Wissenschaftler haben Schätzungen von fünfzigtausend bis fünfhunderttausend abgegeben – Zahlen, die so viel Spielraum lassen, daß sie fast bedeutungslos sind. Israel und die Gedenkstätte Yad Vashem in Jerusalem haben im Namen des jüdischen Volkes fast zehntausend »Gerechte unter den Völkern« geehrt. Heute, da die Zeit knapp wird und die Grenzen Osteuropas offen sind, treffen monatlich Dutzende Eingaben von Zeugen ein, die der Liste neue Namen hinzufügen wollen. Wenige Retter sind anderswo geehrt worden oder haben sich auch nur darum bemüht. Sie sprechen nur zögernd von ihren Taten. Ihre Kinder erfuhren oft von anderen davon. Nach Kriegsende empfanden viele eine große Leere und Enttäuschung. Jahrzehnte später war ihnen immer noch schmerzhaft bewußt, wie wenig sie erreicht hatten, wieviel mehr möglich gewesen wäre, wenn andere gewöhnliche Menschen ebenso außergewöhnlich mutig gehandelt und es gewagt hätten, der herrschenden Barbarei die Stirn zu bieten.

»Ein paar tausend Gerechte, ein paar Millionen Tote und ein paar Millionen Europäer – es bleibt unbegreiflich, solange man auch darüber nachdenkt«, schrieb die Tochter eines Mitarbeiters des Roten Kreuzes, der die Anweisungen seiner Zentrale mißachtete und Tausenden ungarischen Juden das Leben rettete. »Können wir, die Erben jener Generation, ein Urteil sprechen, oder können wir nur trauern? Die Geschichte beweist, daß es möglich war, das Böse zu bekämpfen.«

Unter denen, die Widerstand leisteten, waren patriotische Deutsche, Offiziere und Männer aus Hitlers Armee, Abenteurer und Industrielle, Heilige und Sünder. Damit soll der überwältigenden Masse des deutschen Volkes allerdings keine Absolution erteilt werden. Sie wählten den Führer an die Macht, obwohl er mit dem rassistischen Pamphlet *Mein Kampf* antrat. Sie applaudierten, als er den Vorstoß zur Weltherrschaft verkündete. Und nachdem am 20. Januar 1942 auf der Wannseekonferenz die »Endlösung« beschlossen war, stellten sie die Besatzung der Todesmaschinerie auf den Straßen und in den Ghettos, Folterkammern und Lagern. Sie waren feige und, wie viele der Geschichten dieses Buches zeigen, korrupt. Sie konnten sich nicht einmal hinter einem perversen Idealismus verstecken. »Für meine Generation gibt es keine Vergebung«, sagte der Oberfeldwebel, der in Weißrußland Juden aus seinem Arbeitskommando rettete, »ganz egal, ob wir vor dem Gesetz schuldig oder unschuldig waren. Wer sehen wollte, sah. Jeder wußte, daß man die Juden nicht ins Paradies abtransportierte.« Doch auch hier ermöglichte der Umstand, daß unter den Gerechten einige Deutsche waren, einen Neuanfang. Nicht die ganze Nation war auf ewig gebrandmarkt, auch wenn sie für die Juden zumindest noch unter Bewährung stand. Die Haushälterin meiner Mutter beklagte in unserer englischen Küche auf deutsch ihre Toten und tröstete sich mit Gedichten von Goethe, doch sie kehrte nie zurück.

Die Helden dieses Buches kommen aus den unterschiedlichen Ländern des besetzten Europas, von Frankreich, Holland und Belgien im Westen bis Polen, dem früheren Jugoslawien, Albanien und der ehemaligen Sowjetunion im Osten, von Skandinavien im Norden bis Griechenland und Italien im Süden. Britische Kriegsgefangene waren darunter (einer, Hauptfeldwebel Charles Coward, tauschte in Auschwitz tote gegen lebende Juden ein).

Ein japanischer Konsul rettete in Litauen Rabbiner und Studenten einer Jeschiwa (einer Talmudschule). Einige Retter handelten aus christlicher Nächstenliebe, manche waren Muslime. Viele verstanden ihre Tat offiziell oder inoffiziell als Beitrag zum Widerstand: Sie setzten so den Kampf gegen das Reich fort. Es waren Konservative oder Sozialisten, Liberale oder Kommunisten darunter. Manche hegten seit langem freundschaftliche Gefühle für Juden, einige unterstützten sogar die Gründung eines jüdischen Staates im Heiligen Land. Andere waren vor dem Krieg noch nie Juden begegnet. Alle bekannten sich zur Unteilbarkeit der Menschlichkeit und zu kollektiver und individueller Verantwortung. Der bulgarische Staatsmann Dimo Kazasov sagte: »In meinen Augen hat eine Nation, die ihre moralischen und menschlichen Werte aufgibt, ihr Existenzrecht verwirkt.« Die Eltern von Cornelia Schmalz-Jacobsen, der Ausländerbeauftragten des Deutschen Bundestags, beschlossen: »Unsere Kinder sollen eher Waisen werden, als mit feigen Eltern aufwachsen.«

Je tiefer ich mich in die Archive wühlte, desto deutlicher erkannte ich, daß keine der sehr bekannten Geschichten einzigartig war – die Menschen, die Anne Frank versteckten; der schwedische Diplomat Raoul Wallenberg, der Tausende ungarischer Juden rettete, bevor er im Niemandsland der Gulags verschwand; Oskar Schindler, der deutsche Fabrikbesitzer, dem Thomas Kenally mit seinem preisgekrönten Roman, der eigentlich mehr eine Reportage ist, ein Denkmal setzte. Es gab andere Menschen, andere Diplomaten, andere Industrielle. In Holland, Frankreich und Italien beteiligten sich ganze Dörfer an der Rettung jüdischer Flüchtlinge. In Dänemark und Bulgarien schien es, als habe sich die gesamte Bevölkerung des Landes gegen die Pläne der Nazis verschworen. Bis auf vierhundertzweiundsiebzig konnten alle siebentausendsiebenhundert dänische Juden über den Sund nach Schweden gebracht werden. Etwa achtzig Prozent der bulgarischen und zweiundachtzig Prozent der italienischen Juden überlebten den Krieg.

Die Geschichten dieses Buches sind nach der Art der Rettung, nicht nach geographischen Gesichtspunkten gegliedert. Es gibt

Kapitel über Gemeinden, die Juden retteten, über Christen und Muslime, Widerstandskämpfer im besetzten Europa und Deutsche, Gefangene und Diplomaten. Manche Geschichten könnten in mehreren Kapiteln stehen. Die Dorfbewohner waren in allen Fällen gläubige Christen. Die Geschichte der dänischen Fischerboote wird im Zusammenhang mit der mutigen Tat eines deutschen Marineattachés berichtet, der so rechtzeitig Alarm schlug, daß die Juden noch fliehen konnten. Diese Geschichte hätte auch in das Kapitel über Gemeinden oder Deutsche gepaßt. Ich habe sie in das Kapitel über Diplomaten eingeordnet. Umgekehrt findet sich der Bericht über den türkischen Konsul, der sephardische Juden in Rhodos rettete, im Kapitel über Muslime.

Ich wollte ein Buch über Helden schreiben. Auf unsystematische Weise habe ich dabei gleichzeitig die Geschichte des Holocaust zurückverfolgt. Nicht die politische Dimension, nicht die Mathematik des Völkermords, sondern die täglichen Erniedrigungen, die die Opfer erdulden mußten. Bevor die Juden in die Gaskammern oder vor die Erschießungskommandos getrieben wurden, raubten ihnen die Nazis ihre Würde. Die Ausrottung eines Volkes wäre ihnen vielleicht nicht gelungen, wenn sie es nicht zuvor seiner Menschlichkeit beraubt hätten. Immer wieder berichten Retter wie Gerettete von Demütigungen. Die Qual der Gejagten und von ihren Liebsten Getrennten. Die ständige Angst vor Verrat und Hinrichtung. Der Horror des langsamen Todes in einem Viehwaggon, der von Bahnhof zu Bahnhof verschoben wird, weil ein Bürokrat vergessen hat, auf dem Frachtbrief den Zielort zu vermerken. Die Erniedrigung eines älteren Berliner Juden, der vor einem halb so alten Pfarrer auf die Knie fällt, um ihn um Schutz in der Kirche zu bitten; oder die Scham der Frau eines litauischen Fabrikanten, die von Hunger und Kälte auf dem Todesmarsch so geschwächt ist, daß sie »nicht einmal mehr ihre Hosen hinunterziehen« kann – so ihre sechzehnjährige Tochter.

Die Holocaust-Gedenkstätte Yad Vashem war der Ausgangspunkt für die meisten Geschichten, über die ich berichte, doch ich habe mich nicht nur auf die Retter beschränkt, denen Medaillen und Urkunden verliehen wurden. Wenn man in Israel erzählt, daß man an einem Buch über Gojim schreibt, die in der Zeit des Holocaust Juden gerettet haben, heißt es oft: »Dann mußt du unbedingt meinen Schwager kennenlernen. Er hat eine unglaubliche Geschichte zu erzählen.« Dennoch waren die Berichte für Yad Vashem und deren gewissenhafte Bewertung durch das dortige Entscheidungsgremium eine unschätzbare Hilfe. Wo möglich, machte ich sie durch Interviews mit Rettern und Überlebenden lebendiger. Mein Ziel war nicht eine umfassende Darstellung. Angesichts der vielen tausend Fälle, aus denen man wählen kann, ist das ohnehin unmöglich, selbst wenn es wünschenswert wäre. Ich habe versucht, viele gute Geschichten zu erzählen, von denen einige bekannter, andere unbekannter sind. Und damit all jene zu grüßen, die die ganze Welt retteten, indem sie ein Leben retteten.

1
Verschwörer des Guten

Arnold Douwes, dreiundachtzig Jahre alt und von Arthritis geplagt, begrüßte mich in blumigem Hebräisch im Obergeschoß eines jener schmalen, hohen holländischen Häuser. Max Leons, sein einstiger Kampfgefährte im Widerstand und pensionierter Amsterdamer Versicherungsmakler, hatte mich nach Utrecht gefahren, wo ich an diesem kalten, feuchten Novembertag 1989 Douwes kennenlernen sollte. »Er ist ein wunderbarer, ein großartiger Mann«, versprach Leons, immer noch voller Bewunderung für den sechzehn Jahre älteren Douwes. Ich hatte Leons sechzehn Monate zuvor kennengelernt, als Israel hundertzwanzig calvinistische Bauern ehrte. Sie stammten alle aus Nieuwlande, einer Ansammlung unbedeutender Dörfer in der Provinz Drente im Nordosten Hollands, in denen Delfter Keramik hergestellt wird. Die Landschaft ist von Kanälen durchzogen, über die hölzerne Brücken führen. Diese Bauern retteten zwischen 1943 und 1945 drei- bis vierhundert holländische Juden vor der Deportation und dem Tod. Der kalifornische Filmemacher Pierre Sauvage, als Sohn jüdischer Flüchtlinge selbst in einer ähnlichen Gemeinde geboren, prägte einmal den Satz von der »Verschwörung des Guten«, die in diesen Dörfern stattfand.

Die Bewohner dieser holländischen Dörfer haben die hundert Olivenbäume verdient, die in ihrem Namen in einem Wäldchen neben der Allee der Gerechten in Yad Vashem auf den Hügeln über Jerusalem gepflanzt wurden. Doch es waren Arnold Douwes und Max Leons – Douwes nannte ihn immer noch »Nico«, das war Leons' Tarnname im Untergrund –, die ihnen die Möglichkeit dazu verschafft und mit Zuckerbrot und Peitsche dafür gesorgt hatten, daß sie sie annahmen. Douwes, Leons und ein patriotischer Bauernpolitiker aus der Gegend, Johannes Post, der von den Deutschen hingerichtet wurde, nachdem sie ihn gezwungen hatten, sein eigenes Grab zu schaufeln.

»Ich bin ein schwarzes Schaf«, schmunzelte Douwes am Tisch bei Suppe und belegten Brötchen, die seine Nichte serviert hatte. »Mein Vater, Großvater und Urgroßvater waren Pfarrer der Niederländischen Reformierten Kirche. Ich bin 1906 in Laag Keppel, einem Dorf in Gelderland, im Nordosten Hollands, geboren. Man hat mich immer überall hinausgeworfen. Nirgends wollte man mich. Von zwei Schulen bin ich geflogen.« Von der ersten Schule wurde der lebhafte Knabe verwiesen, weil er in der Straßenbahn ein »Nichtraucher«-Schild geklaut und dem Direktor, einem passionierten Pfeifenraucher, an den Schreibtisch geschraubt hatte, von der zweiten, weil er ein anderes Straßenbahnschild, dieses mit der Aufschrift »Sieben Sitzplätze«, an der Klotür befestigte. Als er auch aus einer Landwirtschaftsschule hinausgeworfen wurde, versuchte er sein Glück jenseits des Atlantiks. 1936 wollte auch Uncle Sam ihn nicht mehr haben:

»Sie hielten mich für einen Kommunisten, was ich nicht war. Aber ich setzte mich für die Rechte der Schwarzen ein. Einmal ging ich in ein Restaurant in Chicago. Man bekam dort immer ein Glas Wasser serviert, noch bevor man bestellen konnte. Ein Schwarzer saß allein am Tisch, er hatte kein Glas Wasser vor sich. Ich setzte mich neben ihn und fragte, wie lange er schon warte. ›Schon ziemlich lange‹, sagte er, ›sie wollen mich hier nicht haben.‹ Daraufhin fragte ich den Kellner, warum er den Mann nicht bediene. ›Wir bedienen hier keine Nigger‹, flüsterte der Kellner mir zu. Da erklärte ich ihm mit lauter Stimme, daß er im Unrecht sei, und zitierte die amerikanische Verfassung, nach der alle Menschen vor Gott gleich geschaffen sind. ›Zuerst müssen Sie diesen Mann bedienen‹, sagte ich, ›dann können Sie mir etwas bringen.‹ Der Kellner ging zum Telefon und rief die Polizei. Der Schwarze hatte mehr Verstand als ich: Er ging, ich blieb. Dann kam ein Streifenwagen. Der Kellner sagte zu den Polizisten: ›Dieser Ausländer versucht uns zu erzählen, wie wir unser Land regieren sollen.‹ Die Polizei nahm mich mit und setzte mir massiv zu.«

Nach seiner Freilassung zog Douwes durch die Vereinigten Staaten. Als er einmal auf einem Güterzug mitfuhr, lernte er einen Mann kennen, der als »Professor« bekannt war. Er war Führer einer kommunistisch orientierten Organisation namens »International Labour Defence«, die sich für die Rechte schwarzer Amerikaner einsetzte. »Ich wäre auch in die Heilsarmee eingetreten, aber die ILD war eher da«, meinte Douwes. »Ich schloß mich der ILD an, weil sie gegen Diskriminierung war.« Douwes berichtete, daß er als »roter Agitator« zusammen mit »Mördern, Vergewaltigern und Dieben« im Gefängnis landete.

»William Randolph Hearst, der einflußreichste amerikanische Zeitungsverleger, besuchte mich dort und bot mir eine Zigarette an. Ich lehnte ab. ›Von Ihnen niemals‹, sagte ich. Daraufhin ließ er einen gemeinen Artikel über mich in einer seiner Zeitungen veröffentlichen. Ein Rechtsanwalt, Sidney Adler, holte mich schließlich gegen eine Kaution von zweitausend Dollar aus dem Gefängnis. Doch dann schoben sie mich über Ellis Island ab, und ich fuhr auf der *Hansa* nach Bremerhaven.«

Nach seiner Rückkehr nach Holland ging Douwes wieder auf die Landwirtschaftsschule. Der Rektor hatte ihn wieder aufgenommen, und Douwes lernte das Handwerk, das ein Leben lang seine Leidenschaft bleiben sollte: die Baumzucht. Drei Jahre später schloß er als Bester seiner Klasse ab, auch wenn ihn die jüngeren Schüler »Großvater« nannten. Die Namen von hundert Bäumen habe er gelernt, brüstete er sich. Dann arbeitete er kurze Zeit in Frankreich, kehrte jedoch bei Kriegsausbruch nach Holland zurück. Er fand Arbeit in einer Baumschule in der Nähe seiner alten Schule in Boskoop. Am 10. Mai 1940 weckte ihn sein Zimmergenosse mit der Frage: »Wie kannst du noch schlafen?« Der Himmel war voller Flugzeuge. Douwes sah, wie deutsche Fallschirmspringer, als Zivilisten verkleidet, absprangen. Und so begann für ihn die Invasion und gleichzeitig der Widerstand:

»In Boskoop gab es achthundert Baumschulen, die durch schmale Kanäle voneinander getrennt waren. Schmale Holzstege verbanden ein Stück Land mit dem anderen. Wir bauten alle diese Stege ab. Zu zweit konnte man sie gut ausheben. So schufen wir Inseln, Hunderte von Inseln. Die Deutschen landeten im Wasser oder auf den Inseln. Sie konnten nirgends hin.«

Schon bald wurde er von holländischen Kollaborateuren gesucht, und sein Arbeitgeber riet ihm zur Flucht. Er ging zurück nach Laag Keppel, wo er als Waldarbeiter Bäume in einem Wald pflanzte, der zum örtlichen Schloß gehörte. Doch der Krieg sollte ihn schnell wieder einholen, und er machte seine erste, traurige Erfahrung mit der Rettung von Juden:

»Es gab dort ein Haus, in dem viele Juden wohnten, Jungen und Mädchen, die aus Deutschland geflüchtet waren. Sie bereiteten sich auf die Auswanderung nach Palästina vor. Wir sprachen viel darüber, was wir tun könnten. In unserem Dorf lebte der Jude Sam Jacobs, von Beruf Metzger, mit seiner Familie. Einmal fuhr ich mit den Fahrrad von einem Dorf zum nächsten, als ein Mädchen, wahrscheinlich eine Jüdin, auf mich zurannte und sagte: ›Ich habe keine Kraft mehr. Fahr zu Sam Jacobs.‹ Noch nie bin ich so schnell geradelt, aber ich kam zu spät. Die Deutschen überholten mich auf einer kleinen Brücke über einen Fluß. Ich sah, wie sie ihn mitnahmen. Sie schickten ihn nach Mauthausen. Zwei Wochen später traf im Rathaus die folgende Nachricht ein: ›Der Jude Sam Jacobs ist tot.‹«

»Da wußte ich«, berichtet Douwes weiter, »daß diese deutschen Juden fliehen mußten. Ich ging zum Dorfpolizisten, um die Nachrichten aus London zu hören (Radios waren für jedermann außer der Polizei verboten). Ich vertraute ihm, mußte aber feststellen, daß das ein Fehler war. Niemand wollte die jungen Juden. Sie mußten sich verstecken, das wußte ich. Ich arbeitete Tag und Nacht daran, allein, aber ich erreichte nichts. Einen der Jungen versteckte ich auf einem Bauernhof. Der Dorfpolizist holte den Jungen ab und lieferte ihn den Deutschen aus. Dann wurde ich von der deutschen Sicherheitspolizei verhaftet. Sie wußten, wo sie mich finden konnten.«

Zusammen mit einem Waldarbeiter und dessen zwei Söhnen wurde Douwes in einem Lieferwagen ins Gefängnis von Arnheim gebracht. Einer der Söhne hatte ein Stromkabel durchtrennt, das die Suchscheinwerfer der Deutschen versorgte. Er wurde weggebracht und hingerichtet. Das Gefängnis stand noch unter niederländischer Leitung, und Douwes wurde bald mit einer Verwarnung entlassen. Er tauchte unter, floh dann aber aus der Gegend, als er erfuhr, daß die Deutschen ihn auf eine Fahndungsliste gesetzt hatten. Er zog von Ort zu Ort, zu Bekannten oder Verwandten. Schließlich schlug er seine Zelte im Haus seiner Schwägerin auf, die etwa sechs Kilometer von Nieuwlande entfernt wohnte. Den Vorgarten des Hauses bepflanzte er mit orangegelben Ringelblumen (Orange war die Farbe der niederländischen Königsfamilie und deshalb verboten). Seine Gastgeber machten ihn mit Johannes Post bekannt. Post, damals etwa siebenunddreißig Jahre alt, ein Bauer und konservativer Lokalpolitiker, begann gerade, den Widerstand zu organisieren:

»Nach seiner Überzeugung sollte man niemals das tun, was die Deutschen wollten. Ich war der erste Flüchtling im Dorf. Johannes wußte nicht, daß die Juden vernichtet werden sollten. Zuerst gab es keine Juden in Nieuwlande; doch ich hatte gesehen, wie sie Sam Jacobs abholten. Ursprünglich brauchte Johannes Personalausweise für Leute, die nicht für die Deutschen arbeiten wollten.«

»Durch Johannes kam ich dazu, Juden zu retten«, erzählte Douwes weiter. »Als erstes sollte ich Personalausweise stehlen. Eines Tages fand in Dedemsvaart, einem etwa zwanzig Kilometer entfernten Ort, eine Geburtstagsfeier statt. Es waren ziemlich feine Damen eingeladen, die Frau des Bürgermeisters und solche Leute; sie hatten ihre Mäntel und Handtaschen auf dem Flur gelassen. Ich klaute fast alle Personalausweise aus den Handtaschen – ungefähr zwanzig auf einmal. Ein jüdischer Experte, Isaac Davids, genannt Peter, änderte sie ab. Je weniger man ändern mußte, um so besser war es.«

»Allmählich merkte Johannes, was mit den Juden geschah«, fuhr Douwes fort. »Über einen Bruder, der in der Kirche tätig war, stellte er Kontakte nach Amsterdam her. Es war Johannes, der den Widerstand in Nieuwlande gegründet hat. Er mußte untertauchen, weil die Deutschen hinter ihm her waren. Die ersten Juden hatte er schon bei ortsansässigen Familien untergebracht. Johannes hatte ein sehr feines Gespür dafür, was sich gehörte. Er sah, daß unschuldige Menschen verfolgt wurden. Wären sie andere Verfolgte, keine Juden, gewesen, hätte er dasselbe getan. Irgendwie war er schon in dem Glauben aufgewachsen, daß die Juden das biblische Volk sind, doch ich glaube nicht, daß das in Nieuwlande eine große Rolle spielte. Er wußte kaum, was ein Jude ist. Er half Menschen.«

Einer der ersten Juden, die Post rettete, war Max (»Nico«) Leons, damals einundzwanzig Jahre alt und arbeitslos. Leons hatte rosige, niederländische Wangen, eine verdächtig semitische Nase und Gefallen an Abenteuern. Als er 1943 aus seiner Heimat in der Nähe von Den Haag nach Nieuwlande kam, nahm er einen neuen Namen an und lernte rasch den örtlichen Dialekt. Er fand Arbeit als Landarbeiter und schloß sich dann Post und Douwes im Widerstand an.

Nachdem Post in den Untergrund gegangen war, leistete er auch bewaffneten Widerstand. »Nico und ich trafen ihn einmal in Amsterdam«, erinnerte sich Douwes. »Er hatte gerade eine Bank überfallen und gab uns Geld. Einmal raubte er achtzigtausend Lebensmittelmarken.« Der Versuch, einen seiner besten Freunde, der auch Widerstandskämpfer war, aus einem Amsterdamer Gefängnis zu befreien, brachte Post schließlich zu Fall. Er vertraute einem Mann, der ein niederländischer SS-Spion war, und lief deshalb in eine Falle. Er wurde von den Deutschen verhaftet und erschossen. Man begrub ihn in Overdeen, in der Nähe von Haarlem, auf einem Friedhof, auf dem heute die Helden des Widerstandes geehrt werden. »Er hauchte den Leuten von Nieuwlande den Geist des Widerstands ein«, bezeugte Douwes. »Das darf niemals in Vergessenheit geraten.«

Bevor Post Nieuwlande verließ, gab er Douwes eine Liste mit Kontaktpersonen und Adressen von Leuten, die man vielleicht dazu bringen konnte, Juden aufzunehmen. Nur in sehr wenigen Häusern in Nieuwlande, das mußte Douwes erfahren, gab es Leute, auf die man jederzeit zählen konnte:

»Johannes gab mir genaue Anweisungen, und dann ging er. Das war der Anfang von Nieuwlande. Unsere Aufgabe war es, Juden dorthin zu bringen. Wir hatten einige Verbindungsleute in Amsterdam und anderen Städten: Nel, Hennie und Winkel, einer unserer besten Kontaktleute, und auch zwei Studenten, Lennie und Piet. Nel und Hennie waren keine Juden. Manchmal schickten sie uns Juden; manchmal fuhren wir nach Amsterdam, um sie abzuholen. Wir erhielten zunächst per Telefon in Nieuwlande Nachricht. Als es kein Telefon mehr gab, liefen die Nachrichten über einen Mann in einem Laden, der uns hereinrief, wenn wir auf dem Fahrrad vorbeikamen: ›Zwei Personen, Typ A, B oder C.‹ Zu Typ A gehörten die, die am stärksten jüdisch aussahen, zu Typ B die, die weniger jüdisch, und zu Typ C die, die überhaupt nicht jüdisch wirkten. Manchmal bekam ich ein zerrissene Papierhälfte, die ich dann jemandem in Amsterdam zeigen mußte, der die andere Hälfte dazu hatte. Die Papierhälften mußten passen. Die Juden waren untergetaucht, aber in Amsterdam gab es keine Wohnungen, in denen sie sich hätten sicher fühlen können.«

»Ein großes Problem«, so Douwes weiter, »war, daß Eltern und andere Erwachsene, die sich um die Kinder kümmerten, ihre Schützlinge oft nicht gehen lassen wollten. Sie erkannten nicht, in welcher Gefahr sie schwebten. Wir logen sie an; wir logen alle an. Familien könnten zusammenbleiben, sagten wir, außerdem gebe es eine gute Schule für die Kinder. Meist holten wir Kinder, manchmal auch Erwachsene. Von Amsterdam nach Nieuwlande waren es ungefähr hundertfünfundzwanzig Kilometer. Wenn möglich, nahm ich Züge mit altmodischen Abteilen und ohne Gang. Außerdem fuhr ich erster Klasse, was ich für weniger gefährlich hielt, weil es dort nicht so voll war. Sooft es ging, fuhren wir mit dem Abendzug, so daß wir in der Dunkelheit reisten, aber wir mußten die abendliche Ausgangssperre beachten. Nach acht Uhr durfte man nicht mehr auf die Straße.«

Nach der Ankunft in Nieuwlande setzte die Widerstandsgruppe ihren Ehrgeiz daran, alle Ankömmlinge unterzubringen. »Jeder, der Schwierigkeiten mit den Deutschen hatte, ob Jude oder nicht, bekam eine Adresse«, erklärte Leons. »Wir sagten niemals nein. Deshalb bekamen wir schließlich Ärger. Unsere eigenen Leute meinten, wir seien zu leichtsinnig, wir sollten uns nicht übernehmen.« Meist hatten sie Glück, doch mehr als einmal schlitterten sie, wie Douwes sich erinnerte, nur knapp an der Katastrophe vorbei:

»Einmal holte ich zwei Schwestern, fünf und sieben Jahre alt. Der Zug hielt irgendwo mitten auf der Strecke. Draußen war es dunkel, und im Zug, wegen der Verdunkelung, auch. Im Wagen neben uns hörten wir Leute. Wir glaubten an einen Bombenangriff oder eine Kontrolle. Eine Zeitlang war es still; dann sagte das kleine fünfjährige Mädchen in einer Ecke: ›Ich glaube, die Räder sind abgefallen.‹ Alle lachten. Doch nichts geschah, bis wir schließlich in Hoogeveen ankamen, einem Dorf zehn oder zwölf Kilometer vor Nieuwlande, wo wir gewöhnlich ausstiegen. Nico sollte uns mit zwei Fahrrädern abholen. Statt dessen erwarteten uns etwa zweihundert ›grüne Polizisten‹ (Deutsche von der allerschlimmsten Sorte). Der Schreck saß mir in den Gliedern. Wir stiegen auf der falschen Seite des Zuges aus. Eines der Mädchen sagte: ›Das ist die falsche Seite.‹ – ›Still!‹ zischte ich. Wir konnten den Bahnhof unbemerkt verlassen. Ich hob die beiden Mädchen und ihr Gepäck über einen Zaun und sprang dann selbst hinüber. Alles war dunkel. Da hörte ich, wie Leute auf deutsch etwas brüllten. Ich schickte die Mädchen hinter einen Baum: ›Bewegt euch nicht und seid ganz still‹, befahl ich ihnen. Dann suchte ich Nico. Ich pfiff, und er antwortete mit einem Pfiff. Wir holten die Fahrräder und erreichten schließlich den Bäcker in Nieuwlande. Er war gewöhnlich unsere erste Anlaufstelle.«

Holländische Verräter waren oft gefährlicher als die Deutschen. Sie sprachen dieselbe Sprache, kannten das Gelände, kannten die Leute. Ihre Photos zirkulierten im Widerstand. Ein besonders berüchtigter Verräter war »Johnny«, ein zwanghafter Judenhasser. Eines Abends kamen Douwes und Leons am Bahnhof Ede-Wageningen an, dem gemeinsamen Bahnhof der Städte Ede und Wageningen. Sie schmuggelten ein jüdisches Mädchen vom Typ A aus Amsterdam heraus. Mit dem Koffer des Mädchens in der Hand machten sich die drei auf den Weg vom Bahnhof nach Wageningen. Sie winkten einem Taxi, das gerade vorbeifuhr. Kurz darauf wurde das Auto jedoch angehalten.

»Im Scheinwerferlicht erkannten wir drei Leute, zwei Erwachsene und einen Jungen in der Uniform der Hitlerjugend. Einer der Männer trug eine deutsche SS-Uniform. Der dritte war der Verräter Johnny. ›Wenn ich bloß einen Revolver hätte‹, ging es mir damals durch den Kopf. Gott sei Dank hatte ich keinen. Sie wollten nämlich gar nichts von uns; sie wollten nur ein Taxi nach Wageningen. Doch alle drei paßten nicht mehr ins Auto, nur noch zwei. Da passierte *es*. Der Fahrer machte das Licht an. Nico, ein Typ-A-Jude, mußte seine Nase hinter einem Taschentuch verstecken. Ich hob die Hände über den Kopf, damit ein schützender Schatten über das Mädchen fiel. Plötzlich sagte sie: ›Der Junge kann doch auf meinem Schoß sitzen.‹ Daraufhin setzte sich der Junge, der etwa zehn oder zwölf Jahre alt war, auf ihre Knie. So fuhren wir weiter, mit dem Hitlerjungen auf dem Schoß eines jüdischen Mädchens und dem Verräter Johnny auf dem Vordersitz. Das Mädchen wußte genau, was es tat.«

Das nächste Problem war nun, in Nieuwlande Unterschlupf für die Juden zu finden. Posts Hausmädchen bot zunächst ihre Hilfe an, doch nach drei Wochen mußte sie sich geschlagen geben. Die Dorfbewohner schreckten vor dem Risiko zurück. Sie boten Geld an, wenn sie welches hatten, aber keinen Platz unter ihrem Dach: Auf das Verstecken von Juden stand die Todesstrafe. Doch Douwes wollte sich keinesfalls mit einer abschlägigen Antwort abfinden. Er wußte, welches Schicksal den Juden drohte:

»Also haben wir gelogen, wie in Amsterdam. Anders hätten wir keine Verstecke gefunden. ›Es ist nur für eine Nacht. Ihr könnt sie doch nicht draußen im Regen stehenlassen‹, sagten wir, und am nächsten Tag: ›Kommt, nehmt sie zwei Nächte.‹ Und schließlich: ›Also, bis zum Ende des Krieges.‹ Wenn Leute sagten: ›Einen Juden wollen wir nicht‹, brachten wir ihnen zwei. Manchmal gaben wir ihnen Geld. Kein Dorfbewohner wollte damit Geld verdienen, aber es gab viele arme Leute. Manche jüdische Eltern bezahlten sehr gut. Wenn die Kinder in wohlhabenden Familien unterkamen, bezahlten wir nichts. Dann gaben wir anderen das Geld.«

»Die größte Schwierigkeit war, daß die Dorfbewohner es nicht tun wollten«, fuhr Douwes fort. »Ein Bauer steckte uns oft Geld zu, aber er wollte niemanden in sein Haus aufnehmen. Wir hatten ein jüdisches Ehepaar mittleren Alters, denen wir erzählt hatten, daß wir ein wundervolles Versteck für sie hätten, wo sie zusammenbleiben könnten. Das war alles gelogen. Wir wollten sie aus Amsterdam herauskriegen. So brachten wir sie zu einem Bauernhof mitten in Nieuwlande. Über der Tür stand: ›Wenn der Herr nicht das Haus baut, so arbeiten umsonst, die daran bauen.‹ Wir gingen hinein und redeten und redeten. Das Ehepaar stand vor der Tür. Der Bauer schwor, er werde keinen einzigen Juden aufnehmen. Nein, das sei zu gefährlich. ›Wenn du Geld willst‹, sagte er, ›gebe ich dir welches.‹ Da fragte ich ihn: ›Was hast du da über der Tür stehen?‹ Er öffnete die Tür und las den Spruch laut vor. Mit einem ›Herzlichen Dank!‹ zog Nico die beiden Juden ins Haus, ließ ihre Taschen fallen und schlug die Tür zu. Der Bauer, der ein anständiger Kerl war, hatte nun keine andere Wahl mehr. Er konnte sie nicht mehr hinauswerfen. Die beiden blieben einen Monat lang bei ihm, bis wir einen anderen Platz für sie gefunden hatten.«

Eines der jüdischen Kinder, das in Nieuwlande Unterschlupf fand, war Miriam Whartman, die heute die für Verbraucherangelegenheiten zuständige Abteilung des Allgemeinen Gewerkschaftsbundes *Histadrut* in Jerusalem leitet. Ihr Vater war Zahlmeister bei der Handelsmarine. Ihr sechs Jahre älterer Bruder schloß sich dem niederländischen Widerstand an. Im Juni 1940, zur selben Zeit, als Anne Franks Familie in den Untergrund ging, erhielt Miriam wie andere vierzehn- und fünfzehnjährige jüdische Mädchen in Amsterdam den Befehl, sich zu melden – angeblich zu einem Arbeitseinsatz in Polen. Hunderte von Mädchen gingen mit diesem Transport. Nicht eines kam zurück. Sie wurden direkt in das Vernichtungslager Sobibor gebracht. Miriams Mutter weigerte sich, ihre Tochter gehen zu lassen. ›Wenn sie uns finden, können wir nichts machen‹, sagte sie, ›aber wir gehen nicht freiwillig.‹ So tauchten Mutter und Tochter unter; manchmal waren sie zusammen, manchmal getrennt. Innerhalb eines Jahres wechselte Miriam dreiundzwanzigmal das Versteck. Im Sommer 1943 kamen sie dann mit einer studentischen Widerstandsgruppe in Verbindung, die sie per Zug nach Hoogeveen schickte. Die beiden reisten allein mit gefälschten Papieren. Douwes holte sie vom Bahnhof ab, fand in Hoogeveen eine Übernachtungsmöglichkeit für sie und brachte sie dann nach Nieuwlande. Für das Stadtkind Miriam war Nieuwlande eine fremde, rückständige Welt:

»Die Dörfer waren alle ziemlich klein. Überall war Wasser, das ganze Land war von Gräben durchzogen, manche breiter, manche schmaler. An diesen Gräben entlang breiteten sich die Dörfer aus; sie waren lang und schmal. Meist gab es eine Hauptstraße mit der Kirche, nebenan wohnten der Pastor, außerdem Bäcker, Postbote und Lehrer. Wollte man zu einem der Bauernhöfe, mußte man zahllose Gräben überqueren. Wenn Leute nachts ankamen, kutschierten Nico und Arnold sie meist auf Fahrrädern über die Holzstege. Man mußte sich erst einmal daran gewöhnen, mitten in der Nacht Fahrrad zu fahren. Alles war verdunkelt. Die Felder waren voller Torf. Die Leute kochten und heizten damit. Sie waren sehr arm.«

In Nieuwlande wurden Mutter und Tochter getrennt untergebracht, weil das sicherer war. So blieb es fast zwei Jahre, sie konnten sich aber Briefe schreiben. Zunächst kam Miriam bei verschiedenen eher bürgerlichen Familien unter, dann wurde sie in das Haus des Postboten Jan Dekker gebracht, während man eine dauerhaftere Bleibe für sie suchte.

»Da stand ich nun auf einmal in einem sehr einfachen Haus. Es gab kein fließendes Wasser und nur ein Außenklo. Die Leute sprachen einen ganz anderen Dialekt. Erst nach fünf Tagen verstand ich, was sie sagten. Sie hatten nie zuvor einen Juden gesehen. Außerdem mochten sie die Leute aus der Stadt nicht, weil die immer auf sie heruntersahen.«

Von dort zog Miriam zu dem Dorfbäcker Bolwyn, der mit seiner Familie in einem Haus hinter der Bäckerei lebte. Die Bolwyns hatten zehn Kinder. Die Mutter war krank und mußte oft das Bett hüten. Meist führten Miriam und die älteste Tochter Hillie den Haushalt.

»Es gab kein Wasser im Haus. Ich mußte es immer in einem Eimer vom Brunnen holen. Es war braun vom Torf. Wir hatten alle genug zu essen, doch ich weiß noch, wie unglaublich viele Fliegen es gab. Außer mir störte sich niemand daran. Alle Jungen schliefen in zwei Betten, die Mädchen in zwei anderen. Ich war das einzige jüdische Mädchen bei ihnen. Die Familie war sehr fromm, streng calvinistisch. Vor allem deshalb haben sie Juden aufgenommen. Für sie waren die Juden das auserwählte Volk und mußten deshalb gerettet werden.«

Trotzdem versuchten sie, ihren Schützling zum Christentum zu bekehren. Aus diesem Grund nahm Miriams Mutter sie schließlich aus der Bäckersfamilie.

»Sie beteten vor jeder Mahlzeit und lasen hinterher die Bibel. Sonntags gingen wir zweimal in die Kirche, morgens und abends. Hillie und ich, die beiden großen Schwestern, mußten dafür sorgen, daß die kleineren Geschwister jeder ein sauberes Taschentuch, ein Pfefferminzbonbon und zwei oder drei Pfennige für die Kollekte hatten. Sie organisierten für mich und andere junge Juden Unterricht beim Pastor, der uns montags abends über das Neue Testament belehrte. Wir gingen immer hin. Es war wunderbar, auszugehen und in ein warmes Haus zu kommen, in dem gebildete Leute wohnten, Bücher in den Regalen standen und wir Tee angeboten bekamen. Zu Hause durften wir nur sonntags abends lesen.«

»An den anderen Abenden«, so Miriam weiter, »stopften wir Socken, große dicke Wollsocken, die in den hölzernen Pantinen Löchern bekommen hatten. Man gewöhnte sich daran. Hillie und ich hatte auch viel Spaß dabei. Es war nicht immer nur furchtbar. Montags mußten wir den ganzen Tag Wäsche waschen. Doch selbst wenn wir nicht fertig wurden, mußte ich abends zum Pastor gehen. All diese Geschichten über Jesus, das Lesen im Neuen Testament, gingen mir unter die Haut. So schrieb ich meiner Mutter: ›Wenn ich an Jesus glaube, werde ich bestimmt ein besseres jüdisches Mädchen.‹ Damals im Frühjahr 1944 war ich seit acht oder neun Monaten bei den Bolwyns. Mutter bestellte Arnold zu sich und sagte: ›Hol mein Kind da heraus!‹ Arnold fuhr mit mir per Zug nach Wageningen, in der Nähe von Arnheim, und brachte mich bei einem Professor der landwirtschaftlichen Universität unter. Später erzählte mir Arnold, wie gefährlich die Bahnreise war. Arnold und Nico kümmerten sich weiterhin um mich.«

Einige Monate später brachten sie Miriam zu ihrer Mutter nach De Nieuwe Krim, einem kleinen Dorf von etwa vier Häusern in der Nähe von Nieuwlande. Außer ihnen wohnten noch zwei weitere Juden, eine Frau und ihr Sohn, bei Jakob und Bonnie Hogeveen, die einen Gemüseladen hatte. Die Hogeveens waren ein junges Paar mit drei kleinen Kindern. »Sie waren sehr, sehr arm«, erzählte Miriam, »aber sie sorgten für uns vier. Sie taten das allein aus religiösen Gründen. Was die Organisation zahlte, deckte gerade die Kosten für unseren Aufenthalt. Sie verdienten mit Sicherheit nichts an uns.« Die vier Juden verbrachten den Sommer, als die alliierten Truppen landeten, sowie den darauffolgenden Winter dort. Sie schliefen im Keller. Es war eine gefährliche Zeit. Juden kamen und gingen in so großer Zahl, daß die Deutschen unweigerlich etwas davon mitbekommen mußten. Eines Abends ging das Gerücht um, daß die Deutschen kämen. Ein junger Nachbar, ein Widerstandskämpfer, wurde vor den Augen von Miriam und ihrer Mutter erschossen. Sie fanden Waffen in seiner Scheune, aber die Juden, die er versteckte, fanden sie nicht.

Miriams Mutter entschied, daß es nun an der Zeit sei zu verschwinden. Eines Nachts gingen sie einfach hinaus und wanderten ins nächste Dorf, wo sie bei ihnen unbekannten alten Leuten übernachteten. Im Nachbarstädtchen meldeten sie sich dann als Flüchtlinge, die in Arnheim ausgebombt worden seien. Sie bekamen Ersatz-Personalausweise (Miriam hieß nun »Carrie Peters«), mit denen sie sich relativ frei bewegen konnten, bis sie im April 1945 von den Kanadiern befreit wurden. »Ich war nie mehr in Nieuwlande«, erzählte mir Miriam in Jerusalem, »aber ich weiß, daß Hillie noch da ist. Sie hat sich um die Witwe und die Kinder von Johannes Post gekümmert.«

In jenem gefährlichen letzten Jahr des Kriegs, den Hitler angezettelt hatte, kam die Gestapo Arnold Douwes auf die Spur. Das war im Oktober 1944. Er schlief in einem Haus, in dem sich fünf Juden unter den Dielen versteckt hielten. Die Hausfrau versuchte, ihn zu wecken, und drängte ihn, in den Wald zu fliehen, doch nach wochenlanger Flucht, während der er immer in Heuhaufen und unter Hecken geschlafen hatte, konnte er der Versuchung nicht widerstehen, noch fünf Minuten länger im gemütlichen Bett liegenzubleiben. »Ich hätte sicherlich fliehen können«, sagte er. »Mich hätten sie nicht gefunden, aber eine Menge anderer Sachen. Sie hätten den Haushaltsvorstand verhaftet und die Juden gefunden. Sie hätten das Schwein gefunden, das wir auf dem Schwarzmarkt für die Juden gekauft hatten.«

Zuerst wurde er in das Gefängnis von Oosterhesselen gesperrt, wo man ihn bei dem Versuch erwischte, das Gitter vor seinem Zellenfenster aufzubrechen. Daraufhin wurde er in die Provinzhauptstadt Assen verlegt, wo er erfolglos versuchte, sich verrückt zu stellen. »Sie wollten alles mögliche von mir wissen«, sagte er »Ich erzählte ihnen lauter Lügen. Sie wollten wissen, wo Nico sei, aber das sagte ich ihnen nicht. Sie wußten viel über uns beide. Andere mußten über uns geredet haben. Es war ein Wunder, daß wir überhaupt so lange weitermachen konnten.«

Am 11. Dezember wollten die Deutschen im Gefängnis von Assen siebzehn Untergrundkämpfer hinrichten. Douwes glaubte, er werde einer dieser siebzehn sein. Doch noch bevor das Hinrichtungskommando ans Werk gehen konnte, startete eine Widerstandsgruppe einen Überraschungsangriff und rettete einunddreißig Kameraden, darunter die siebzehn zum Tode Verurteilten. Diesmal war Douwes, der schon oft in Lebensgefahr geschwebt hatte, dem Tod wirklich nur um Haaresbreite entkommen. Die Retter hatten schon den Befehl erhalten, die Operation abzublasen, weil ihre Vorgesetzten die Sache für zu gefährlich hielten. Doch die Überraschung gelang perfekt, und es fiel kein einziger Schuß.

Nach dem Krieg heiratete Douwes ein jüdisches Mädchen, das er gerettet hatte. Sie emigrierten nach Südafrika, bekamen dort drei Töchter und gingen später nach Israel. Douwes arbeitete als Landschaftsgärtner und auf einer Salzwasser-Farm in Rehovot, einem Ort zwischen Tel Aviv und Jerusalem. Er widmete sich wieder seiner ersten Liebe und pflanzte Bäume auf einem kleinen Stück Land, das er innerhalb eines Moschaw, einer Genossenschaftssiedlung, besaß. Er blieb achtundzwanzig Jahre in Israel und kehrte erst nach seiner Scheidung und Streitigkeiten mit einem Schwiegersohn 1984 nach Holland zurück. Doch zuvor ehrte Yad Vashem ihn und Johannes Post. Dieses Mal wurde das »schwarze Schaf« nicht hinausgeworfen.

*

Eines Tages kam ein jüdischer Flüchtling nach Le Chambon-sur-Lignon, einem Urlaubsort im französischen Zentralmassiv. Auf der Flucht vor den deutschen Invasoren und ihren französischen Verbündeten in Vichy, ging er von Tür zu Tür, wagte aber nicht zuzugeben, daß er Jude war. Vier Tage lang wiesen ihn die Dorfbewohner ab. Schließlich gestand er, daß er Jude sei – und sofort öffneten sich ihm die Türen. »Wenn wir das gewußt hätten!« sagten die Hausbesitzer. »Natürlich haben wir Platz für Sie.« Mit geringen Abweichungen hörte ich diese Geschichte von zwei Zeugen. Der eine war ein jüdischer Überlebender, André Chouraqui, der andere ein protestantischer Pfarrer, André Bettex. Die fünftausend Einwohner von Le Chambon und einigen benachbarten Dörfern auf dem Plateau du Velay in der Region Haute-Loire waren eine verschworene Gemeinschaft, die zwischen 1941 und 1945 etwa zweitausendfünfhundert bis fünftausend Juden Unterschlupf gewährte, darunter auch den Eltern von Pierre Sauvage. Die Geschichte von Le Chambon, so der amerikanische Ethikprofessor Philip Hallie, der darüber 1979 auch ein Buch veröffentlichte, »bewahrte mich davor, in tiefe Verzweiflung zu stürzen, nachdem ich mich jahrelang mit den Greueltaten in den Konzentrationslagern Mitteleuropas beschäftigt hatte«.

Die meisten Bewohner von Le Chambon waren strenge Protestanten, deren hugenottische Vorfahren Ende des 16. Jahrhunderts vor den Massakern der Papisten hatten fliehen müssen. Die Englischlehrerin Lesley Maber, die 1939 nach Le Chambon kam und dreiundvierzig Jahre lang dort lebte, schrieb dazu: »Die Motive der auf dieser Hochebene lebenden Menschen sind in ihrer hugenottischen Abstammung, ihrer auf der Bibel gründenden Lebensweise und ihrer langen Geschichte der Verfolgung zu suchen.« Sie fühlten sich den Juden, die unter der Verfolgung der Deutschen litten, verbunden, waren gleichzeitig aufgrund ihres Glaubens jedoch auch in besonderer Weise dem biblischen Volk verpflichtet. »Wir waren eine in sich geschlossene Gemeinschaft, die Bibel war der Mittelpunkt unseres Lebens«, erklärte Jean Lebrat, der heute stellvertretender Bürgermeister von Le Chambon ist und 1941, als die Rettungsaktionen begannen, ein zehnjähriger Schüler war. »Es war selbstverständlich«, fügte Roger May hinzu. Seine Familie besaß ein Hotel, in dem die meisten Flüchtlinge, die am Bahnhof des Ortes ankamen, ihre erste Nacht verbrachten. »Wir hatten schon 1936 spanische Flüchtlinge aufgenommen, die vor Franco flohen, davor kamen Armenier. Und davor Hugenotten.« Eine Frau sagte zu Philip Hallie: »Das, worum sie uns baten, hatte große Ähnlichkeit mit dem, was Protestanten seit der Reformation in Frankreich getan haben.«

An einem kalten, nassen Samstag klopfte spätabends eine Jüdin mit zwei kleinen Mädchen an die Tür von Pfarrer Bettex in Riou, etwa sechs Kilometer von Le Chambon entfernt. Er nahm sie auf. Als er am nächsten Morgen im Haus der Protestantischen Freikirche die Sonntagspredigt hielt, fügte er eine Passage hinzu, in der er die antisemitische Politik des Vichy-Regimes verurteilte und seine Gemeinde zur Hilfeleistung aufforderte. Nach dem Gottesdienst kam ein Gemeindemitglied auf ihn zu und meinte, er hätte besser daran getan, den Mund zu halten, weil jetzt auch die Protestanten in die Schußlinie geraten könnten. Der Pfarrer, der aus der Schweiz stammte, antwortete, es sei ein Gebot Gottes, die Tür nicht zu verschließen vor Menschen in Not. Fast ein halbes Jahrhundert später ging der inzwischen

Pastor André Bettex, der
in Le Chambon-sur-Lignon
Juden Schutz gewährte.

einundachtzigjährige Bettex noch einmal genauer auf dieses Thema ein:

»Es entsprach der christlichen Lebensweise, zu der wir erzogen waren, der Pflicht, für das jüdische Volk zu beten. Sie sind die Kinder Abrahams, und Gott befiehlt uns, ihnen die Tür zu öffnen. Viele erinnerten sich an die Hugenottenverfolgung. Ich weiß noch aus der Kindheit, daß mein Vater ebensooft im Alten wie im Neuen Testament las. Das war unsere Tradition. Wir geben nicht den Juden die Schuld an der Kreuzigung Jesu. Wir alle haben Christus getötet. Es ist nicht nur die Schuld der Juden. Er starb für die Sünden aller Menschen.«

André Trocmé, der bekannteste und engagierteste unter den Dorfpfarrern, schrieb kurz nach seiner Ankunft 1934:

> Der alte hugenottische Geist ist noch lebendig. Im ärmlichsten Bauernhaus gibt es eine Bibel, und der Vater liest jeden Tag darin. Diese Menschen, die nicht die Zeitungen, sondern die Heilige Schrift lesen, stehen nicht auf dem Treibsand der Meinung, sondern auf dem Felsen des Wortes Gottes.

Auf dem Plateau war diese Lebensweise vorherrschend. Man mußte weder protestantisch noch fromm sein, meinte Jean Lebrat. »Etwa zwanzig Prozent der Gemeindemitglieder waren damals Katholiken«, sagte er. »Sie verhielten sich nicht anders, und einige gewährten Juden Unterschlupf.«

Die Hochebene liegt in dem Teil Frankreichs, der in der ersten Kriegshälfte von dem Marionettenkabinett in Vichy und nicht von den Nazis regiert wurde. Nicht weit entfernt war eine deutsche Division stationiert, und deutsche Soldaten kamen zur Genesung in ein Hotel in Le Chambon. Vichy schickte einen Inspektor, der die Ortspolizei leiten sollte. »Er schrieb Berichte«, sagte Roger May, »aber seine Berichte waren nie bösartig.« Hitlers »Endlösung« hatte in jenen Gegenden nicht allererste Priorität. Dennoch führten Deutsche wie Franzosen Razzien durch. Der Vichy-Inspektor, der später von der Widerstandsbewegung hingerichtet wurde, durchsuchte dreimal Lebrats Haus. Gestapo-Leute verhafteten Daniel Trocmé, einen Neffen des Pfarrers, der ein Internat für Flüchtlingskinder leitete, und transportierten ihn und seine Schüler in drei Bussen ab. Sie verdächtigten Daniel, der fließend Deutsch sprach, des Verbrechens, ein Jude zu sein. Am 4. April 1944 um zwei Uhr morgens schickten sie ihn in den Gaskammern von Maidanek in den Tod. Lesley Maber war 1943 vier Tage lang inhaftiert. Doch die meiste Zeit war die Gefahr einer Entdeckung eher unterschwellig präsent, als daß tatsächlich damit zu rechnen gewesen wäre. Laut Lesley Maber »wußte niemand, welche Folgen es haben konnte, wenn man Juden versteckte. Das Gefühl, in Gefahr zu sein, verfolgte uns ständig, aber wir sprachen nie darüber.«

Obwohl die Polizei nie in sein Haus kam, so Pfarrer Bettex, bestand immer ein Risiko: »Eines Abends kam ein polnisches Ehepaar namens Lipowski zum Haus eines Nachbarn. Sie verbrachten dort einige Tage; dann gab es einen Fehlalarm. Die Nachbarn wurden ein wenig nervös und sagten, sie könnten das nicht aushalten. Die Lipowskis müßten gehen. Ich verurteile sie nicht. Wir lebten damals alle in Angst vor der Entdeckung.«

Die Stärke der Verschwörung von Le Chambon bestand darin,

daß sie nicht eigentlich organisiert war. Insgesamt waren elf Pfarrer beteiligt. Die Flüchtlinge kamen, weil sie von Freunden gehört hatten, daß die Hochebene Sicherheit biete, weil man entweder für lange Zeit Zuflucht oder von dort einen Fluchtweg in die neutrale Schweiz finden könne. Einige wurden von französischen oder jüdischen Rettungsorganisationen geschickt, die im Untergrund arbeiteten. Einige Schulen für Flüchtlingskinder wurden von amerikanischen Quäkern und anderen internationalen Gruppen finanziell unterstützt. Magda Trocmé, die italienische Frau des Pfarrers, sagte Philip Hallie:

»Als Organisation hätte es nicht funktioniert. Wie hätte eine große Organisation über all die Menschen entscheiden sollen, die in die Häuser strömten? Wenn die Flüchtlinge da waren, auf deiner Türschwelle standen und in Gefahr waren, mußte auf der Stelle eine Entscheidung gefällt werden. Bürokratisches Hin und Her hätte die Rettung vieler Menschen verhindert. Jeder hatte die Freiheit, rasch für sich selbst zu entscheiden.«

Die Bewohner der Hochebene waren verschlossen und lebten zurückgezogen. Jahre später stellten sie überrascht fest, daß der Nachbar ebenfalls Juden versteckt hatte. Sie waren sich nicht bewußt, etwas Heroisches zu tun. »Ich weiß nicht, wie viele ich gerettet habe«, tat Pfarrer Bettex die Frage ab. »Sie kamen und blieben eine kurze Weile.« Tatsächlich gewährte er einer jungen Frau namens Simone zwei Jahre lang Schutz. Jean Lebrat sagte zuerst, seine Familie hätte nie Juden im Haus untergebracht, fügte dann nach einigem Nachdenken hinzu: »Nun, nie länger als eine Nacht.« In der dunklen Zeit des Dritten Reiches starb man für geringfügigere Vergehen. Bei der Recherche für seinen Dokumentarfilm über Le Chambon, *Weapons of the Spirit,* fragte Pierre Sauvage einen älteren Bauern, der ihn als Säugling gekannt hatte, warum er Juden unter seinem Dach aufgenommen habe. Der Mann fand die Frage seltsam. Er konnte nur murmeln: »Wenn die Leute kamen, und wir konnten irgendwie behilflich sein ...« Lesley Maber, die als Außenseiterin dennoch dazugehörte, war überzeugt, daß das Geheimnis ihres Erfolges in der Schweigsamkeit der Plateaubewohner lag:

»Wir alle wußten von den jüdischen Flüchtlingen, doch niemand wußte, ob sein Nachbar welche versteckte. Auf den Bauernhöfen blieben die Flüchtlinge unsichtbar. Ich habe von 1939 bis 1982 in Le Chambon gelebt und kann Ihnen versichern, daß wir vor Hallies Besuch nie über das Geschehene sprachen. Dann war die Reaktion – und ist es heute noch –: ›Warum so viel Gewese? Das war doch selbstverständlich.‹ Die Pfarrer, die sich alle sehr für die Rettungsaktionen einsetzten, waren ebenso diskret und schweigsam wie die Bauern.«

Trotz alldem gab es auch Zeiten, in denen man das christliche Bekenntnis zur Rettung der Juden bedenkenlos publik machte. Schulkinder weigerten sich, jeden Morgen die Nationalflagge mit dem faschistischen Gruß zu ehren. Als George Lamirand, der Vichy-Minister für jüdische Angelegenheiten, Le Chambon besuchte, bekam er eine Predigt über den Spruch »Du sollst deinen Nächsten lieben wie dich selbst« zu hören, und die Oberschüler überreichten ihm ein Schreiben, in dem die Deportation der Pariser Juden verurteilt wurde:

> Wir fühlen uns verpflichtet, Ihnen mitzuteilen, daß es unter uns einige Juden gibt. Doch wir unterscheiden nicht zwischen Juden und Nichtjuden. Das ist unvereinbar mit der Lehre des Evangeliums. Wenn unsere Kameraden, deren einziger Fehler darin besteht, in eine andere Religion hineingeboren zu sein, den Befehl zu ihrer Deportation oder zu einem Verhör erhalten, werden sie diesen Befehlen nicht Folge leisten, und wir werden sie verstecken, so gut es möglich ist.

Als der Ortsvorsteher André Trocmé warnte, daß seine Männer demnächst Ermittlungen anstellen würden, und ihm erklärte, daß ausländische Juden »nicht Ihre Brüder« seien, gab der Pfarrer zurück: »Wir wissen nicht, was Juden sind. Wir kennen nur Menschen.« Einmal, als Flüchtlinge auf dem Dorfplatz zusammengetrieben wurden, lastete Daniel Trocmé lauthals einem Vichy-Polizisten die Verantwortung an und stimmte dann mit den Chambonaisern ein trotziges Abschiedslied an. Doch die bewaffneten Widerstandskämpfer, die ebenfalls auf der Hochebene aktiv waren, betrachteten das Netz von Rettern als einen Haufen gefährlicher Amateure.

Erleichtert wurden die Rettungsaktionen außerdem dadurch, daß Fremde in Le Chambon nichts Außergewöhnliches waren. Die kühle Hochebene war im Sommer ein Urlaubsziel. In Le Chambon gab es Hotels, Pensionen und Internate. Die Flüchtlinge, die am Bahnhof ankamen, meldeten sich wie andere Gäste im Hotel der Familie May, das fünfzehn Zimmer hatte. Nach einer Nacht brachten die Pfarrer sie auf Bauernhöfen unter. »Die Leute kamen ja in ein Hotel«, erinnerte sich Roger May, der damals Anfang Zwanzig war. »So hatten wir eine Art natürlichen Schutz. Ein Hotel hat Gäste. Wir verlangten nicht, daß Anmeldeformulare ausgefüllt wurden. Wir schrieben nur die Namen von zwei oder drei Leuten auf, bei denen alles seine Ordnung hatte. Die Tür stand auch Menschen offen, die keine Juden waren. Je mehr Gäste wir hatten, desto unauffälliger war es.« Ob Zufall oder Planung, die Hotelbar lag jedenfalls außerhalb des Gebietes, in dem sich die deutschen Soldaten, die auf der anderen Seite des Dorfplatzes zur Genesung weilten, aufhalten durften.

André Chouraqui, ein junger, in Algerien geborener Jude, studierte beim Einmarsch der Deutschen in einer Jeschiwa in der französischen Stadt Clermont-Ferrand. 1942 wurden die Schüler ausgewiesen. Chouraqui schloß sich einer Organisation an, die sich der Rettung von Kindern, insbesondere von Waisenkindern, widmete. Seine Aufgabe war es, die Kinder auf Bauernhöfen unterzubringen. Er verbrachte drei Jahre auf der Hochebene. Im Sommer 1943 entkam er der Gestapo, nachdem ihm Madame Andrée Philipp, eine Mitarbeiterin von Pfarrer Trocmé, einen Hinweis gegeben hatte. »Nicht ein einziges Mal erlebte ich es bei meiner Arbeit, daß Christen es ablehnten, uns nach besten Kräften beizustehen«, sagte er mir. Andere Überlebende bezeugen, daß niemals versucht wurde, die Juden zu konvertieren, sondern daß ihnen ein Raum für ihre Gottesdienste zugeteilt wurde.

Pfarrer Trocmé war die beherrschende Gestalt der Rettungsaktion, doch einige Zeugen betonen, daß er nicht die einzige treibende Kraft war. Lesley Maber bezeichnete ihn als einen »bemerkenswerten Mann, der andere mitreißen konnte, doch war er kein Organisator«. Er entsprach nicht dem Klischee des Landpfarrers. 1901 als Sohn eines wohlhabenden französisch-hugenottischen Spitzenfabrikanten und einer deutschen Mutter in der Picardie geboren, studierte Trocmé in Paris und am Union Theological Seminary in New York. Dort verdiente er sich sein Studium, indem er den Söhnen von John D. Rockefeller, Winthrop und David, Französischunterricht erteilte. Seine italienische Frau Magda, die er in einer New Yorker Studenten-Cafeteria kennengelernt hatte, war im römisch-katholischen Glauben aufgewachsen. Was die beiden verband, war ihr soziales Gewissen, die Entschlossenheit, gegen Unrecht und Armut zu kämpfen. Nach der Rückkehr nach Europa arbeiteten sie in den Armenvierteln nordfranzösischer Industriestädte. Trocmé war Pazifist und gleichzeitig ein Mann von aufbrausendem Temperament. Er war, wie Philip Hallie es nannte, »ein spiritueller und intellektueller Vulkan, der immerzu neue Wege des Denkens ausspuckte«. Er predigte leidenschaftlich und freimütig. Seine Frau teilte seine Überzeugung, daß das Leben heilig sei, nicht im Sinne eines theoretischen Dogmas, sondern als moralischer Imperativ, der unabhängig vom Risiko gültig war. Sie standen bedingungslos für die Gewaltlosigkeit ein. In den letzten Kriegsmonaten predigte Trocmé, daß an deutschen Soldaten, die von Widerstandskämpfern gefangengenommen worden waren, keine Rache geübt werden dürfe.

André Chouraqui schrieb 1970 in seiner Zeugenaussage für Yad Vashem:

> Pfarrer André Trocmé war die lebendige Seele und die spirituelle Verkörperung des französischen Widerstands. Durch seine persönlichen Taten, durch sein Beispiel für andere, durch seine Forderungen und Schriften rettete Pfarrer André Trocmé – direkt und indirekt – zahllose jüdische Seelen, und er half mit, den Geist des französischen Widerstan-

des zu stärken, der am Ende auch einen Beitrag zum Niedergang des Hitlerschen Nationalsozialismus leistete. Pfarrer Trocmé bot mir immer seine allumfassende und zuverlässige Hilfe an. Es verging kein Monat, in dem ich mich nicht mit der Bitte um Hilfe an ihn wandte, an ihn oder seine Freunde oder die Mitglieder seiner Gemeinde, die in jener Gegend Juden versteckten. In all den tragischen Jahren unseres Widerstandes antwortete Pfarrer Trocmé immer auf unsere Hilferufe. Er antwortete mit Enthusiasmus, obwohl er wußte, daß er für uns sein Leben, das Leben seiner Frau und Kinder und das Leben seiner Gemeindemitglieder gefährdete. Seine Kirche und sein Haus gehörten zu den großen Zentren des französischen Widerstands.

Im Februar 1943 verhaftete die Vichy-Polizei eines Nachts Trocmé und zwei seiner engsten Mitverschwörer, Pfarrer Édouard Theis und Schulleiter Roger Darcissac. Sie verbrachten über einen Monat in einem Gefangenenlager und debattierten dort mit hartgesottenen Kommunisten und ehemaligen Untergrundkämpfern über Recht und Unrecht gewalttätigen Widerstandes. Als man ihnen das erste Mal die Freilassung anbot, verweigerten Trocmé und Theis den Treueeid auf Marschall Philippe Pétains Vichy-Regierung, und zwar mit der Begründung, daß sie als Männer Gottes ihr Wort halten müßten, wenn sie es einmal gegeben hätten. Ein paar Tage später wurden sie trotzdem entlassen.

1971 war André Trocmé der erste der Gerechten unter den Völkern, die von Israel geehrt wurden. Er hatte die Hochebene nach dem Krieg verlassen, um als Europasekretär des Internationalen Versöhnungsbundes einem größeren Publikum die Botschaft der Gewaltlosigkeit nahezubringen; später war er Pfarrer der Genfer Gemeinde Saint-Gervais. Als Yehuda Ben-David, der israelische Generalkonsul in Paris, bei den Trocmés anrief, um nähere Einzelheiten der Verleihung zu besprechen, erfuhr er von Madame Trocmé, daß der Pfarrer eine Operation hinter sich hatte und durch die Folgen eines Schlaganfalls noch leicht beeinträchtigt war. Die Ärzte rechneten jedoch mit einer schnellen Genesung. Die Zeremonie wurde verschoben, doch bald darauf teilte Madame Trocmé Ben-David mit, daß ihr Gatte gestorben sei. Nach seinem Letzten Willen sollte er eingeäschert und die Urne mit seiner Asche in Le Chambon beigesetzt werden. Am 12. Juni 1971, einem Samstag, lauschte eine große Trauergemeinde in der alten granitenen Kirche, in der André Trocmé zehn ereignisreiche Jahre lang gepredigt hatte, als Pfarrer Theis Trocmés letzte Predigt verlas, die er fünfzehn Stunden vor seinem Tod geschrieben hatte. Ben-David überreichte der Witwe stellvertretend für den Pfarrer Medaille und Urkunde der Gerechten unter den Völkern. Dann trug sie seine Asche zum Grab. Die Inschrift auf seinem Grabstein lautet: »Der Friede Gottes ist höher denn alle Vernunft.«

*

In besseren Zeiten, so dachte der junge Albert Szajdholc bei sich, hätte er den Weihnachtsabend in Andonno vielleicht genießen können. Auf den steilen Dächern der Häuser in diesem kleinen, etwa zweitausend Meter über der italienischen Riviera gelegenen Alpendorf lag eine dicke Schneedecke. Doch im Dezember 1943 konnten er und seine Familie, jüdische Flüchtlinge, die sich in einem zweistöckigen, an die Mauer einer katholischen Kirche angrenzenden Anbau vor den deutschen Truppen versteckt hielten, nur daran denken, möglichst warm zu bleiben. Albert, seine Eltern und zwei jüngere Schwestern hatten kaum noch Feuerholz und noch weniger Lebensmittel. In Decken gehüllt und eng aneinandergedrängt, saßen sie so dicht wie möglich um die Feuerstelle. Sie ernährten sich hauptsächlich von wilden Kastanien, die auf den Berghängen im Überfluß wuchsen. Manchmal aßen sie sie roh, manchmal geröstet, manchmal zur Abwechslung gekocht. Nach und nach hatten sie alle Habe, die ihnen nach dreijähriger Flucht noch geblieben war – die golden Ohrringe seiner Mutter, das Gold einer herausgebrochenen Plombe – verkauft, um Lebensmittel davon kaufen zu können. Drei Monate zuvor waren die Szajdholcs von Frankreich aus über die Alpen gewandert; seither hatten sie oberhalb von Andonno im Freien gelebt und manchmal in Schäferhütten, manchmal unter offenem Himmel übernachtet. Bei Wintereinbruch bot ihnen der Dorfpriester Pater Antonio Borsotto ein spärlich möbliertes Zimmer neben der Kirche als Unterschlupf an, obwohl die Deutschen Andonno und die Nachbardörfer ständig nach Partisanen und Flüchtlingen durchsuchten. Fanden sie eine Spur, kam es zu Brandschatzung, Plünderung und Mord. Der Priester, ein nüchterner, etwa dreißigjähriger Mann mit strengem Gesicht, kannte das Risiko, das er auf sich nahm. Seine Gemeinde ebenso. In Andonno gab es keine Geheimnisse. Die Lehrerin des Ortes hatte bereits eine jüdische Familie – eine Frau mit Sohn und Tochter – bei sich aufgenommen.

Es war kurz vor Mitternacht an diesem Weihnachtsabend. Die schneebedeckten Berge warfen das Echo der Kirchenglocken zurück. Von ihrem Fenster aus beobachteten die Szajdholcs, wie die Bauersfrauen, in dicke Schals gehüllt, durch den Schnee auf die Kirche zustapften. Vierzig Jahre später erinnerte sich Albert immer noch an die bittere Kälte und den dunklen Himmel, an dem die Sterne funkelten.

»Wir kehrten zum Ofen zurück und starrten in die winzige Flamme. In Gedanken waren wir bei den wunderbaren Festen, die wir vor dem Krieg an Chanukka gefeiert hatten. Ich schloß die Augen und sah meinen Vater vor mir, wie er die Menora, unseren schönen silbernen Kerzenleuchter, anzündete. Beinahe konnte ich hören, wie die traditionellen Kartoffelkuchen in der Pfanne brutzelten... Mich fröstelte, und damit kehrte ich in die weniger angenehme Gegenwart zurück. Es herrschte tiefes Schweigen; jeder hing seinen Träumen nach. Da klopfte es an der Tür. Es war weit nach Mitternacht, und wir schauten einander ein wenig ängstlich an. Ich öffnete die Tür einen Spaltbreit. Vor mir stand eine alte Frau mit runzeligem Gesicht, die einen Schal um die Schultern geschlungen hatte. Sie überreichte mir ein in Papier gewickeltes Stück Käse und flüsterte mit heiserer Stimme: ›Buon natale‹, fröhliche Weihnachten. Baß erstaunt über das Geschenk, dankten wir ihr überschwenglich. Es schien, als sei ihr unsere

Dankbarkeit peinlich. Sie eilte davon. Wenige Minuten später klopfte es noch einmal an der Tür. Wieder öffnete ich. Diesmal drückte mir ein Dorfbewohner einen Korb mit Feuerholz in die Hand und wünschte uns ›Buon natale‹. Danach kam eine Frau und brachte uns etwas Brot. Die ganze Nacht über kamen weitere Dorfbewohner und beschenkten uns mit Nahrung, Kleidung und Holz. Wir waren überwältigt. Was hatte sie dazu gebracht, mit uns zu teilen, mit Außenseitern aus einem fremden Land, Anhängern einer anderen Religion, Fremden in ihrer Mitte?«

Der nächste Tag brach an. An diesem sonnigen, aber schneidend kalten Morgen, dem Morgen des ersten Weihnachtstages, war es ruhig im Dorf, und es schien, als herrsche Friede auf Erden. Albert ging die enge Dorfstraße entlang, vorbei an den schmalen, weißgekalkten Häuschen, die sich dicht aneinanderdrängten. Da traf er Giacomo Rosso, den Dorffriseur, der ihm ebenfalls »Buon natale« wünschte und dann berichtete, was in der Nacht zuvor geschehen war. Der Friseur legte dem neunzehnjährigen Juden eine Hand auf die Schulter und erklärte lächelnd:

»Wie an jedem Weihnachten erzählte Pater Borsotto gestern nacht in der Christmette die Geschichte von der Geburt unseres Erlösers und den Geschenken, die ihm die Heiligen Drei Könige überbrachten. Wie immer beschrieb er, wie die Heilige Familie in einem Stall in Bethlehem übernachten mußte, allein und verlassen. Und wie die Heiligen Drei Könige das Jesuskind beschenkten. Dann sagte Pater Borsotto: ›Wie Maria und Josef allein und verlassen waren, keine Unterkunft fanden, und unseren Erlöser in eine Krippe legen mußten, so sind heute die Juden allein und verlassen. An diesem Weihnachten weilen zwei jüdische Familien in unserer Mitte, und auch sie sind allein, hungrig und verfolgt, nur weil sie Juden sind.‹ Pater Borsotto sagte dann, daß wir jetzt die Heiligen Drei Könige sein und den jüdischen Familien in Andonno Geschenke bringen könnten.«

Albert rannte zurück zu seinen Eltern. Sein Vater sagte: »Wir können uns glücklich schätzen, daß wir hier in Andonno unter guten Christen sind.« Er schickte Albert zu Pater Borsotto, um ihm zu danken. »Mein Sohn«, antwortete der Priester mit Tränen in den Augen, »du mußt mir nicht danken. Ein Christ kann nicht anders handeln.«

Albert kam in Warschau zur Welt, wuchs aber in Brüssel auf, wo sein Vater Lederhandtaschen herstellte. Als die Deutschen 1940 in Belgien einmarschierten, floh die Familie mit anderen Juden nach Südfrankreich, in der Hoffnung, von dort in das neutrale Spanien oder nach Portugal gelangen zu können. In Bayonne, der letzten Stadt vor der Grenze, weigerte sich ein feindseliger polnischer Konsul, ihre alten Pässe zu verlängern. Sie seien Juden, meinte er, keine Polen. Ohne gültige Reisedokumente konnten sie die Pyrenäen nicht überqueren. Statt dessen flüchteten sie sich nach St.-Martin-Vésubie, einem Dorf oberhalb Nizzas, das unter italienischer Besatzung stand. Benito Mussolini, der »Duce«, war zwar Hitlers Verbündeter, doch nicht sein Komplize bei der Vernichtung der europäischen Juden. Er verkündete zwar Gesetze, die die Juden diskriminierten, aber er ließ sie nicht töten.

Als Italien im September 1943 ein Waffenstillstandsabkommen mit den Alliierten unterzeichnete, folgten Albert und seine Familie der italienischen Armee über die Alpen in den Badeort Valdieri. Zu ihrem Entsetzen kontrollierten die Deutschen den Ort. Der Krieg war für Italien noch nicht vorbei. Wie andere jüdische Flüchtlinge erhielten die Szajdholcs den Befehl, sich zu melden, damit geprüft werden könne, ob sie einer Widerstandsgruppe angehörten. Die wenigsten nahmen diese Erklärung für bare Münze, doch viele fügten sich, weil sie glaubten, man werde sie nach Paris schicken. Tatsächlich aber brachte man sie in das Deportationslager Drancy und von dort aus nach Auschwitz. Alberts Vater Shlomo ließ sich jedoch nicht täuschen. Er wies seine Familie an, sich fortzuschleichen und in die Berge hinaufzusteigen. »Bleibt nicht stehen, dreht euch nicht um, nicht einmal, wenn jemand euch ruft«, sagte er. »Bleibt nur stehen, wenn ihr Schüsse hört.«

Im Gebirge war es kalt, naß, und es gab wenig zu essen – von den Eßkastanien abgesehen. Ab und zu hörten sie Schüsse auf der Straße weit unter ihnen. Einmal wurde Albert beinahe von einer deutschen Patrouille gefaßt. Alberts Mutter Esther entdeckte zur Überraschung aller ihre Gabe, unterirdische Wasserquellen aufzuspüren. Die Flüchtlinge machten während des Tages möglichst kein Feuer, aus Angst, jemand könnte den Rauch bemerken; doch die Dorfbewohner wußten trotzdem, daß sie da waren. Eines Tages, erzählte Albert, tauchten auf einmal drei Fremde auf: ein gutgekleidetes Ehepaar, offensichtlich Leute aus der Stadt, in Begleitung eines ortsansässigen Bauern.

»Wir starrten die drei an. Jetzt hatten wir wohl ernsthaft Grund zur Sorge. Wenn sie wußten, wo wir waren, und uns so leicht finden konnten, dann konnte jeder uns finden. Der Mann sagte etwas auf italienisch zu uns. Wir schüttelten verständnislos den Kopf und antworteten französisch. Da erzählte er in ziemlich gutem Französisch, er habe einen Nachbarort besucht und dort von den Bauern erfahren, daß Familien mit Kindern sich in den Bergen versteckt hielten. Er sei heraufgestiegen, um seine Neugier zu befriedigen. Wir stöhnten auf. Es war also kein Geheimnis, daß wir hier oben in den Bergen lebten.«

Die Flüchtlinge erzählten dem Mann, daß sie Juden auf der Flucht vor den Deutschen seien. Daraufhin berichtete er, daß es in der Nachbarstadt von Cuneo, wo er lebe, eine jüdische Gemeinde gebe, und erklärte sich bereit, einen Brief an den dortigen Rabbiner mitzunehmen. In biblischem Hebräisch schrieben sie, sie benötigten Geld und eine Unterkunft. Frau Szajdholc gab dem Mann ihre goldenen Ohrringe, die er für sie verkaufen sollte. Er versprach, in ein paar Tagen zurückzukehren. Als einige Tage vergangen waren und der Mann immer noch nicht wiederaufgetaucht war, begannen sie sich Sorgen zu machen, er könne vielleicht ein Informant gewesen sein. Doch schließlich kam er und überbrachte einen ebenfalls in biblischem Hebräisch verfaßten Brief des Rabbiners von Cuneo. Die Juden in Cuneo, schrieb er, befänden sich in einer verzweifelten Lage. Die meisten seien verschwunden oder untergetaucht. Er könne nicht helfen, doch er hoffe, daß Gott mit ihnen sei und sie beschütze. Dann überreichte der Mann Alberts Mutter das Geld, das er für die Ohrringe bekommen hatte. »Wir dankten diesem Fremden«, schrieb Albert, »und dann ging er. Wir erfuhren nie, wer er war, und wir sahen ihn niemals wieder. Die ganze Episode kam uns immer beinahe übernatürlich vor.«

Die Familie kaufte nun in Andonno Lebensmittel ein. Dort erfuhren sie auch das Neueste über den Kriegsverlauf. Sie freundeten sich mit den Rossis an, einem jung verheirateten Paar – er war Italiener, sie Französin –, die am Rand des Dorfes wohnten. Die Juden vertrauten voll und ganz darauf, daß die Dorfbewohner sie nicht verraten würden; ihre neuen Freunde warnten sie jedoch vor dem einzigen Faschisten in Andonno, den sie unbedingt meiden sollten.

»Kurz nach dieser Warnung«, so Albert, »sahen wir einmal den Faschisten am Straßenrand sitzen, als wir nach Andonno kamen. Wir blieben sofort stehen, aber wo hätten wir hinlaufen sollen? Außerdem war es ohnehin zu spät, da er uns bereits gesehen hatte. Er winkte uns zu sich und sagte in holprigem Französisch: ›Ich weiß, die Dorfbewohner haben euch vor mir gewarnt. Ja, ich bin ein Faschist, aber ich habe nichts gegen euch. Ihr braucht keine Angst vor mir haben. Wenn ich euch irgendwie helfen kann, gebt mir Bescheid.‹ Und er hielt Wort. Vielleicht erkannte er, daß der Wind sich drehte. Vielleicht hegte er auch, wie viele Anhänger des Duce, keine besondere Feindschaft gegen die Juden.«

Als Albert wieder einmal bei den Rossis zu Besuch war, überredeten sie ihn, zu einem Fest zu bleiben. Er müsse keine Angst haben, versicherten sie ihm. Nur ein paar Freunde seien eingeladen, unter ihnen, wie sich herausstellen sollte, auch Pater Borsotto.

»Das Fest begann feierlich«, berichtete Albert. »Wir rösteten Kastanien und tranken viel Wein. Man tauschte Erinnerungen aus, und dann erzählte Pater Borsotto von den Erfahrungen, die er als Seelsorger an der russischen Front gemacht hatte. Der Wein lockerte die Stimmung, und bald wandte sich Rossi an den Priester und sagte: ›Ach komm, zeig uns, wie die Russen tanzen.‹ Pater Borsotto zögerte. Rossi sah uns an, zwinkerte uns zu und legte einen Finger auf den Mund. ›Nicht vergessen, ihr dürft niemandem etwas über den heutigen Abend erzählen.‹ Dadurch ermutigt, kletterte der Priester auf den Tisch, raffte die Soutane und tanzte einen Kasatschok, einen Kosakentanz. Wir sangen und klatschten und ermunterten ihn, seine Darbietung fortzuführen. Jetzt wußte ich, daß Pater Borsotto nicht so furchterregend war, wie er aussah.«

Als der Winter den Herbst abzulösen begann, fuhr ein beißend kalter Wind durch die Ritzen zwischen den Holzbrettern der Berghütte, in der die Szajdholcs Zuflucht gefunden hatten. Die Luft roch nach Schnee, und sie wußten, daß sie nicht mehr lange dort oben bleiben konnten. Alberts fast zwei Jahre älterer Bruder Alter hatte sie mit seiner jungen Frau Sidi schon verlassen, um in Valdieri eine Unterkunft zu suchen. Albert und seine siebzehnjährige Schwester Mariette stiegen nach Andonno ab, um Pater Borsotto um Hilfe zu bitten. Der Priester erinnerte sie zunächst daran, wie furchtbar gefährlich es war, Soldaten, Partisanen oder andere Leute, die vor der Wehrmacht auf der Flucht waren, zu verstecken. »Die Deutschen haben uns gewarnt. Wenn sie Partisanen oder auch nur zurückgelassene Armeeuniformen in einem Dorf finden, brennen sie das Haus ab, oder tun sogar noch schlimmere Dinge«, sagte er mit Sorgenfalten auf der Stirn. Das waren keine leeren Drohungen. Eine Woche nach Weihnachten griffen im Nachbarort Boves Partisanen einen mit deutschen Soldaten besetzten Lastwagen an. Sie töteten mehrere Soldaten und zogen sich dann in die Berge zurück. Aus Rache zerstörten die Deutschen das ganze Dorf. Der Priester verbrannte bei lebendigem Leib in der verriegelten Kirche.

Pater Borsotto aus Andonno schüttelte den Kopf und schwieg einen Moment lang, dann sagte er zu Albert und Mariette: »Ich weiß, daß ihr unmöglich den ganzen Winter über in den Bergen bleiben könnt. Ich werde versuchen, euch zu helfen.« So kamen die Szajdholcs in das Zimmer neben der Kirche, in dem sie den Weihnachtsabend verbrachten. Pater Borsotto gab Albert den Schlüssel und riet ihnen, in der Nacht einzuziehen. »Die Leute vom Dorf werden natürlich erfahren, daß ihr dort seid«, fügte er hinzu. »Das bereitet mir keinen Kummer. Ich bin aber in Sorge, daß vielleicht zufällig Fremde vorbeikommen. Bitte sagt eurer Familie, daß ihr sehr vorsichtig sein müßt.«

Der Winter 1943 war für alle hart, nicht nur für die Flüchtlinge. Einmal sah Albert, wie ein paar Männer im Garten hinter dem Nachbarhaus eine Grube ausschaufelten. »Hör gut zu, junger Mann«, drohte ihm einer der Männer, »was du hier siehst, das behältst du für dich, verstanden? Wir müssen Lebensmittel und Samen vergraben, wenn wir nicht verhungern wollen.« Die Deutschen und die Partisanen, erklärte er, lebten von dem, was das Land hergab. Sie kamen und nahmen alles, was die Bauern besaßen. »Wenn sie uns alles wegnehmen, werden wir zwei Jahre nichts zu essen haben. Wir haben also keine andere Wahl; wir müssen ein paar Samen für die nächste Aussaat verstecken.«

Albert hatte inzwischen ein paar Brocken Italienisch aufgepickt. So erfuhr er, daß die Lehrerin Caterina Destefanis eine französische Jüdin, Regina Gal, und ihre beiden kleinen Kinder bei sich aufgenommen hatte. Ihr Mann war aus Paris deportiert worden. Die Familien wurden Freunde. Auch mit Giacomo Rosso, der gleichzeitig Friseur und Schneider des Dorfes war, schloß Albert Freundschaft. Noch in Frankreich hatte Albert sich falsche Papiere auf den Namen Raymond Bermond besorgt. Die italienischen Dorfbewohner nannten ihn Raimondo.

Albert schaute ab und zu in Giacomos Laden herein, um die neuesten Nachrichten zu erfahren. Giacomo hatte ein kräftiges, tief zerfurchtes Gesicht und den Kopf voll dicker schwarzer Haare. Seit einer Kinderkrankheit hinkte er. Die beiden plauderten freundschaftlich, als Giacomo Albert urplötzlich vorschlug, der junge Jude solle doch Friseur werden. Er brauche einen Gehilfen, um mehr Zeit für die Schneiderei zu haben. Albert protestierte: »Ich verstehe doch nichts vom Friseurgeschäft! Ich habe noch niemals jemanden rasiert.« Giacomo wollte sich mit dieser Antwort nicht abfinden. »Das ist nicht schwer, Raimondo. Rasierst du dich nicht selbst auch?« Also wurde Albert/Raimondo trotz mancher Bedenken zum Lehrling des Friseurs. Gleich bei seinem ersten Kunden passierte ein Unglück:

»Ich seifte ihn gut ein und gab Giacomo ein Zeichen, weil er, so hatte ich es erwartet, nun weitermachen sollte. Doch Giacomo streckte das Kinn hoch, schüttelte den Kopf und bedeutete mir weiterzumachen. Ich nahm das Raisermesser und zog es übers Leder, wie ich es oft genug beim Friseur gesehen hatte. Irgendwie hatte der stark eingeschäumte Kunde wohl das Gefühl, daß da etwas nicht stimmte. Mir zitterte die Hand, als ich mit dem Rasieren begann. An der Kehle ging alles gut, und ich arbeitete mich zur Oberlippe hoch. Und dann geschah es. Ich erwischte den Nasenflügel, und der Mann schrie auf. Giacomo kam mit einem Alaunstift gelaufen, doch zu meinem Entsetzen floß immer mehr Blut. Endlich hörte das Bluten auf. Giacomo schaute mich an und sagte: ›Mach die Sache fertig.‹ Aber der Mann kreischte: ›Nein, nein!‹ Das war das Ende meiner Karriere als Friseur.«

Das friedliche Weihnachtsfest, das die Flüchtlinge erleben durften, sollte nur ein kurzes Zwischenspiel sein. Andonno lag zwar nicht direkt an der Hauptstraße, dennoch kamen die Deutschen zu oft, als daß die Szajdholcs sich hätten sicher fühlen können. Sie hörten gerüchteweise, daß Ungarn, obwohl mit Hitler verbündet, Juden Reisedokumente ausstelle. Alberts Schwägerin Sidi erbot sich, mit ihrer Mutter nach Rom zu fahren, um dort den ungarischen Konsul aufzusuchen. Sidis Familie kam aus der Tschechoslowakei, die einst zur österreichisch-ungarischen Monarchie gehört hatte, und deshalb sprach Sidi Ungarisch. Für die Zeit ihrer Abwesenheit schloß sich Alberts Bruder Alter wieder der Familie in Andonno an. Ein paar Tage später schickten sie Mariette mit einem Mädchen aus der Nachbarschaft, Marianna Giordano, in die nächste Stadt, um Koffer zu kaufen. Sie wollten für den Aufbruch vorbereitet sein. Kurz nachdem Mariette gegangen war, hörten sie jedoch das Donnern von Geschützfeuer in den Bergen. In heller Aufregung klopfte Pater Borsotto an ihre Tür. »Ihr müßt das Dorf sofort verlassen«, bat er eindringlich. »Die Deutschen greifen die Partisanen an. Wenn sie euch hier finden, brennen sie das Dorf nieder.« Die Szajdholcs eilten den steilen Pfad hinter dem Haus bergauf. Albert kehrte noch einmal zurück, um Madame Gal und ihre Kinder zu warnen.

»Als ich bei ihr ankam, erfuhr ich, daß sie bereits geflohen waren, also rannte ich zurück zu unserem Haus. Alter wartete dort auf mich, und wir sahen zu, daß wir so schnell wie möglich wegkamen. Direkt hinter uns hörten wir Schüsse. Einmal, als der Pfad eine scharfe Kurve machte, spritzten vor uns Kugeln von den Felsen. Endlich erreichten wir die übrige Familie. Wir waren nicht allein. Viele junge Männer aus dem Dorf hatten sich ebenfalls zum Berggipfel durchgeschlagen. Die Deutschen, so hieß es, machten Jagd auf junge Italiener, die sie in die Armee zwingen wollten.«

»Wir bemerkten eine kleine Hütte«, berichtete Albert weiter, »und Alter und ich wollten nachsehen, ob wir darin vielleicht Schutz suchen könnten. Wir waren schon fast dort, als die Hütte vor unseren Augen von einem Volltreffer in tausend Stücke gerissen wurde. Die Schäferhütten waren ein bevorzugtes Ziel von Artillerie- und Bomberangriffen geworden. Die Deutschen wußten, daß die Partisanen diese Hütten benutzten, und waren deshalb entschlossen, sie samt und sonders zu zerstören. Als wir aufschauten, sahen wir Flugzeuge auf uns zukommen. Wir stürzten uns in den Schnee und versuchten, uns zu tarnen. In Boves und Tettobandito, das konnte man sehen, brannten die Häuser. Endlich hörte das Artilleriefeuer auf. Die jungen Männer eilten zurück nach Andonno, doch wir konnten ihnen nicht folgen. Wir wußten nicht wohin.«

Glücklicherweise fand die Familie eine Hütte, die die Jagdbomber übersehen haben mußten. Trotz der Gefahr eines erneuten Angriffs blieb ihnen nichts anderes übrig, als in der Hütte Schutz zu suchen. Es war bitter kalt, doch sie wagten nicht, Feuer zu machen, weil sie befürchteten, das würde die Aufmerksamkeit auf sie lenken. So kauerten sie sich vor Kälte zitternd dicht aneinander. Gegen Abend sahen sie Mariette den Berg heraufeilen. Sie und Marianna hatten die Schüsse gehört, waren aber in der Stadt geblieben, bis alles vorbei war. Mariannas Eltern, Usebio und Anna Giordano, machten sich Sorgen um die Szajdholcs. Da sie wußten, daß es unmöglich war, die Nacht ohne Schutz in den Bergen zu verbringen, hatten sie Mariette mit der Nachricht auf den Weg geschickt, die Szajdholcs sollten nach Einbruch der Dunkelheit zurückkommen. Die Giordanos wollten die Stalltür unversperrt lassen, doch in der Morgendämmerung müßten sie wieder in die Berge gehen.

Zuerst ging Albert noch einmal in das Zimmer neben der Kirche, um ein paar Habseligkeiten einzusammeln. Erst jetzt erkannte er, wie knapp sie diesmal entkommen waren. Deutsche Soldaten hatten das Zimmer durchwühlt. Die Kleider waren überall verstreut. Alberts Vater hatte seine Tefillin zurückgelassen, die Gebetsriemen mit der Lederkapsel, die fromme Juden sich wochentags beim Morgengebet um Arme und Stirn binden. Offensichtlich wußten die Deutschen damit nichts anzufangen. Hätten sie erkannt, daß hier Juden versteckt gewesen waren, hätten sie wohl Haus und Kirche niedergebrannt und vielleicht sogar Pater Borsotto erschossen.

Die Giordanos besaßen einen Gemüseladen im Dorf. Ihre beiden Töchter Marianna und Anna hatten oft mit den jüdischen Mädchen gespielt. Wie alle Leute in Andonno wußten sie nun, wie rücksichtslos die Deutschen vorgehen konnten. Viele ihrer Nachbarn in Boves waren im Verlauf der Suchaktionen getötet worden. Die Deutschen hatten das Dorf umstellt und jeden erschossen, der zu flüchten versuchte. Doch trotz dieses Risikos ließen die Giordanos jede Nacht die Stalltür offen.

»In diesen Bergdörfern war es nicht ungewöhnlich, daß die Leute im Winter im Stall schliefen«, erinnerte sich Albert. »Im Stall war es oft wärmer als im Haus. In der ersten Nacht begrüßte uns Signora Giordano und sagte uns, wir sollten die Schuhe an die Dachbalken binden, weil sonst die Hasen sie zerbeißen würden. Auch die Hasen flüchteten vor der Kälte in den Stall.«

»Jeden Abend«, fuhr Albert fort, »wenn wir aus der eisigen Kälte in den Stall kamen, wartete ein Topf heiße Suppe auf uns. Dem Mitgefühl und der Großzügigkeit der Giordanos hatten wir es zu verdanken, daß wir im Stroh schlafen und uns an den Körpern der Tiere wärmen konnten. Morgens legte Signora Giordano frisches Stroh für uns auf. Einmal, als wir frierend oben im Schnee hockten, sahen wir eine schwarzgekleidete alte Frau emsig den Berg heraufkommen. Sie brachte uns einen Topf heiße Suppe. Wir konnten niemals genügend Worte des Dankes für diese einfachen, guten Menschen finden.«

Im Frühjahr 1944 kam die Verschwörung des Guten in Andonno zu einem Ende. Sidi brachte aus Rom ungarische Papiere für die ganze Familie mit. Sie hatte den Konsul davon überzeugen können, daß die polnisch-belgische Familie Szajdholc ungarischer Staatsangehörigkeit sei. Albert war nun Alex Vamos aus Budapest. Die Familie fuhr mit dem Zug nach Florenz, von dort nach Rom, wo sie bis zur Befreiung blieb. Nach dem Krieg ließen sich die Szajdholcs in New York nieder.

1984 kehrte Albert, der den polnischen Namen Szajdholc durch den hebräischen Namen Sharon ersetzt hatte, mit seiner Frau Lynn nach Andonno zurück. Auf dem Dorfplatz trafen sie eine Frau, die am Brunnen Wäsche wusch. Sie sei zu jung, sie könne sich nicht an den Krieg erinnern, meinte die Frau, doch sie kenne eine Frau, die den Juden geholfen habe. Diese Frau war Caterina Destefanis, die Lehrerin, die Madame Gal und ihre Kinder aufgenommen hatte. Albert konnte ihr berichten, daß auch die Gals sicher nach New York gekommen waren. Signora Destefanis, inzwischen über siebzig Jahre alt, begleitete sie zu dem hellrosa und blauen Haus neben der Kirche. Auf einmal waren die Sharons von den Frauen des Dorfes umringt. Albert fragte, ob irgend jemand den Friseur Giacomo kenne. Eine der Frauen sagte, Giacomo sei ihr Mann, doch er sei sehr krank und könne keinen Besuch empfangen. Albert überredete sie, ihn dennoch mit in ihr Haus zu nehmen. Der alte Mann kam aus seinem Zimmer. Er starrte Albert an, sagte dann aber, diesen Mann habe er noch nie gesehen. Albert fing an, von seiner Zeit als Friseurgehilfe bei Giacomo zu erzählen. Plötzlich lächelte der gebrechliche Friseur, rieb sich den Nasenflügel, zog eine Augenbraue hoch und rief: »Raimondo!«

2
Die ehrenhaften Konsuln

Wäre Giorgio Perlasca kein Faschist gewesen, hätte er nicht etwa drei- bis sechstausend ungarische Juden vor der Deportation und dem Tod bewahren können, und er hätte keinen Platz verdient in der ehrenhaften Gesellschaft der Konsuln und Botschafter, Diplomaten und Beinahe-Diplomaten – ein Schwede, ein Japaner, ein Deutscher, ein Portugiese und zwei Männer vom Internationalen Roten Kreuz –, die ihre Karriere und manchmal ihr Leben aufs Spiel setzten, weil sie mit Hitlers »Endlösung« nichts zu tun haben wollten. Perlasca war ein italienischer Faschist, aber er war kein Antisemit. 1910 in Como geboren und in Padua aufgewachsen, stammte er aus einer wenig abenteuerlustigen Familie katholischer Staatsdiener. Sein Großvater hatte als hoher Beamter dem italienischen Königshaus gedient; sein Vater war ein städtischer Angestellter. Giorgio war ein überzeugter Anhänger Mussolinis. Nach dem Besuch eines technischen Gymnasiums diente er in der italienischen Armee – als Wehrpflichtiger bei der Eroberung Abessiniens und als Freiwilliger auf der Seite Francos im spanischen Bürgerkrieg. Dort wurde er zum Leutnant der Artillerie befördert. Er kämpfte in der Stadt Guernica, die, so Perlasca, »nicht so schlimm zerstört wurde, wie Picasso es dargestellt hat«. Die Kontakte nach Spanien retteten ihm in den grauenhaften Wirren des Hitlerkrieges in Budapest die Freiheit, wenn nicht gar das Leben. Jedenfalls retteten diese Kontakte seinen jüdischen Schützlingen das Leben. Er blieb Mussolini trotz schwindender Begeisterung treu, bis zum Sturz des Duce mit dem Waffenstillstand vom September 1943. »Vor dem Waffenstillstand«, erzählte er mir sechsundvierzig Jahre später in Jerusalem, »unterstützte ich Mussolini, obwohl ich gegen den Krieg und gegen die Achse mit Deutschland war. Als er in den Krieg eintrat, und noch mehr nach dem Waffenstillstand, fühlte ich mich nicht mehr als Faschist. Ich war nicht gegen die Faschisten, aber ich war gegen die Nazis.«

Perlasca wurde 1939 von der Mobilmachung verschont, weil er im Ausland lebte, obwohl er, wenn man ihn aufgefordert hätte, erneut zum Dienst in der Armee bereit gewesen wäre. Statt dessen verbrachte er nun die ersten vier Kriegsjahre in Budapest, wo er für eine Import-Export-Firma tätig war, die Fleischkonserven für die italienische Marine einkaufte. Auch Sofia, Belgrad und Bukarest lagen in dem Gebiet, für das er zuständig war. Nach Mussolinis Sturz wollte Perlasca nicht nach Italien zurückkehren. Als bekannter Anhänger des diskreditierten Regimes war er nicht sicher, wie man ihn empfangen würde. Gleichzeitig spitzte sich für ihn die Lage im pronazistischen Ungarn immer mehr zu. Er kam nun nicht mehr aus dem befreundeten Ausland. Im Frühjahr und Sommer 1944 wurde er zusammen mit dem italienischen Generalkonsul und anderen Italienern von den ungarischen Behörden in einem Dorf in der Nähe der Hauptstadt interniert. Perlasca kam am 13. Oktober 1944 wieder frei. »Ich floh auf beinahe legale Weise«, sagte er lächelnd. »Schweden kümmerte sich um den Schutz italienischer Staatsbürger. Einmal kam eine schwedische Delegation, die unsere Lebensbedingungen überprüfen sollte. Ich bekam die Erlaubnis, die Delegation eine gewisse Zeit lang nach Budapest zu begleiten. Von dieser Reise kehrte ich nicht zurück.«

Zwei Tage später übernahmen die faschistischen ungarischen Pfeilkreuzler die Macht, und Budapest versank im Chaos. Perlasca fühlte sich so verwundbar wie noch nie. Er fürchtete, die neue Regierung oder ihre deutschen Verbündeten könnten ihn ins Gefängnis sperren. In dieser Situation erinnerte er sich an das Versprechen General Francisco Francos, jeden zu beschützen, der im spanischen Bürgerkrieg auf seiner Seite gekämpft hatte. Er wandte sich an die spanische Gesandtschaft und bat um die

Staatsbürgerschaft, die ihm sofort gewährt wurde. Das ungarische Innenministerium hatte keine Bedenken, ihn als spanischen Staatsbürger einzutragen. Spanien war ein neutrales, aber freundlich gesinntes Land.

Perlasca hatte lange genug in Budapest gelebt, um zu wissen, was in der Stadt vor sich ging. Der Antisemitismus nahm sichtlich immer schlimmere Formen an, und wie andere Botschaften versuchte auch die spanische Gesandtschaft, den Juden zu helfen. Franco stand auf Hitlers Seite, aber er hatte Spanien aus dem Krieg herausgehalten und legte Wert darauf, nicht mit Hitlers Vernichtungsfeldzug gegen das europäische Judentum in Verbindung gebracht zu werden.

Ende des 19. Jahrhunderts empfanden viele Spanier große Reue darüber, daß man 1492 die Juden vertrieben hatte. Man bot Juden aus dem Osmanischen Reich, die ihre spanische Abstammung nachweisen konnten, die Wiedereinbürgerung an. Spanien war das erste Land, das den russischen Juden Zuflucht vor den zaristischen Pogromen anbot. Aus dieser Tradition heraus gewährte Franco den sephardischen Juden während der Nazi-Besatzung den Schutz Spaniens (insbesondere in den letzten Kriegsjahren, als sich bereits abzeichnete, daß Deutschland den Krieg verlieren würde).

Bereits in den ersten vierundzwanzig Stunden, nachdem Perlasca zum Spanier ehrenhalber ernannt worden war, bot er freiwillig seine Dienste an. Der Leiter der Botschaft, Angel Sanz-Briz, der schon Dutzende von Juden in die Schweiz geschickt hatte, stellte dem italienischen Geschäftsmann ein Zertifikat aus, das ihn als spanischen Botschaftsangehörigen auswies.

»Niemand hatte mich gedrängt, die Initiative zu ergreifen«, erinnerte sich Perlasca. »Die ungarischen Juden kannten mich nicht, doch ich wußte, was los war, und spürte, daß etwas geschehen mußte. Ich konnte nicht einfach wegsehen. Es war gefährlich, doch damals war alles gefährlich. Ich sah, wie sich Leute vor der Gesandtschaft drängten und um Hilfe flehten. Auf meine Frage, wer sie seien, antwortete mir der Diplomat, sie seien sephardische Juden, die in der spanischen Botschaft Zuflucht suchten. Es gab nur fünf oder sechs sephardische Familien in Budapest. Alle anderen waren Aschkenasim, doch um sie schützen zu können, gaben wir sie als Sephardim aus.«

Vor dem Krieg pflegte Perlasca einen herzlichen, wenn auch begrenzten Umgang mit Juden. »Meine Familie gehörte zu den katholischen Kirchgängern«, sagte er, »aber wir wurden dazu erzogen, andere Menschen zu respektieren. Für mich waren Katholiken, Protestanten und Juden immer dasselbe. Ich traf in und außerhalb der Schule mit Juden zusammen. In Padua waren wir mit der Familie Bassani und den Familien Serravalle näher bekannt. Außerdem freundete ich mit einem Juden aus Fiume an, den ich in Abessinien kennenlernte.«

Als Perlasca seine Arbeit aufnahm, standen etwa dreihundert Juden unter dem Schutz der spanischen Botschaft. Ende November, als die sowjetische Armee ihren Vormarsch auf Budapest begann, gewährten die Spanier in acht Zufluchtshäusern etwa dreitausend Juden Schutz. Als Perlasca am 30. November 1944 morgens in die Botschaft kam, mußte er feststellen, daß Sanz-Briz gegangen war, ohne einen Stellvertreter zu bestimmen. Der Italiener nahm nun an, daß es in Sanz-Briz' Sinne sei, wenn er sich weiterhin um die Juden kümmere, auch wenn Sanz-Briz ihm die Nachricht hinterlassen hatte, daß er von der spanischen Botschaft in Wien ein Visum für die Schweiz bekommen könne. Er wollte bleiben und mit Mut und Einfallsreichtum »seine« Juden verteidigen. Also stellte er weiterhin Schutzpässe aus, die alle mit einem Stempel von Sanz-Briz versehen und auf Anfang November vordatiert waren. Die Behörden hätten jederzeit seine Akkreditierung fordern können, dann wäre herausgekommen, daß seine Papiere selbstmörderisch fadenscheinig waren.

»Es gab keinen offiziellen Brief, der mich als Geschäftsträger bestimmt hätte, auch wenn mir das Außenministerium in Madrid später den Rücken deckte. Zuerst wußte ich nicht, was ich tun sollte, doch nach und nach fühlte ich mich wie ein Fisch im Wasser. Ich stellte weiterhin Pässe aus und kümmerte mich um die Juden in den Zufluchtshäusern, über denen die spanische Flagge wehte. Wie das Sprichwort sagt: Gelegenheit macht Diebe.«

»Die ungarischen Nazis«, berichtete Perlasca weiter, »kamen dann in die Zufluchtshäuser und wollten die Juden abführen. Da ging ich zu ihnen und sagte: ›Laßt diese Leute in Ruhe. Hier stehe ich, und hier ist die Flagge.‹ Ich war der einzige Angestellte und der einzige Christ, der noch dort war. Die Ungarn nahmen die Juden mit, doch ich bekam sie schließlich wieder zurück. Den Ungarn war nicht an der Schließung der spanischen Botschaft gelegen, weil sie hofften, darüber einen Draht zu den Alliierten zu bekommen, wenn der Krieg zu Ende ginge. ›Wenn ihr wollt, daß wir bleiben‹, sagte ich, ›müßt ihr uns mehr Juden geben.‹ Ich zeigte ihnen die offiziellen Dokumente, nach denen diese Juden Sephardim waren und unter unserem Schutz standen. So machte ich weiter, bis die Russen kamen.«

In der zweiten Januarwoche 1945 sah es dann so aus, als ob sein Täuschungsmanöver auffliegen würde, denn der ungarische Innenminster Gabor Vajna befahl, daß alle Juden, die sich in ausländischen Botschaften aufhielten, zusammengetrieben und getötet werden sollten. Doch Perlasca war noch nicht am Ende:

»Ich ging zu Vajna ins Ministerium. Zweieinhalb Stunden lang saß ich bei ihm und versuchte, ihn zu überreden, daß die Juden hierbleiben durften. Zuerst bestand Vajna darauf, daß die Juden ausgemerzt werden müßten. ›Wenn Sie uns nicht zusichern, daß die Juden in unseren Häusern bleiben dürfen‹, sagte ich ihm, ›wird die spanische Regierung dreitausend Ungarn in Spanien verhaften und überdies Brasilien und Uruguay veranlassen, in ihren Ländern dasselbe zu tun.‹ Das war eine reine Erfindung von mir. ›Das ungarische Volk‹, fuhr ich fort, ›wird bald für das büßen müssen, was Sie den Juden antun. Wenn Sie Ihr Volk schützen wollen, müssen Sie die Juden schützen. Wenn Sie das nicht tun, wird Ihr Volk dafür bezahlen.‹ – ›Sie wollen mich erpressen‹, sagte Vajna. ›Wir müssen die Juden vernichten.‹ Ich sagte: ›Dann erwartet wohl beide Völker ein trauriges Schicksal.‹ Budapest stand bereits unter russischer Belagerung. Vajna begann zu weinen. Dann antwortete er: ›Die Juden in Ihren Häusern dürfen bleiben. Der Status quo wird respektiert.‹ Ich wollte ihn noch überreden, auch für die Juden, die in anderen Botschaften

Zuflucht gefunden hatten, den Status quo zu respektieren, doch das lehnte er ab.«

Am Tag darauf verlangte ein ungarischer Staatsbeamter nach einem Beweis dafür, daß die Androhung von Vergeltungsmaßnahmen wirklich der Politik der Regierung entsprach. Perlasca hatte keinen solchen Beweis, schickte aber sofort ein Telegramm nach Madrid. »Ich wußte nicht, ob irgend jemand verstand, wovon ich redete, doch zwei Tage später traf ein Telegramm ein, in dem mir mitgeteilt wurde, wie froh man darüber sei, daß ich mit Vajna die Beibehaltung des Status quo ausgehandelt hatte.«

Avraham Ronai, damals ein zwölfjähriger Botenjunge der jüdischen Gemeinde in Budapest und später ein bedeutender Schauspieler am Tel Aviver Habimah-Theater, ist einer der Juden, die Perlasca ihr Leben verdanken. Er fand mit Mutter und Schwester in einem der spanischen Zufluchtshäuser Schutz. Dort lebten sieben bis zehn Menschen in einem Zimmer. Perlasca, so bezeugte Ronai, kam jeden Tag in das Haus und brachte ihnen Milchpulver und Nahrungsmittel. Eines Tages stürmte ein Kommando ungarischer Pfeilkreuzler das Haus; sie trieben alle Erwachsenen zusammen und wollten sie zwingen, zur Donau zu marschieren, um sie dort zu erschießen. Avraham blieb aufgrund seiner Jugend verschont, doch seine Mutter und Schwester mußten antreten. Auf einmal kam Perlasca in die Eingangshalle und fragte: »Wer trägt hier die Verantwortung?« Avraham, der das Drama von der Wendeltreppe aus beobachtete, sah, wie Perlasca auf einen Offizier zuging und ihn in gebrochenem Deutsch anbrüllte: »Sie wagen es, sich auf dem Territorium eines befreundeten Landes so zu benehmen? Ich verlange die sofortige Freilassung dieser Menschen, sonst bekommen Sie Ärger mit Ihren Vorgesetzten. Wenn ich Madrid per Telegramm über diese Verletzung spanischer Interessen berichten muß, wird das schwerwiegende Folgen haben.« Der Offizier bat um Entschuldigung und befahl seinen Männern, die Juden freizulassen.

Die meisten Kraftproben hatte Perlasca mit den ungarischen Faschisten zu überstehen, doch er geriet auch öfter mit den Deutschen aneinander. Einmal begleitete er seinen schwedischen Kollegen Raoul Wallenberg zum Bahnhof, wo sie versuchten, Juden vor dem Abtransport nach Auschwitz zu retten. Perlasca zog einen etwa zwölfjährigen Jungen und ein gleichaltriges Mädchen beiseite. Daraufhin bedrohte ihn ein SS-Sturmbannführer mit der Pistole und stieß die Kinder wieder in die Reihe. Da sagte Wallenberg zu dem SS-Mann: »Dieser Herr ist ein Kollege von mir.« – »Er stört mich bei der Arbeit«, entgegnete der Sturmbannführer scharf. »Das nennen Sie Arbeit?« höhnte Wallenberg. In diesem Moment griff ein SS-Obersturmbannführer ein. »Lassen Sie die Kinder gehen«, befahl er seinem Untergebenen, »die kommen auch noch an die Reihe.« Auf Perlascas Frage, wer der Obersturmbannführer gewesen sei, antwortete Wallenberg, das sei Adolf Eichmann – der Mann, der auf Hitlers Befehl dafür sorgte, daß die Züge, die die Juden zu den Gaskammern brachten, pünktlich abfuhren. Als israelische Geheimdienstagenten Eichmann fünfzehn Jahre später aus seinem Schlupfwinkel in Argentinien entführten und ihm in Jerusalem der Prozeß gemacht wurde, baten zwei Deutsche Perlasca, als Zeuge der Verteidigung auszusagen. Perlasca lehnte ab.

Wallenberg war das Vorbild für die Rettungsbemühungen anderer neutraler Botschaften in Budapest. Schweden war das erste Land, das sich die Initiative einer 1944 gegründeten amerikanischen Hilfs- und Rettungsorganisation für Juden zu eigen machte. Wallenberg setzte sich mit ganzer Kraft für das eine Ziel ein, mit schwedischen Pässen und von amerikanisch-jüdischen Wohlfahrtsorganisationen gespendeten Geldern so viele Juden wie möglich vor der Deportation zu bewahren. Nach Schätzungen von Historikern könnten die Bemühungen des Konsuls bis zu hunderttausend ungarischen Juden das Leben gerettet haben, auch wenn eine Mehrheit dieser Menschen ihre Rettung den gefälschten Kopien von Botschaftsdokumenten verdankt, die zionistische Jugendgruppen herstellten. Nach vorsichtigen Schätzungen rettete Giorgio Perlasca mindestens dreitausend dieser Menschen. Die Ungarn setzten eine Zahl von fünftausendzweihundert Geretteten an. Das entspreche, so Perlasca, der Zahl von Juden, die direkt unter spanischem Schutz gestanden hatten.

»Einige konnte ich auch außerhalb der offiziellen Häuser unterbringen«, sagte er. »Insgesamt waren es sicher an die sechstausend.« Perlasca hatte zwar Kontakt zu anderen Diplomaten, doch zu der Zeit, als seine Operationen anliefen, hatten diese den Einfluß verspielt, den sie einst gehabt haben mochten. »Die Ungarn haßten die Schweden und die anderen«, erklärte er. »Wenn ich etwas erreichen wollte, mußte ich allein vorgehen.«

Als Perlasca nach dem harten Gespräch mit Gabor Vajna das Innenministerium verließ, sollte er Wallenberg zum letzten Mal begegnen. Der schwedische Diplomat befürchtete, seine Zeit sei abgelaufen, und fragte, ob ihn die spanische Botschaft aufnehmen könne. »Ich bot Wallenberg an, ihn mit meinem Auto, das unter spanischer Flagge fuhr und von einer Polizeieskorte begleitet wurde, in die Botschaft zu bringen. Doch er sagte, er könne nicht sofort mitkommen, er müsse noch etwas erledigen. Er wollte am Nachmittag im eigenen Auto kommen. Er kam nicht, und ich habe ihn nie wiedergesehen.«

Als die Rote Armee in Budapest einmarschierte, vernichtete Perlasca seinen spanischen Paß und seine Diplomatenausweise. »Ich verbrannte die spanische Flagge und sämtliche Dokumente und wurde wieder Italiener. Die Schweden gewährten mir Schutz.« Franco hatte seinen Dienst getan. Es war nicht länger zweckmäßig, für ein faschistisches Regime zu arbeiten. Perlasca machte sich bald auf den Heimweg nach Italien, wo er sich kurzzeitig an einer Kampagne beteiligte, die sich dafür einsetzte, daß die Stadt Triest italienisch blieb. Dann kehrte er zu seiner Familie nach Padua zurück.

Israel ehrte ihn 1989 in Jerusalem als einen der Gerechten unter den Völkern. Er war inzwischen neunundsiebzig Jahre alt, ein großer, hagerer Mann mit dick umrandeten Brillengläsern und ergrautem, kurzgeschnittenem Haar. Er wirkte, als habe er vielerlei Enttäuschungen hinnehmen müssen. Man hätte ihn für einen pensionierten höheren Beamten oder Lehrer halten können. Auf meine Frage, was er seit Kriegsende getan habe, antwortete er: »Ich habe in Ungarn alles verloren. Ich konnte mich danach nicht einfach wieder an die Arbeit machen. In Italien war

Sempo Sugihara,
japanischer Konsul
in Kovno.

alles anders. Alle meine Träume hatten sich zerschlagen. Irgendwie schlug ich mich durch.« Ich drängte ihn, deutlicher zu werden, doch er lächelte: »No comment.« Das waren seine ersten englischen Worte. Dann fügte er auf italienisch hinzu: »Bis auf Diebstahl habe ich alles getan.«

*

Sempo Sugihara, der japanische Konsul in Kovno (dem heutigen Kaunas), war nicht der, für den man ihn hätte halten können. Ende 1939 war Sugihara, ein Russischlehrer, von seiner Regierung in die litauische Hauptstadt beordert worden, weil Tokio nach der Unterzeichnung des Hitler-Stalin-Pakts darauf bedacht war, die deutsch-sowjetischen Beziehungen genau zu beobachten. Über der Freiheit Litauens, das eingeklemmt war zwischen dem Hitlerschen Hammer und dem Stalinschen Amboß, schwebte das Damoklesschwert. Die Japaner planten schon ihren Vertrag mit Deutschland und Italien. Mit anderen Worten, Sugihara war ein Spion. Vor dem 23. Juli 1940 stellte er kein einziges Visum aus. Das war nicht seine Aufgabe. Im Monat darauf waren es jedoch über hundert Visa pro Tag – allesamt für Juden, die nach dem Überfall der Nazis aus Polen geflohen waren. Unter anderem auch für Dr. Zerach Wahrhaftig, der später Minister für religiöse Angelegenheiten in Israel werden sollte, und für Menachem Savidor, einen zukünftigen Sprecher des israelischen Parlaments, der Knesset, sowie für dreihundert Schüler und Mitarbeiter der berühmten Mir Jeschiwa. Die 1815 gegründete Mir Jeschiwa war die einzige der zwanzig größeren Talmud-Lehranstalten Osteuropas, die den Krieg unbeschadet überstand. Wenn Sugihara seinen Arbeitstag beendet hatte, waren seine Hände so steif, daß seine Frau Sachiko sie lange massieren mußte, bis er wieder Leben darin spürte. Dreimal befahl ihm seine Regierung aufzuhören; dreimal weigerte er sich, den Anordnungen Folge zu leisten. Drei Jahrzehnte später sagte er bei einem Besuch in Israel zu Wahrhaftig: »Ich sah Ihre Not und dachte, ich sollte helfen.« Obwohl er nach dem Krieg bitter dafür bezahlen mußte, bedauerte er nie, was er getan hatte.

Das schier unglaubliche Kapitel in der Geschichte der jüdischen Rettung, in dem der vierzigjährige japanische Spion einen so rühmlichen Platz einnimmt, begann damit, daß zwei niederländische Seminaristen, die an der polnischen Jeschiwa Telz studiert hatten, sich an den niederländischen Konsul wandten, weil sie hofften, in einer der niederländischen Kolonien Asyl zu bekommen. Der Konsul, Jan Zwartendijk, teilte ihnen mit, als Ziele kämen nur die karibischen Kolonien Surinam und Curaçao in Frage. Er war bereit, in ihren Pässen zu vermerken, daß die Einreise in eines dieser Länder ohne Visum gestattet sei. Mit Einverständnis seines Vorgesetzten, des niederländischen Botschafters in Riga, unterließ er die sonst übliche Einschränkung »vorbehaltlich der Zustimmung des Gouverneurs«. Die Studenten Nathan Gutwirth und Leo Sternheim wußten, daß sie mit einem solchen Vermerk, der wahrscheinlich als Einreisevisum für das Zielland anerkannt würde, auf anderen Konsulaten leichter Transitvisa erhalten konnten, um aus Europa herauszukommen.

Gutwirth und Sternheim berichteten Wahrhaftig von ihren Erfahrungen. Wahrhaftig, damals dreiunddreißig Jahre alt, Jurist und Führer der zionistischen Vereinigung *Hehalutz Hamizrahi*, hatte in Kovno ein Komitee aufgebaut, das jüdischen Flüchtlingen helfen sollte, nach Palästina zu emigrieren. Er schickte die beiden Studenten daraufhin mit der Bitte zu Zwartendijk, ob er polnischen Juden ähnliche Vermerke ausstellen könne. Der Konsul sagte dies zu. Kurz darauf war das niederländische Konsulat umlagert. »Die Konsulatsbeamten taten, was sie konnten«, berichtete Wahrhaftig. »Nicht ein Antragsteller wurde abgewiesen.« Nach niederländischen Angaben wurden etwa zwölfhundert bis vierzehnhundert Einreisegenehmigungen ausgestellt. Rechnet man Kopien und Fälschungen dazu, waren es weit mehr. Wahrhaftig gab zu, daß alle nur der Tarnung dienten. »Niemand wollte wirklich nach Curaçao«, sagte er mir fünfzig Jahre später. »Kein polnischer Jude hat es versucht.« Vielleicht war das auch gut so. In den siebziger Jahren lernte Wahrhaftig zufällig den damaligen Gouverneur von Curaçao kennen, der inzwischen Botschafter in Jerusalem war. Auf Wahrhaftigs Frage, was er getan hätte, wenn auf einmal Hunderte jüdischer Flüchtlinge vor Curaçao aufgetaucht wären, antwortete er: »Ich hätte sie zurück aufs Meer geschickt.«

Dennoch schien sich den polnischen Juden mit den niederländischen Visavermerken ein Weg in die Freiheit zu öffnen. Zumindest hatten sie einen Schlüssel in der Hand, und Sempo Sugihara hatte das Schloß. Wahrhaftig fühlte vor, welche Chancen sie bei ihm hätten. Die beiden unterhielten sich in gebrochenem Englisch. Der jüdische Führer erinnerte sich später:

»Er wußte, daß wir nicht zurück nach Polen konnten. Wir waren weder litauische noch russische Staatsbürger. Deshalb mußten wir fliehen. Er hatte Mitleid mit uns. Die Leute kamen mit Einreisegenehmigungen für Curaçao zu ihm. Der einzige Weg dorthin führte über Japan. Also, warum nicht? Japan würde keinen Schaden nehmen, wenn sie ein paar Wochen dort blieben. Sugihara war ein liberal gesinnter Mann, der Nazi-Deutschland mit Skepsis begegnete. Nach und nach hatte er das Gefühl, etwas Besonderes zu tun.«

»Das Konsulat«, fuhr Wahrhaftig fort, »war ziemlich bescheiden und hatte nur ein paar Zimmer. Auf der Straße bildeten sich lange Schlangen von Juden. Es wurde kaum geredet in diesen Schlangen. Man hatte zuvor lang und breit diskutiert, ob es sich lohne, ein solches Visum zu ergattern oder nicht, aber wir wußten, daß nicht mehr viel Zeit blieb. Alle Konsulate sollten aufgelöst werden. Sobald die Russen an die Macht kämen, würde es hier keinen Platz mehr für Konsulate oder Botschaften geben. In den letzten Tagen waren die Schlangen sehr lang.«

Im Rückblick staunte Sugihara selbst über seinen Mut. Einem japanischen Journalisten sagte er: »Jemand mußte ein Opfer bringen, um all diese Leben zu retten. Ich sah, wie sich diese Menschen an die Gitterstäbe des Zauns, der um das Konsulat führte, klammerten und um Visa baten, und ich spürte, daß ich irgend etwas für sie tun mußte. Vor Freude und Dankbarkeit fielen sie vor mir auf die Knie. Von da an tat ich einen Monat lang nichts anderes, als Visa auszustellen.«

Die Schlangen vor dem Konsulat waren so lang, daß Antragsteller drei Tage warten mußten. Der Konsul machte sich keine Illusionen über die »Einreisegenehmigungen« für Curaçao. Er habe, so erklärte er bei seinem Israelbesuch 1961, sehr wohl gewußt, daß diese Vermerke nicht wirklich ernst zu nehmen waren, doch solange er selbst nichts Illegales tun mußte, habe er bereitwillig geholfen. Sugihara rettete nach eigener Zählung viertausendfünfhundert Juden. Alex Triguboff, der zu der kleinen Gemeinde jüdischer Geschäftsleute in Japan gehörte und den Flüchtlingen dort seine Hilfe bei der Abwicklung der Einreiseformalitäten anbot, schätzte ihre Zahl sogar auf zehntausend. »Manchmal photographierten sie einfach die Visa für mehrere«, gestand er 1985 einem Korrespondenten der Londoner *Times*. »Wieder und wieder sah ich Visa mit ein und demselben Namen und Datum.« Wahrhaftig hielt diese Schätzungen allesamt für übertrieben. Er kam anhand seiner Aufzeichnungen auf zweitausendfünfhundert Flüchtlinge. Niemand bestreitet jedoch, daß Sugihara bis zum Umfallen arbeitete und dabei auch seine Karriere aufs Spiel setzte. Als Ende August das Konsulat auf Anweisung der japanischen Regierung aufgelöst wurde, unterzeichneten er und seine Frau noch Visa, während der Zug aus dem Bahnhof des von den Sowjets besetzten Kovno rollte. Ein Jahr später, im Juni 1941, vertrieben die Deutschen die Russen aus Kovno. Unter Mithilfe litauischer Kollaborateure metzelten sie Tausende von Juden nieder, bevor die Stadt 1944 von der Roten Armee zurückerobert wurde.

Von Litauen aus ging Sugihara als japanischer Generalkonsul nach Prag und Bukarest. Beide Städte waren von den Nazis besetzt. Nach Kriegsende kamen er und seine Familie für eineinhalb Jahre in russische Gefangenschaft. Als er schließlich nach Tokio zurückkehrte, reichte er beim Außenministerium seinen Rücktritt ein, eine Formalität, die von allen verlangt wurde, die der besiegten Kriegsregierung gedient hatten. Die meisten zurückgekehrten Diplomaten erhielten ein offizielles Empfehlungsschreiben, mit dem sie sich in der Privatwirtschaft bewerben konnten, doch Sugihara nicht. Er habe, so die Begründung, mit seiner Hilfeleistung für die Juden in Kovno gegen ausdrückliche Anweisungen verstoßen. Sugihara mußte zunächst als Vertreter von Haustür zu Haustür gehen, um seinen Lebensunterhalt zu verdienen, dann leitete er einen PX-Laden der US-Armee in der Nähe von Tokio, und später war er sechzehn Jahre lang Repräsentant der Firma Kawakami in Moskau.

1969 wurde Sugihara nach Israel eingeladen, da sein Sohn damals ein Stipendium zum Studium an der Hebräischen Universität in Jerusalem bekommen hatte. Als er 1985 von Yad Vashem geehrt wurde, war er schon zu gebrechlich, um an der Verleihungszeremonie in der israelischen Botschaft in Tokio teilzunehmen. Er starb ein Jahr später im Alter von sechsundachtzig Jahren. Im Andenken an den fünfzigsten Jahrestag der Rettung von Kovno gründete die Mir Jeschiwa, die nach Brooklyn übersiedelt war, die Sempo-Sugihara-Studienstiftung und lud Sugiharas Sohn Hiroki zu einem festlichen Abendessen in ein New Yorker Hotel ein. »Fünfzig Jahre sind seit der Rettung vergangen«, sagte der Präsident der Jeschiwa, Rabbi Moses Kalmanowitz, gegenüber der *Jerusalem Post,* »und das hat uns daran erinnert, daß wir uns noch nie bedankt haben.«

Ausgerüstet mit ihren Curaçao-Vermerken und japanischen Transitvisa, machten sich die Kovnoer Juden per Zug auf den Weg nach Moskau und von dort aus weiter mit der Transsibirischen Eisenbahn nach Wladiwostok, eine Reise, die etwa zehn Tage dauerte. »Meine Frau und mein wenige Monate alter Sohn reisten mit mir«, erzählte Wahrhaftig. »Wir hatten Reisegruppen zusammengestellt und Lebensmittel eingepackt. Die kleinsten Gruppen bestanden aus etwa zehn Leuten, die größten aus mehreren hundert. In Wladiwostok fuhren wir per Schiff nach Kobe und weiter auf dem Landweg nach Tokio und Yokohama, wo ich mein Hauptquartier aufschlug. Von hier aus organisierte ich die Emigration der Flüchtlinge nach Israel und Shanghai.«

Hilfe bekamen die Flüchtlinge von den jüdischen Geschäftsleuten in Kobe – und von einem japanischen Professor, der eine Fußnote in dieser Geschichte, wenn nicht sogar die Ehre eines Gerechten unter den Völkern, verdient hat. Setsuzo Kotzuji stammte aus einer traditionsreichen Familie schintoistischer Priester. Als junger Mann machte er sich auf die Suche nach einem anderen Gott. Das Studium der Bibel führte ihn zum Christentum, doch auch in diesem Glauben fand er nicht, was er suchte. Die Ankunft der frommen Juden mit ihren schwarzen Hüten und langen Bärten erregte seine Neugier. Er hatte bereits eine Grammatik der hebräischen Sprache für Japaner herausgegeben und war begierig darauf, mehr über jüdischen Glauben und jüdische Bräuche zu lernen. Nachdem er in einer japanischen Zeitung ein Interview mit Wahrhaftig gelesen hatte, klopfte er an die Tür des zukünftigen israelischen Ministers. Sie sprachen hebräisch und englisch miteinander.

»Ich beherrschte damals die englische Sprache noch kaum«, mußte Wahrhaftig eingestehen, »und Kotzuji radebrechte ein biblisches Hebräisch, obwohl er einige Psalmen auswendig konnte. Unser Gespräch kam also nur langsam voran, und es gab immer wieder lange Pausen, in denen wir Zeit zum Nachdenken fanden. Die ganze Prozedur hatte etwas sehr Zeremonielles.«

»Kotzuji wurde unser Dolmetscher«, erzählte Wahrhaftig weiter. »Wenn ich ins Außenministerium oder zur Polizei mußte, begleitete er mich. Er war unser Freund in einem fremden Land. Die Behörden hatten Respekt vor ihm. Er leitete eine kleine Gruppe, die sich dem Studium des Judaismus widmete, und einer der Teilnehmer war ein Verwandter des Tenno.«

Nach eigenen Angaben half Kotzuji einigen Kovnoer Juden auch bei der Verlängerung ihrer japanischen Visa. 1959 kam er mit der Bitte nach Israel, zum Judentum übertreten zu dürfen. Wahrhaftig war zuerst nicht begeistert von dieser Idee, doch als ihm klar wurde, daß Kotzuji es wirklich ernst meinte, sagte er ihm seine Hilfe zu. Wahrhaftigs alter Mentor war Sandak (Pate) bei der rituellen Beschneidung des japanischen Gelehrten im Jerusalemer Krankenhaus Sha'are Zedek.

Vierzehn Jahre später erhielt Michael Shilo, ein junger Diplomat der israelischen Botschaft in Tokio, einen Anruf von Marvin Tokayer, dem amerikanischen Rabbiner der jüdischen Gemeinde von Tokio. Professor Kotzuji, so berichtete Tokayer, habe Krebs und liege in Yokohama im Sterben. Shilo hatte noch nie von Kotzuji gehört, ließ sich aber überzeugen, daß Kotzuji damals Juden geholfen habe und deshalb einen Besuch verdiene. Sie beschlossen, ihn in der darauffolgenden Woche zu besuchen, doch wenige Tage vor dem verabredeten Termin rief der Rabbiner wieder an und sagte, es sei nun zu spät. Kotzuji sei tot, aber in seinem Testament bitte er darum, in Jerusalem begraben zu werden. Ob die Botschaft helfen könne? Shilo hatte Zweifel:

»Das war im Oktober 1973, gerade drei Tage nach Beginn des Jom-Kippur-Kriegs. Es sei sehr unwahrscheinlich, sagte ich, daß irgend jemand in Israel Zeit und Geduld für diese Sache habe, wo die Syrer zu diesem Zeitpunkt schon fast in Tiberias stünden. Daraufhin meinte der Rabbiner, zu den Menschen, denen Kotzuji geholfen habe, gehöre auch Zerach Wahrhaftig, der inzwischen Minister für religiöse Angelegenheiten war. Vielleicht könne der helfen. ›Bitte schicken Sie ihm ein Telegramm, und geben Sie ihm Bescheid.‹ Ich zögerte lange, bevor ich schrieb: ›Professor Kotzuji aus Yokohama, an den Sie sich vielleicht erinnern werden, ist gestorben. Es ist sein letzter Wunsch, in Jerusalem begraben zu werden.‹ Zur Antwort erhielt ich folgendes Telex:

›Veranlassen Sie das Nötige für seine Überführung.‹ Der Sarg mit seiner Leiche traf mitten im Krieg in Jerusalem ein. Viele hundert Chassidim geleiteten ihn zum Friedhof, wo er jüdischem Brauch entsprechend beerdigt wurde.«

*

Am 19. September 1943 schrieb Georg Ferdinand Duckwitz, der deutsche Marineattaché in Kopenhagen, in sein Tagebuch: »Ich weiß nun, was ich zu tun habe.« Dieser loyale Diener des Dritten Reiches, ein Vertrauter des Hitlerschen Generalbevollmächtigten Werner Best, plante nun, die Pläne zur Deportation von siebentausendsiebenhundert dänischen Juden in die Konzentrationslager zu vereiteln. Er tat dies mit solcher Hartnäckigkeit und Überzeugung, daß bis auf vierhundertzweiundsiebzig alle Juden der Gestapo um Haaresbreite entkamen. In einer der heldenhaften spontanen Rettungsaktionen des Krieges wurden zwischen dem 26. September und dem 12. Oktober etwa sechstausend Juden und zwölfhundert Halbjuden mit Fischerbooten über den Sund in das neutrale Schweden geschmuggelt. Es war ein Sieg für das dänische Volk, das sich erfolgreich gegen jede Diskriminierung der jüdischen Minderheit zur Wehr setzte und bereit war, dafür selbst das Leben aufs Spiel zu setzen. Doch ohne Duckwitz' frühe Warnung hätten sie die Rettungsaktion nicht rechtzeitig starten können. Am 19. September erfuhr der Marineattaché nämlich von seinem Vorgesetzten, daß zehn Tage später eine kleine Flotte deutscher Transportschiffe im Kopenhagener Hafen anlegen werde, auf denen dann die gesamte jüdische Bevölkerung in die Lager gebracht werden sollte. Eine Sondereinheit der SS war bereits eingetroffen. Adolf Eichmanns Stellvertreter Rolf Günther war in der Hauptstadt, um die »Blitzrazzia« zu leiten.

Jorgen Haestrup, der führende dänische Historiker für die Zeit der Nazi-Besatzung, schrieb: »Durch seine Warnung konnte die schlimmste Katastrophe verhindert werden.« Der israelische Forscher Leni Yahil fügte hinzu: »Duckwitz' Einsatz war einzigartig, und wir wissen von keinem anderen hochrangigen deutschen Beamten, der für die Rettung von Juden eine vergleichbar wichtige Rolle spielte und dabei sicherlich sein eigenes Leben in große Gefahr brachte.« Hans Hedtoft, der spätere dänische Premierminister und einer der führenden Sozialdemokraten, denen gegenüber Duckwitz den Deportationsplan enthüllte, kommentierte 1946: »Er war einer jener Männer, um derentwillen man Vertrauen in das neue Deutschland setzte.«

Duckwitz lebte seit 1928 in Dänemark. Nach dem Juraexamen kam er im Auftrag eines deutschen Kaffeehändlers nach Kopenhagen. Er sprach Dänisch und hatte viele Freunde unter Geschäftsleuten und Politikern am Ort. Nach der deutschen Invasion im April 1940 rekrutierte man ihn als Marineattaché. Wie viele junge Deutsche sympathisierte er anfänglich mit der Nazi-Partei, doch seit Anfang der vierziger Jahre war er innerlich zunehmend auf Abstand gegangen. »Er lehnte inzwischen die gesamte politische Linie der Partei ab, den Terror und die Gewalt in Deutschland wie in den besetzten Ländern«, so Haestrup. »Insbesondere reagierte Duckwitz voller Abscheu darauf, wie unmenschlich die Nazis Juden behandelten.«

Die deutsche Besatzung Dänemarks war ein Sonderfall. Die Deutschen beließen König Christian X. bis Sommer 1943 auf dem Thron. Eine mehr oder weniger unabhängige Regierung verfügte weiterhin über eine eigene Armee, Polizei und Beamtenschaft – und hatte die Zustimmung des Volkes. Sie war kein Quisling-Regime wie im benachbarten Norwegen. Man arbeitete mit den Deutschen zusammen, stellte aber auch selbst Bedingungen. Die Juden blieben nicht nur frei, sondern wurden geschützt. Historiker haben zwar die populäre Geschichte als Legende entlarvt, wonach der König gedroht haben soll, wenn die Juden den gelben Stern tragen müßten, wären er und seine Familie die ersten, die ihn sich an die Brust heften würden. Er war wohl auch nicht mehr bei einem Gottesdienst in der Synagoge, nachdem die Deutschen einen Vorstoß zur Einführung antijüdischer Gesetze gemacht hatten. Doch die meisten Historiker sind sich einig, daß diese Legenden, auch wenn sie tatsächlich nicht stimmten, doch immerhin der Wirklichkeit hätten entsprechen können. »Alle wissen«, notierte ein schwedischer Beobachter, »daß der König über Dänemarks Würde wacht, daß er zeigt, wo die Grenze zu ziehen ist.« Ein Punkt, an dem Christian X. die Grenze zog, betraf die Gleichheit seiner jüdischen Untertanen. Als Nazis im Dezember 1941 Feuer in einer Synagoge legten, sprach der König öffentlich sein Bedauern über diese Tat aus. Später schrieb er an Duckwitz' Vorgesetzten Werner Best: »Ich möchte hier betonen – nicht nur aus Sorge um die Bürger meines Landes, sondern auch aus Furcht vor weiteren Konsequenzen für die zukünftigen Beziehungen zwischen Deutschland und Dänemark –, daß besondere Maßnahmen hinsichtlich einer Gruppe von Menschen, die seit über hundert Jahren die vollen Bürgerrechte genießen, schwerwiegendste Folgen hätte.«

Das Mitleid mit »unseren jüdischen Mitbürgern« war so weit verbreitet, daß selbst die Deutschen diese Tatsache nicht einfach ignorieren konnten. Nazistische Gruppierungen waren in Dänemark eine diskreditierte Minderheit. Die Brandstifter, die die Synagoge angezündet hatten, wurden von der dänischen Polizei verhaftet, vor Gericht gestellt und für drei Jahre und zwanzig Tage ins Gefängnis geschickt. Der Herausgeber einer antisemitischen Zeitschrift wurde zu hundert Tagen Gefängnis verurteilt, weil er einen Kaufhausbesitzer verunglimpft hatte, der einen jüdischen Sekretär beschäftigte. Als der Herausgeber gegen das Urteil Einspruch erhob, wurde die Strafe auf hundertsechzig Tage heraufgesetzt.

Best und seine Vorgesetzten duldeten diese nordische Extravaganz, weil Deutschland auf den guten Willen Dänemarks angewiesen war. Während des gesamten Krieges war Dänemark einer der wichtigsten Nahrungsmittellieferanten für das Reich. 1942 bezogen an die 3,6 Millionen Deutsche ihre Rind-, Schweinefleisch- und Butterrationen aus Dänemark. Ein Jahr später stieg diese Zahl auf 4,6 Millionen, bis 1944 waren es sogar 8,4 Millionen. Wenn der Preis dafür die Aussetzung der »Endlösung der Judenfrage« war, so war Deutschland bereit, ihn zu bezahlen. Ein anderes Vorgehen hätte, davon waren der Bevollmächtigte und seine Kollegen überzeugt, gravierende soziale und wirtschaftliche Unruhen hervorgerufen. Das dänische Volk hätte, wie es der König in seinem Brief andeutete, nicht länger kooperiert.

Best, der 1942 nach Kopenhagen abgestellt wurde, war ein überzeugter Nazi, der Karriere gemacht hatte. Die Deportation und Verfolgung der Juden hätten ihm keine moralischen Bedenken verursacht, aber sein Auftrag lautete, dafür zu sorgen, daß Dänemark weiterhin stillhielt. Doch im Frühjahr und Sommer 1943 kamen verschiedene Umstände zusammen, die seine Stellung ändern sollten. Die Bevölkerung sprach der Regierung von Erik Scavenius bei der Wahl im März in hohem Maße ihr Vertrauen aus. Die dänischen Nazis erlitten eine schwere Schlappe. Premierminister und Wähler feierten das Ergebnis als einen Sieg der Unabhängigkeit Dänemarks. Die Politiker hatten jedoch nicht damit gerechnet, daß im ganzen Land der aktive Widerstand – Sabotage ebenso wie unterstützende politische Streiks – aufblühen würde. Diese Entwicklung verstärkte sich weiter, nachdem sich die unübersehbaren Zeichen mehrten, daß die Deutschen nun endgültig den Krieg verlieren würden. Die Dänen taten das Ihre, um die Invasoren möglichst rasch loszuwerden. Zur selben Zeit war Best in einen Machtkampf mit General Hermann von Hanneken, seinem gleichrangigen Kollegen in der Wehrmacht, verwickelt. Hitler war mit seiner Geduld am Ende. Ein deutscher Offizier war bei Straßenkämpfen schwer verwundet worden. Am 29. August erklärte das Deutsche Reich für Dänemark den Ausnahmezustand, und Hanneken übernahm die Macht. Die Regierung trat zurück, das Parlament löste sich auf, und König Christian erklärte sich zum Kriegsgefangenen. Die dänische Marine versenkte neunundzwanzig ihrer Kriegsschiffe; dreizehn weitere flohen in schwedische Gewässer.

Am 8. September schickte Best ein Telegramm nach Berlin, in dem er vorschlug, »nun Maßnahmen zur Lösung des Juden- und Freimaurerproblems zu ergreifen«. Um die Juden »auf einen Schlag« verhaften und deportieren zu können, bat er um die Entsendung von Sicherheitspolizei. Best ging es wohl weniger um die Juden als darum, wieder die Macht, die jetzt beim Militär lag, an sich zu reißen. Verfügte er erst über eigene Polizeitruppen, konnte er damit den Widerstand niederschlagen und seine Machtbasis wiederherstellen. Die Wehrmacht, die, wie Best betonte, von den Verhältnissen in Dänemark nichts verstand, hätte dann in die Kasernen zurückkehren können. Kurzfristig sollte er mit diesem Plan Erfolg haben. Die Sicherheitspolizei traf verabredungsgemäß ein, und Best, der ganz im Sinn der Nazis die Initiative ergriffen hatte, wurde wieder als Generalbevollmächtigter eingesetzt.

Ob er wirklich vorhatte, die Deportationen durchzusetzen, ist nicht mehr feststellbar, doch Berlin nahm ihn beim Wort und gab grünes Licht für seine Pläne. Am 11. September informierte er Duckwitz, der wütend reagierte und mit Rücktritt drohte. Er würde sich schämen, so Duckwitz zu Best, weiterhin Bests Stab anzugehören, wenn Best die Juden verfolge. Best gab zur Antwort, er teile zwar Duckwitz' Unbehagen, doch sie müßten den Anordnungen Folge leisten. Der Marineattaché gab später an, nach dieser Auseinandersetzung habe sein Vorgesetzter noch einmal nachgedacht und ihn dann nach Berlin geschickt, um dort zu erklären, warum der Zeitpunkt für eine Aktion gegen die Juden nicht geeignet sei. Diese Mission war ein Fehlschlag. Das Flugzeug mit Duckwitz an Bord kam zu spät. Hitler hatte die Operation bereits gebilligt und den Reichsführer SS Heinrich Himmler angewiesen, alle technischen Probleme zu lösen. Nach Kopenhagen zurückgekehrt, erfuhr Duckwitz von Best, wie Berlin entschieden hatte. Zu diesem Zeitpunkt vertraute der besorgte Attaché seinem Tagebuch an, daß er nun wisse, was er zu tun habe.

Zunächst reiste Duckwitz unter dem Vorwand offizieller Geschäfte nach Schweden. Durch Vermittlung eines schwedischen Diplomaten kam ein geheimes Treffen im Haus von Premierminister Per Albin Hansson zustande. Duckwitz teilte Hansson mit, in welcher Gefahr die dänischen Juden schwebten, und drängte ihn, den Flüchtlingen in Schweden Asyl anzubieten. Nach Beratung mit seinem Kabinett stimmte der Premierminister der Aufnahme von Flüchtlingen unter der Bedingung zu, daß Deutschland einverstanden sei. Wie zu erwarten war, ging Berlin auf den Vorschlag Stockholms nicht ein. Wieder war Duckwitz' Versuch gescheitert. Immerhin hatte er erreicht, daß die Schweden nicht völlig überrascht waren, als die ersten Fischerboote auf ihrer Seite des Sunds landeten.

Drei Tage später, am 28. September, traf der endgültige Befehl zum Vollzug der Deportationen in Kopenhagen ein. Best schrieb zurück, der Befehl werde »noch diese Woche – wahrscheinlich in der Nacht vom 1. auf 2. Oktober« ausgeführt. Wieder beließ er Duckwitz auf seinem Posten. Und wieder tat der Attaché, was er tun mußte. An jenem Dienstagnachmittag traf er sich mit seinen Kontaktleuten aus der Sozialdemokratischen Partei. Bei der Ankunft in deren Hauptquartier war Duckwitz, so erinnerte sich Hans Hedtoft, »vor Scham und Schande weiß im Gesicht«. Mit wenigen erregten Worten berichtete er den dänischen Politikern, die Juden seien dem Untergang geweiht. In zweiundsiebzig Stunden sollten deutsche Schiffe im Kopenhagener Hafen anlegen, die Juden gesammelt und in den Tod getrieben werden. Duckwitz' Warnung gab den Juden und dem Widerstand drei Tage Zeit, dem deutschen Plan zuvorzukommen.

»Das war, wie sich herausstellen sollte, von zentraler Bedeutung für den Erfolg der berühmten Rettungsaktion«, schrieb der damalige Student Werner David Melchior, ein Sohn des amtierenden dänischen Oberrabbiners, fünfundzwanzig Jahre später. »Duckwitz könnte möglicherweise mit dem ausdrücklichen Wissen oder stillschweigenden Einverständnis von Dr. Best gehandelt haben, doch wieder ging er das große Risiko ein, denn wenn die Gestapo entdeckt hätte, wo diese Informationen durchgesikkert waren, hätte Dr. Best seine Hände in Unschuld waschen können. Dann wäre in erster Linie Duckwitz dem Zorn von Partei und Polizei ausgesetzt gewesen.«

Die Sozialdemokraten warnten C. B. Henriques, den Führer der jüdischen Gemeinde, der zuerst nicht glauben wollte, was man ihm sagte. Best hatte gezielt Fehlinformationen verbreitet und dem Leiter des dänischen Außenministeriums Nils Svenningsen und dem Bischof von Kopenhagen Hans Fulgsang Damgaard signalisiert, die Juden seien sicher. Die Sozialdemokraten informierten außerdem Rabbi Marcus Melchior, der seit der Verhaftung des Oberrabbiners im August der ranghöchste jüdische Geistliche in Dänemark war, der sich noch in Freiheit befand. Nach Melchiors Überzeugung war diese letzte Warnung kein leeres Gerücht. Der nächste Tag, der 29. September, war Rosch Haschana, das jüdische Neujahrsfest. Beim Morgengebet in der Synagoge verkündete der Rabbiner seiner Gemeinde, die Rosch Haschana-Gottesdienste müßten ausfallen und die Juden sollten sich in den nächsten Tagen möglichst nicht zu Hause aufhalten. Sie sollten die weiteren Entwicklungen abwarten. Trotz des Ausnahmezustands und der Gleichschaltung der Medien hatte sich die Nachricht bald in ganz Kopenhagen herumgesprochen, wo fünfundneunzig Prozent der jüdischen Bevölkerung Dänemarks lebten – die meisten völlig integriert und viele mit Christen verheiratet.

Eine Flut von Hilfsangeboten von Freunden, nichtjüdischen Verwandten und völlig Fremden war die Folge. »Die Rettungsaktion wäre niemals möglich gewesen«, schrieb Gerald Reitlinger in *Die Endlösung*, seiner bahnbrechenden Geschichte des Holocaust, »wenn nicht die Mehrheit der dänischen Bevölkerung Verständnis gezeigt hätte und sehr viele Menschen bereit gewesen wären, aus einfacher Nächstenliebe ihr Leben aufs Spiel zu setzen.« Ein Taxifahrer soll alle im Telefonbuch verzeichneten jüdischen Namen angerufen haben. Richard Oestermann, ein siebzehnjähriger jüdischer Schüler, traf in Kopenhagen einen Freund auf der Straße, der Jazz-Schlagzeuger war. »Ich habe gerade gehört, daß die Verfolgung der dänischen Juden bald beginnen soll«, sagte ihm der Schlagzeuger. »Ich muß mich beeilen. Ich muß die Information weitergeben.« Werner David Melchior ging zur Universität, um ein paar Bücher abzugeben und seinen Professoren eine Nachricht zu hinterlassen. Er war verblüfft über die Reaktion dort:

»Zwei Studenten, die ich zwar öfter auf den Fluren der Universität grüßte, aber mit denen ich nicht einmal zusammen studierte, kamen beide aus eigenem Antrieb und unabhängig voneinander zu mir, um mir mit mehr oder weniger denselben Worten folgendes mitzuteilen: ›Schau, wir wissen, wer du bist. Wir haben allerlei Gerüchte gehört. Ob es stimmt, wissen wir nicht, aber wenn es irgend etwas gibt, wobei wir helfen können, dir oder überhaupt, wir heißen soundso. Du findest unsere Adressen im Universitätsverzeichnis. Wende dich an uns, wenn es nötig ist.‹ Das passierte mir zweimal während der zehn Minuten, die ich im Universitätsgebäude verbrachte.«

Die Juden waren immer noch nicht sicher, ob der Schlag wirklich kommen würde, trafen aber dennoch mit ihren Landsleuten erste Vorbereitungen für die große Flucht. Rabbi Melchior schickte Werner David mit einer Alarmbotschaft an die Schweden über den Sund. Ein befreundeter Geschäftsmann hatte eine Sekretärin, die mit einem Fischer verlobt war. So kamen die Kontakte zustande, zufällig und ohne zentrale Koordination. Der Fischer und sein Freund erklärten sich bereit, den jungen Werner David und zwei weitere Juden hinüberzubringen.

»Am selben Abend«, schrieb Werner David, »bestieg ich das Fischerboot. Neben den zwei Fischern war noch Platz für drei Personen. Die Bootsbesitzer wollten nicht in den Hafen einlaufen, weil sie befürchteten, die Schweden könnten das Boot konfiszieren. Also mußten wir in einiger Entfernung zur Küste ins Wasser gehen. Auch die Schweden waren auf unseren Empfang nicht vorbereitet. Sie wußten nicht, wohin mit uns, und so steckten sie uns in die Zelle der Polizeistation. Dort blieben wir in unseren nassen Kleidern bis zum nächsten Morgen.«

Eyvind Skjaer, aktiver Widerstandskämpfer und Sohn des dänischen Opernsängers Henry Skjaer, begleitete Richard Oestermann, dessen kranke Mutter und zwei ältere Schwestern zu einem Treffen mit einem Fischer namens Andersen. Sie kamen überein, für die Überfahrt nach Schweden pro Person die bescheidene Summe von tausend Kronen zu bezahlen. Die Juden bezahlten bereitwillig, denn sie wußten, daß die Bootsleute ihre Lebensgrundlage verloren, wenn ihre Boote beschlagnahmt würden. Das war um etwa neun Uhr abends in der Nacht des 1. Oktobers, in der die Verhaftungen beginnen sollten. Oestermann berichtete später, wie sie die Küstenstraße überquerten und heimlich eine ins Meer reichende Landzunge entlangwanderten:

»Am Ende der Landzunge war ein hölzernes Tor, dahinter ein privater Ankerplatz. Das Tor war verschlossen. Wir sollten Andersen um zehn Uhr auf der anderen Seite treffen. Es war eine frostige, bewölkte Nacht, Nebel senkte sich aufs Land. Wir sahen die Gestapo in ihren Autos auf der Küstenstraße auf und ab patrouillieren. Wir hörten die Schreie von Juden, die gefaßt worden waren. Eyvind und ich sahen uns an. Jetzt mußten wir uns beeilen. Wir brachen das Schloß mit bloßen Händen auf. Es war rostig und alt, und ich weiß nicht mehr, wie wir das geschafft haben. Auf der anderen Seite angekommen, schlossen wir das Tor hinter uns. Da überkam uns das eigenartige Gefühl, schon in Sicherheit zu sein. Es wurde zehn Uhr, elf Uhr. Kein Boot in Sicht. Dann, um Mitternacht, hörten wir das Knattern eines Motors. Es war Andersen.«

»An Bord war ein weiterer Flüchtling, ein dänischer Kommunist«, fuhr Oestermann fort. »Andersen sagte meiner Mutter und meinen Schwestern, sie sollten unter Deck gehen. Mir gab er einen blauen Seemannspullover und sagte: ›Du bist mein Gehilfe. Es muß so aussehen, als ob wir zum Fischen auslaufen.‹ Dann segelten wir los in Richtung Schweden. Ein deutsches Patrouillenboot mit drei Mann Besatzung steuerte auf uns zu. Ich zog an den Netzen und tat, als sei ich eifrig mit Fischen beschäftigt. Sie drehten ab, und wir näherten uns der schwedischen Insel Hven, doch der Fischer sagte, er wolle nicht in den Hafen fahren. Die Schweden könnten sein Boot konfiszieren. Er steckte ein Ruder ins Wasser und sagte: ›Ein Meter tief. Hier müßt ihr aussteigen. Springt!‹ Wir waren immer noch fünfzig oder hundert Meter vom Ufer entfernt. Ich sprang als erster. Die Wassertiefe betrug wohl eher eineinhalb Meter. Meine Familie und der Kommunist folgten. Meine Schwestern, die gute Schwimmerinnen waren, halfen meiner Mutter. Halb schwimmend, halb watend erreichten wir das Ufer. Ich hatte meine Schuhe verloren, und meine Füße waren zerschnitten und blutig. Hoch über uns sahen wir zwei schwedische Soldaten. Sie blickten auf unsere verlorene kleine Gruppe herab und sagten: ›Willkommen im alten Schweden!‹«

Die Soldaten brachten sie über die Insel zu einem Gasthaus, wo bereits andere Flüchtlinge versammelt waren. »Wir sahen Dutzende Mitglieder der jüdischen Oberschicht von Kopenhagen«, erzählte mir Oestermann. »Ein oder zwei Tage zuvor waren sie noch elegant und selbstbewußt durch Kopenhagen spaziert. Jetzt sah man sie hier als Flüchtlinge ohne jede Habe. Ich selbst trug drei Hemden. Wir hatten kein Gepäck.«

In den nächsten zwei Wochen brachten sich Nacht für Nacht Hunderte Schicksalsgenossen mit ebensolchen kleinen Booten in Sicherheit. Jeder kannte jemanden, der wiederum jemanden kannte. Der eine Jude wußte, wo andere Juden sich versteckten. Fast die gesamte Bevölkerung beteiligte sich, auch wenn ein Mann es aus Angst ablehnte, die Oestermanns in seinem Haus am Strand unterzubringen. Soweit es öffentliche Dienste und Einrichtungen noch gab, spielten die dort Beschäftigten ebenfalls mit. Niemand wurde im Stich gelassen. Eine hundertzwei Jahre alte Jüdin lebte allerdings bis zur Befreiung versteckt in Kopenhagen. Rabbi Melchior, seine Frau und ihre vier jüngeren Kinder fanden bei einem christlichen Geistlichen fünfzig Kilometer außerhalb der Hauptstadt Zuflucht.

»Man könnte sagen, es sei ein Zufall gewesen«, meinte Werner David, »doch da diese Dinge sich wieder und wieder ereigneten, konnte es kein Zufall mehr sein. Meine Eltern wurden auf der Stelle Richtung Süden, zur Insel Falster, auf die Reise geschickt. Der dortige Bischof kümmerte sich um meine Eltern und beteiligte sich, wie seine Kollegen, an der Rettungsaktion insgesamt. Die dänische Polizei riegelte gelegentlich bestimmte Strandabschnitte, an denen gerade Einschiffungen stattfanden, mit dem Vorwand ab, nach illegalen Waffen zu suchen, schirmte damit in Wirklichkeit jedoch diesen Bereich vor Störungen ab. In zahlreichen Fällen fuhren Krankenwagen die Juden zur Einschiffung an die Strände. An der Universität beteiligten sich Professoren und Studenten an einem dreitägigen Proteststreik. Viele dieser Leute engagierten sich ohnehin stark für die Rettung. In den bisherigen dreieinhalb Jahren Besatzung hatte die Bevölkerung noch nie so geschlossen hinter dem Widerstand gestanden.«

Zwangsläufig wurden einige Boote von deutschen Patrouillen abgefangen. In einem außergewöhnliche Fall wurden Dutzende Juden, die auf die Einschiffung warteten, an die Gestapo verraten. Die vierhundertzweiundsiebzig Gefangenen wurden in das Ghetto Theresienstadt in der Tschechoslowakei transportiert. Selbst dann ließ Dänemark sie nicht im Stich. Regierung und private Initiativen schickten Lebensmittelpakete. 1944 entsandte König Christian eine Kommission, die prüfen sollte, wie es ihnen erging. Etwa fünfzig dänische Juden kamen um.

Vierzig Jahre später transportierte Richard Oestermann, der inzwischen als Auslandskorrespondent in Israel lebte und arbeitete, eines der alten Rettungsboote nach Yad Vashem, wo es neben der Allee der Gerechten ausgestellt ist. Dieses kleine Ruderboot brachte insgesamt zweihundert bis dreihundert Juden, Kommunisten und alliierte Piloten, die abgeschossen worden waren, über den Sund in tiefes Gewässer, wo sie dann von den Fischerbooten aufgenommen wurden.

Georg Ferdinand Duckwitz blieb unentdeckt und unbestraft auf seinem Kopenhagener Posten. 1944 nutzte er noch einmal seine dänischen Kontakte, dieses Mal, um in einem lähmenden Streik einen Kompromiß auszuhandeln. Als Deutscher, dem keine Kriegsverbrechen vorzuwerfen waren, blieb er im diplomatischen Dienst. Als er in seiner ersten Stellung nach 1945 als Botschafter der Bundesrepublik Deutschland nach Dänemark kam, bereitete man ihm einen herzlichen Empfang.

*

Im Frühsommer 1940 unterzeichneten Aristides de Sousa Mendes, der portugiesische Generalkonsul in Bordeaux, und seine Familie in fünf Wochen Einreisegenehmigungen für dreißigtausend Menschen, die auf der Flucht vor der Nazi-Besatzung in Frankreich waren. Etwa zehntausend davon waren Juden, die größtenteils aus Belgien stammten. Ohne portugiesisches Visum hätten

Aristides de Sousa Mendes, portugiesischer Generalkonsul in Bordeaux, mit seiner Frau Angelina.

sie die Grenze zum neutralen Spanien, das Sicherheit bot, nicht überschreiten dürfen. Der israelische Historiker Yehuda Bauer bewertete diese Operation als »vielleicht größte Rettungsaktion eines einzelnen während des Holocaust«. Die Tat kostete den fünfundfünfzigjährigen Portugiesen adeliger Abstammung seine Karriere, seine Pension und sein nicht unbeträchtliches Vermögen. Es dauerte fast ein halbes Jahrhundert, bis seine Familie es geschafft hatte, in Lissabon solche Schamgefühle zu wecken, daß man ihn rehabilitierte.

António de Oliveira Salazar, von 1933 bis 1968 unumschränkter Herrscher Portugals, hielt sein Land aus dem Krieg heraus, vermied jedoch, solange Deutschland noch von Sieg zu Sieg eilte, jede Provokation Hitlers. Bis Mai 1940 wurden Visaanträge, die im Generalkonsulat am Quai Louis XVIII im grenznahen Bordeaux gestellt wurden, per Post nach Lissabon weitergeleitet, wo dann über Zustimmung oder Ablehnung entschieden wurde. Dieses Verfahren war langwierig und beschwerlich. Für die Dauer der Wartezeit kampierten jüdische Antragsteller auf dem

Hof vor der örtlichen Synagoge. Anfang Mai schwoll die Flut der Anträge so rasch an, daß der Generalkonsul die Anfragen per Kabel weiterleiten mußte. Bald schon gab Lissabon keine Antwort mehr. Am 10. Mai verbot die Regierung jede weitere Einreise für Flüchtlinge und wies die Konsuln in Frankreich an, keine Visa an Antragsteller zu erteilen, die kein endgültiges Ziel hatten und in Portugal Zuflucht suchten. Juden sollten überhaupt keine Visa mehr bekommen. Mendes mußte nun ganz allein entscheiden, ob er der gehorsame Bürokrat sein oder das Risiko eingehen wollte, das zu tun, wozu ihn sein Gewissen und sein Glaube drängten. Mendes, ein gläubiger Katholik, dessen jüdische Ahnen vierhundert Jahre zuvor zum Christentum konvertiert waren, sagte seiner Familie, er habe sich »von göttlicher Macht« getrieben gefühlt. Jeder, der ein Visum brauchte, sollte dies bekommen. Er habe, so sein Neffe Cesar Mendes, »das Für und Wider abgewogen und dann beschlossen, ohne Ansehen von Nationalität, Rasse und Religion jegliche Erleichterungen zu gewähren«.

Ein Treffen mit dem polnischen Rabbi Chaim Kruger, der mit Frau und fünf Kindern auf der Flucht durch Frankreich war, bestärkte den Generalkonsul in seiner Entscheidung. Kruger war Rabbiner einer belgischen Gemeinde in Antwerpen gewesen und sprach etwas Französisch. Eines Abends, erzählte der Rabbiner, fuhr die Limousine des portugiesischen Generalkonsuls vor dem Hof der Synagoge vor. Der Rabbiner und der Diplomat kamen ins Gespräch, Mendes lud die Krugers in sein Heim am Quai Louis XVIII ein und bot der Familie Obdach für die Nacht an:

»Unsere Kinder waren zwischen zwei und zehn Jahre alt. Der Generalkonsul erzählte, er habe dreizehn Kinder. Er sagte uns, wir sollten die Annehmlichkeiten, die seine Wohnung biete, voll ausnutzen, doch ich mußte ihm erklären, daß das unmöglich sei. Ich konnte mich nicht von der großen Gemeinschaft der Juden, die in Grenznähe herumirrten, absondern. Außerdem standen überall in seinem Heim Statuen, die meinen Kindern so fürchterlich schienen, daß sie nichts mehr essen wollten. Ich dankte ihm für seine Großzügigkeit. Am nächsten Morgen kehrten wir zu unseren Brüdern zurück, und später kam ich noch einmal zurück, um mit ihm zu reden und zu erklären, daß es nur eine Möglichkeit gab, wie er uns retten konnte – indem er uns Visa für Portugal verschaffte.«

»Wir waren noch mitten im Gespräch«, fuhr Kruger fort, »als der Vizekonsul, der meine Worte mitbekommen hatte, Mendes warnte, mir nicht in die Falle zu gehen. Doch all seine Bemühungen waren umsonst. Herr Mendes sagte mir, meine Familie und ich würden Visa bekommen. Was die anderen Flüchtlinge anginge, müsse er das Ministerium in Lissabon konsultieren. Ich erklärte ihm eindringlich, wie wichtig es sei, daß er nicht auf seinen Stellvertreter höre, und er sagte mir, ich solle den Flüchtlingen mitteilen, daß jeder, der ein Visum wolle, kommen und es sich abholen könne. Ich gab diese Nachricht sofort an die Flüchtlinge weiter. Alle bekamen ihr Visum, und ich half Mendes, indem ich die Visa stempelte, die er dann unterzeichnete. An jenem Tag aß und trank er nicht bis spät in die Nacht.«

Ob der Rabbiner nun, wie ein anderer Überlebender vermutete, in Mendes »das schlafende jüdische Gewissen erweckte« oder nicht, er schilderte ihm jedenfalls eindrücklich, welches Grauen die Flüchtlinge erwartete, wenn sie den Schergen des Dritten Reichs in die Hände fielen. Die Kinder des Generalkonsuls erinnerten sich noch, wie er sagte: »Ich kann nicht zulassen, daß diese Menschen sterben müssen. Nach unserer Verfassung darf Religion oder politische Anschauung eines Ausländers nicht als Begründung dafür herhalten, ihm Asyl in Portugal zu verweigern. Ich bin entschlossen, mich an diesen Grundsatz zu halten. Selbst wenn das meine Entlassung bedeutet, kann ich doch nur als Christ handeln und muß meinem Gewissen folgen. Wenn ich Anordnungen nicht Folge leiste, möchte ich lieber mit Gott gegen Menschen handeln als mit Menschen gegen Gott.« David Shpiro, ein Wissenschaftler der Universität Tel Aviv, der ein Buch über Mendes schreibt, ist überzeugt, daß das Motiv des Generalkonsuls nichts mit dessen haarfeinen jüdischen Wurzeln zu tun hatte, auch wenn er diese Rabbi Kruger gegenüber ausdrücklich erwähnte:

»Mendes hielt sich keineswegs für einen Juden. Er hielt sich für einen Christenmenschen. Er war gläubiger Katholik und handelte als solcher. Irgendwo in seiner Ahnenreihe hatte es einmal einen Juden gegeben, das wußte er, doch wie tausend andere Bewohner der Iberischen Halbinsel machte ihn das nicht zu einem Juden. Er hielt sich für einen Christen und portugiesischen Patrioten.«

Von nun an stellte Mendes mit Hilfe seiner beiden Söhne Pedro und José, die an der Universität Bordeaux studierten, sowie seines Neffen Cesar, eines Musikstudenten, unzählige Visa aus. Zu den nichtjüdischen Empfängern gehörten auch Mitglieder der luxemburgischen Königsfamilie. Praktisch umgehend befahl ihm seine Regierung, damit aufzuhören, doch Mendes stellte sich taub und stempelte und unterschrieb weiter. Als die Nazi-Besatzer Frankreich durchkämmten, war das Haus am Quai Louis XVIII überfüllt mit Flüchtlingen, die in panischer Angst schwebten. Der Generalkonsul und seine Leute arbeiteten von acht Uhr morgens bis weit nach Mitternacht. Wenn die offiziellen Formulare ausgingen, nahmen sie irgendein Stück Papier, das ihnen in die Finger kam. Cesar, der inzwischen seine Laufbahn als Geiger beendet hat und im Ruhestand lebt, beschrieb das Chaos folgendermaßen:

»Eßzimmer, Salon und Arbeitszimmer des Konsuls standen den Flüchtlingen zur Verfügung, Dutzenden Flüchtlingen beiderlei Geschlechts, jeden Alters, doch hauptsächlich alte und kranke Menschen. Es kamen schwangere Frauen, die sich unwohl fühlten; es kamen Menschen die, unfähig zur Gegenwehr, mitansehen mußten, wie ihre Verwandten auf den Straßen starben, getötet durch Kugeln aus Maschinengewehren, die von Flugzeugen aus abgefeuert wurden. Sie schliefen auf Stühlen, auf dem Boden, auf den Teppichen. Alles war außer Kontrolle geraten. Selbst in den Büros des Konsuls drängten sich viele Flüchtlinge, die erschöpft und todmüde waren, weil sie seit Tagen und Nächten auf der Straße, in den Gängen und endlich in den Büros warteten. Sie konnten ihre Notdurft nicht verrichten; sie aßen und tranken nicht, aus Angst, ihren Platz in der Schlange zu verlieren, was dennoch manchmal passierte und dann einige Aufregung verursachte. Infolgedessen sahen die Flüchtlinge nicht gut aus: sie wuschen sich nicht, sie kämmten sich nicht, sie zogen keine frischen Kleider an, und sie rasierten sich nicht. Die meisten besaßen nichts außer den Kleidern, die sie am Leib trugen. Die Zwischenfälle nahmen solche Formen an, daß man die Armee bitten mußte, für Ordnung zu sorgen. In jedem Zimmer und jedem Büro stand ein Soldat. Die Soldaten unterstanden dem Befehl eines Wachtmeisters. In der Konsulatskanzlei wurde den ganzen Tag und die halbe Nacht lang gearbeitet. Mein Onkel erkrankte vor Erschöpfung und mußte sich zu Bett legen.«

Cesar erinnerte sich an einen politischen Flüchtling aus Frankreich, einen Professor der Sorbonne, der in das Haus seines Onkels zog. Er aß mit der Familie in der Küche (das Eßzimmer hatte man den Flüchtlingen eingeräumt) und schlief in einem der Schlafzimmer. »Dieser vornehme Herr zog nicht einmal den Schlafanzug aus, den er in der ersten Nacht getragen hatte, derselben Nacht, in der Bordeaux bombardiert wurde und fünfhundert Menschen umkamen. Er hatte furchtbare Angst davor, von den Nazis gefaßt zu werden. Seine Angst war berechtigt, denn er hatte Artikel gegen das Hitler-Regime geschrieben. Er verfügte über ein beträchtliches Vermögen aus purem Gold, das er in vier Kartoffelsäcken aufbewahrte. Um meinen Onkel dazu zu bewegen, ihm ein Visum zu erteilen, versprach er ihm die Hälfte seines Vermögens. Mein Onkel lehnte dieses Angebot ab, stellte ihm aber ein Visum aus.«

Bordeaux wurde in der Nacht des 20. Juni bombardiert. Zwei Tage später vereinbarte Frankreich einen Waffenstillstand mit Deutschland. Das portugiesische Außenministerium war um die Sicherheit der Familie Mendes besorgt. Der Generalkonsul wurde von seinem Posten abberufen, und zwei Beamte kamen im Auto, um die Mendes nach Hause zu holen. Mendes fügte sich, gab aber immer noch nicht auf. Bei einem Zwischenstopp in Bayonne mußte er zu seinem Bedauern feststellen, daß der portugiesische Vizekonsul die Flüchtlinge abwies. Wütend stellte er eigenhändig Hunderte von Visa aus. Im Grenzstädtchen Hendaye traf er auf eine weitere Gruppe von Flüchtlingen, die befürchteten, daß Spanien demnächst die Grenzen schließen würde. Er stellte ihnen handschriftlich provisorische Visa aus und wies sie dann an, hinter seinem Auto einen selten benutzten Grenzübergang zu passieren, an dem ein einziger Zollbeamter stand, der kein Telefon und damit keine Möglichkeit hatte, bei seinen Vorgesetzten nachzufragen. Der Bluff funktionierte. Die Flüchtlinge konnten sich in Sicherheit bringen.

Aristides de Sousa Mendes selbst hatte nicht soviel Glück. Das Außenministerium entließ ihn nach dreißigjähriger Dienstzeit wegen Befehlsverweigerung und strich seine Pensionsansprüche. Doch Mendes bereute nichts. Bei einem kurzen Wiedersehen mit Rabbi Kruger in Lissabon sagte er: »Wenn Tausende von Juden wegen eines Katholiken leiden müssen, war es die Anstrengung wert, daß ein Katholik für alle diese Juden leiden mußte.« Mit dem »einen Katholiken« meinte er Hitler. Mit fünfundfünfzig Jahren und in Ungnade gefallen, konnte er keine Arbeit finden. Bevor er in den diplomatischen Dienst ging, hatte er Jura studiert, doch man untersagte ihm, auf diesem Gebiet zu arbeiten. Nach dem Krieg reichte er bei der Nationalversammlung eine Petition ein, die jedoch barsch abgewiesen wurde. Stück für Stück verkaufte er alles, was er besaß, auch den Familienbesitz in dem Gebirgsstädtchen Cabañas de Viriato. Heute, vier Jahrzehnte später, bewirtschaftet ein Bauer aus der Gegend das Land, doch das Schloß mit seinen fünfundvierzig Zimmern ist nur noch eine Ruine. Findige Nachbarn verkaufen inzwischen Bücher und Familienpapiere, die der heldenhafte Generalkonsul zurücklassen mußte, als Souvenirs an Touristen. Mendes' Frau Angelina, die im Haus am Quai Louis XVIII mit ihm die Verantwortung geteilt hatte, starb 1948 nach einem Schlaganfall. Verarmt und unbemerkt starb Mendes sechs Jahre später.

Unter Federführung seines Sohnes Sebastian, der sich in den Vereinigten Staaten niedergelassen hatte, nahmen die Kinder den Kampf um seine posthume Rehabilitation auf, fanden jedoch erst Gehör, nachdem Salazar 1968 gestürzt worden war. Selbst dann sollte es noch über sechs Jahre dauern, bis die neue demokratische Regierung einer Wiederaufnahme des Falles zustimmte. Der ehemalige Botschafter Dr. Nuño de Bessa Lopes entschied 1976 nach zweijähriger Untersuchung, daß Mendes' Entlassung unrechtmäßig gewesen sei, und empfahl die Wiederherstellung seiner Ehre. In den Akten des Außenministeriums, die er durchforstet hatte, gab es ein Schriftstück, in dem die Familie Mendes als »Abkömmlinge von Juden« bezeichnet wurde. Irgend jemand hatte offensichtlich den Schluß gezogen, daß Mendes Juden rettete, weil er selbst einer war. »Der arme Konsul Sousa Mendes«, schrieb Lopes, »konnte offenbar nicht den Klauen der neuen Inquisition entkommen, die sich in Portugal hartnäckig hält.« Wie zum Beweis seiner Argumentation wurde Lopes' Bericht ein weiteres Jahrzehnt lang zurückgehalten.

Erst 1986 verlieh der sozialistische Präsident Mário Soares unter dem beharrlichen Druck der Familie Mendes, die von den portugiesischen Medien unterstützt wurde, dem ungehorsamen Generalkonsul posthum die Medaille des Freiheitsordens. Bei einem Empfang für die in Amerika lebenden Familienmitglieder in der portugiesischen Botschaft in Washington sagte Soares: »Es gibt ein altes Sprichwort in Portugal, das besagt, daß wir unsere besten Söhne sehr gering achten.« Die *Los Angeles Times* bemerkte dazu: »Damit ist das Andenken an Mendes auf ein neues Abstellgleis geschoben – ihm ist Ehre erwiesen, aber er ist noch nicht rehabilitiert.« Die Kampagne ging unermüdlich weiter, bis das Parlament am 18. März 1988 endlich einstimmig einem Antrag zustimmte, in dem Mendes sein Rang im diplomatischen Korps unumschränkt wieder zuerkannt und der Familie eine finanzielle Entschädigung zugesprochen wurde.

Die Lissaboner Tageszeitung *Diário de Notícias* kommentierte: »Damit kam die Demokratie ihrer Pflicht dem Mann gegenüber nach, der wahrhaft ein Symbol für die Großzügigkeit, Toleranz und Barmherzigkeit des portugiesischen Geistes darstellt. In unseren Herzen war er bereits rehabilitiert, doch diese formelle Rehabilitation war schon lange überfällig und ein absolutes Muß für unser Land.« Der inzwischen vierundsechzigjährige Sebastian Mendes, der als pensionierter Postangestellter in

Kalifornien lebte, sagte: »Nun kann ich in Frieden schlafen, weil das Ziel, das ich seit fünfundvierzig Jahren anstrebe, endlich erreicht ist.«

*

»Wie bedauerlich ist doch die Anonymität dieser Rot-Kreuz-Berichte«, klagte Gerald Reitlinger in seinem Bericht über die Befreiung des Konzentrationslagers Mauthausen. Für Autoren in jüngerer Zeit ist es ein glücklicher Umstand, daß das seriöse Internationale Komitee vom Roten Kreuz seither das selbstauferlegte Verbot gelockert hat, wenn auch langsam und zögerlich. Das IKRK ist eine private, in der Schweiz beheimatete Organisation, die laut Statut die Einhaltung und Verbesserung internationaler Grundsätze der Menschlichkeit überwachen soll. Die Mitglieder arbeiten sehr diskret. Sie setzen auf Gespräche mit den Regierungen und achten darauf, sich nicht in die inneren Angelegenheiten des jeweiligen Landes einzumischen. Zahllose Opfer von Konflikten auf vier Kontinenten haben Grund, dem IKRK für seine beharrliche, aber taktvolle Intervention dankbar zu sein. Doch der Zweite Weltkrieg war kein Konflikt wie andere zuvor, die Juden Europas keine Opfer wie andere zuvor. Als das grauenhafte Ausmaß von Hitlers »Endlösung« bekannt wurde, beugte Genf die selbstgesetzten Regeln, doch man brach sie nicht. Die Juristen des Roten Kreuzes bemühten sich um gesetzliche Rückendeckung für jede Ausweitung der Auslandsoperationen. Das Hauptbüro diskutierte darüber und legte Anweisungen fest, die den Delegierten im Einsatz übermittelt wurden. Es stand dem Leid der Juden nicht gleichgültig gegenüber, ließ sich jedoch von der Angst bremsen, dadurch andere Rot-Kreuz-Einsätze zu gefährden.

Das Leben in den unter Nazi-Besatzung stehenden Ländern verlief weniger geordnet. Die Schweizer Delegierten des IKRK konnten die Regeln nicht immer wortgetreu einhalten, auch wenn manche es mehr versuchten als andere. Zwei Einzelgänger, die in den letzten chaotischen Kriegsmonaten zusammen

Tausende von Juden retteten, mußten sehr lange auf ihre Anerkennung warten. Wie die Konsuln arbeiteten sie mit Bluff und Drohungen und riskierten ihren Ruf, wenn nicht ihr Leben. Auf diplomatische Immunität war kein Verlaß. Henryk Slawie, der polnische Geschäftsträger in Budapest, wurde in Mauthausen hingerichtet, nachdem er viele tausend Dokumente ausgestellt hatte, in denen jüdischen Flüchtlingen aus Polen bestätigt wurde, daß sie Christen seien. (Er brachte hundert Kinder in einem katholischen Waisenhaus unter, wo man sie unter der Woche im Judentum unterwies und am Sonntag mit in die Kirche nahm.) Raoul Wallenberg wurde gewarnt, daß auch unter Schutz stehenden Ausländern »Unfälle« passieren könnten. Nicht nur er schwebte in solcher Gefahr. Die Männer vom Roten Kreuz warteten nicht immer, bis sie ihre Vorhaben mit Genf abgesprochen hatten. Sie reagierten auf die Erfordernisse des Tages, der Stunde, des Augenblicks. Sie improvisierten. Und vor allem gaben sie nicht auf.

Louis Haefliger, ein vierundvierzigjähriger Freiwilliger, der Ende April 1945, zwei Wochen vor der Kapitulation des »Tausendjährigen Reiches«, mit einer Hilfsgüterlieferung nach Mauthausen geschickt wurde, beging die unverzeihliche Sünde, die schweizerische Neutralität zu kompromittieren. Er führte amerikanische Panzer in das hundertfünfzig Kilometer westlich von Wien gelegene Lager, um die SS-Männer daran zu hindern, die Befehle zur Sprengung des Lagers mitsamt den verbliebenen fünfundfünfzigtausend Insassen auszuführen. Mauthausen, zu dessen Andenken der griechische Liedermacher Mikis Theodorakis eine Ballade komponiert hat, war ein Zwangsarbeitslager. Die Gefangenen wurden durch Hunger und Arbeit in den Tod getrieben. Nach Schätzungen der *Enzyklopädie des Holocaust* passierten fast zweihunderttausend Menschen dieses Lager. Hundertneunzehntausend starben. Für fünfundneunzig Prozent dieser Tode waren Hunger oder durch Hunger verursachte Krankheiten die Ursache. Viele Insassen waren politische Gefangene oder andere »unerwünschte Subjekte«; einige waren Juden. Ab Mitte 1944 wurden größere Gruppen von Juden nach Mauthausen gebracht. Für sie wurde eine noch härtere Behandlung als für die anderen angeordnet. Über achtunddreißigtausend Juden kamen in Mauthausen um. Als Haefliger dort eintraf, war Mauthausen (nach Reitlingers Formulierung) immer noch »das Greuellager schlechthin«. Es hatte sich wenig geändert, seit ein früherer Besucher vom Roten Kreuz darüber berichtet hatte, daß »über allem etwas Geheimnisvolles und Schreckliches lastete«.

Für die Greuel von Mauthausen ist vor allem Standartenführer Franz Ziereis verantwortlich, ein Sadist mit Babygesicht, der das Lager von August 1939 bis Mai 1945 leitete. Der SS-Oberst tötete ohne Gewissensbisse täglich dreißig bis vierzig Gefangene durch Genickschüsse. Er brüstete sich vor Haefliger, einmal habe er einem Lastwagenfahrer befohlen, mit der Ladung Leichen vor seiner Villa vorzufahren, damit seine Frau sehen könne, wie fleißig er war. Haefliger kam mit dem Auftrag, für die Freilassung von Staatsbürgern der alliierten Mächte zu sorgen und unter den Insassen Lebensmittelpakete zu verteilen. Während der Anreise aus der Schweiz stieß er auf eine Gruppe ausgemergelter russischer Kriegsgefangener, die zu einem Gewaltmarsch gezwungen wurden. Die SS-Posten erschossen jeden, der am Wegrand niedersank. »Mord, eiskalter Mord direkt vor meinen Augen«, schrieb Haefliger drei Jahrzehnte danach. »Ich wollte aus meinem Wagen springen und diesen SS-Männern an die Gurgel gehen, doch mein Chauffeur hielt mich zurück.« Mit dieser Wut im Bauch kam er nach Mauthausen.

Der Rot-Kreuz-Abgesandte unterstrich zunächst seine Unabhängigkeit, indem er darauf bestand, persönlich die Verteilung der Lebensmittelpakete an ausnahmslos alle Insassen überwachen zu dürfen. Das sollte auch sicherstellen, daß er selbst sehen konnte, was im Lager vor sich ging. Ziereis zeigte sich unerwartet aufgeschlossen. Dem Lagerkommandanten dröhnten bereits die Bombardierungen und das Artilleriefeuer der Alliierten in den Ohren, und jemand, der ihm ein gutes Charakterzeugnis ausstellte, konnte noch nützlich sein. Haefliger wurde in einer SS-Baracke einquartiert. Dort entdeckte er den Befehl, das Lager vor dem Eintreffen der Alliierten zu zerstören. Er versuchte den

Kommandanten zu überreden, diesen Befehl auszusetzen, hatte jedoch nur bedingt Erfolg. Mit Ziereis' Einwilligung durfte der Rot-Kreuz-Mann unter dem Befehl vermerken: »Ausgesetzt laut mündlicher Anweisung von Standartenführer Ziereis, Unterschrift Haefliger.« Der Oberst war dem Nervenzusammenbruch nahe, und der Rot-Kreuz-Mann konnte nicht abschätzen, wie die Sache ausgehen würde. »Inzwischen«, schrieb Haefliger, »war mir mein Schicksal vollkommen gleichgültig. Ich wollte vor allem für die Gefangenen etwas tun.«

So nahm er die Sache selbst in die Hand. Er wies die Gefangenen in der Lagerschneiderei an, zwei Fahnen zu nähen, eine weiße für die Kapitulation und eine mit dem roten Kreuz des IKRK. Andere Gefangene mußten aus der Autowerkstatt des Lagers einen SS-Opel in neutralem Weiß anstreichen. Außerdem überzeugte er den Nazi, mit dem er das Zimmer teilte, einen Untersturmführer Reiner, sich die SS-Insignien von der Uniform zu reißen. Am 5. Mai fuhren der Gesandte des Roten Kreuzes und der Nazi-Offizier in dem weißen Opel los, um nach den vorrükkenden Truppen der Alliierten Ausschau zu halten. Sie trafen schließlich auf drei amerikanische Panzer. Haefliger gab sich alle Mühe, in gebrochenem Englisch zu erklären, wer er war und was er wollte. Ein junger GI unterbrach ihn: »Sie können deutsch mit mir sprechen. Ich bin Jude und in Wien geboren.« Haefliger bat sie eindringlich, Mauthausen und die beiden Außenlager zu befreien, bevor die SS alles zerstören und die überlebenden Insassen niedermetzeln konnte. Der amerikanische Divisionskommandeur gab seine Zustimmung, und daraufhin führte der weiße Opel eine Panzerkolonne zur Befreiung der Todeslager. Die Deutschen leisteten keinen Widerstand, und die Gefangenen hißten die weiße Fahne und die Rot-Kreuz-Flagge. Der Lagerkommandant mit dem Babygesicht floh in die Wälder, wurde jedoch von einem seiner eigenen Söhne verraten und beim Fluchtversuch erschossen.

In der Schweizer Heimat blieb Louis Haefliger über vierzig Jahre lang einer von Reitlingers anonymen Rot-Kreuz-Männern, obgleich ihm ehemalige Widerstandskämpfer aus Österreich, wo er später lebte, eine Medaille überreichten. Alle Bewerbungen um eine Arbeitsstelle in der Schweiz wurden abgelehnt. »Zwischen den Zeilen las ich immer, daß sie mich für unzuverlässig, für einen Abenteurer hielten«, sagte er Ernie Meyer von der *Jerusalem Post*, als er 1980 von der Stadt Jerusalem geehrt wurde. »›Was geht es dich an?‹ war damals die vorherrschende Meinung. Das hat sich jetzt erst allmählich geändert.« Dennoch protestierte er niemals dagegen, daß er vom Vorstand des Roten Kreuzes ausgeschlossen wurde: »Ich wußte, daß ich gegen die Richtlinien des Roten Kreuzes verstoßen und die Neutralität der Schweiz verletzt hatte, als ich bewaffnete amerikanische Truppen nach Mauthausen rief. Doch ich folgte dabei meinem Gewissen.«

Friedrich Born, einem anderen unbesungenen Helden des Roten Kreuzes, wurde erst 1987, vierundzwanzig Jahre nach seinem Tod, die gebührende Anerkennung zuteil. Selbst Borns Sohn und Tochter erfuhren erst von den großartigen Taten, die ihr Vater als Chefdelegierter des IKRK in Budapest vollbracht hatte, als der Tel Aviver Jurist Arieh Ben-Tov seine Doktorarbeit über das Rote Kreuz und die Juden in Ungarn veröffentlichte. Born fiel nicht in Ungnade – er wurde einfach ignoriert. In Genf löste er mit der großzügigen Interpretation seines Mandats so große Unruhe aus, daß man zweimal Kollegen schickte, die ihm zur Seite stehen sollten. Der Schluß liegt nahe, daß ihre Hauptaufgabe darin bestand, ihn wieder auf Linie zu bringen.

Born, ein ehemaliger Vorsitzender der Schweizer Handelskammer in Budapest, wurde im Mai 1944 vom Roten Kreuz dorthin entstandt. In diesen letzten Monaten der prodeutschen Regierung unter Miklós Horthy wurden die Juden bereits massenhaft deportiert, angeblich in Zwangsarbeitslager, tatsächlich jedoch in die Gaskammern von Auschwitz. Da Ungarn unter Horthy und den faschistischen Pfeilkreuzlern, die ihn stützten, theoretisch immer noch unabhängig war, mahnte Genf die Delegation ständig, sich aus den inneren Angelegenheiten des Landes herauszuhalten. Die strengste Auslegung dieses Grundsatzes hätte bedeutet, daß das, was die ungarische Regierung mit den ungarischen Juden machte, niemanden etwas anging. In Genf entschied man sich für eine weniger strenge Auslegung. Etwa zu der Zeit, als Born in Budapest seine Koffer auspackte, konnten vier junge Juden aus Auschwitz fliehen und über die grauenhafte Wirklichkeit der industriellen Vernichtung berichten. Seit dem 15. Mai, sagten sie, brachten die Züge täglich zwölftausend Juden aus Ungarn. An der »Selektionsrampe« schickten die SS-Ärzte mehr als fünfundachtzig Prozent dieser Menschen direkt in die Gaskammern, die rund um die Uhr in Betrieb waren. Angesichts dieser Enthüllung ermutigte das Rote Kreuz seinen Delegierten in Budapest, den Juden nach besten Kräften zu helfen, hoffte jedoch, daß dieser nicht zu weit von den erteilten Instruktionen abweichen würde.

André Durand, der Historiker des IKRK, schrieb über Borns Verhalten:

> Der IKRK-Delegierte tat, was er konnte, um denen, die in Gefahr waren, zu helfen. Er protestierte gegen die brutale Behandlung der Juden, setzte beim Innenministerium eine Verfügung durch, wonach Plünderungen untersagt waren, gewährte Mitgliedern des Budapester Judenrats Unterschlupf und erreichte, daß die von der IKRK-Delegation benutzten Gebäude als exterritoriales Gebiet anerkannt wurden. Er organisierte für das Ghetto Lebensmittellieferungen, Gesundheitsuntersuchungen und Unterbringungsmöglichkeiten für die Kinder.

Doch Genf sah mit Sorge zu. Der Zentrale gefiel es nicht, daß Born gegen die Mißhandlung von einzelnen wie Gruppen protestierte. Man hegte Zweifel angesichts der Vielzahl von Gebäuden, die er unter den Schutz des Roten Kreuzes stellte. Borns Stellvertreter Hans Weyermann brachte die allgemeine Auffassung innerhalb der Organisation zum Ausdruck, wenn er beklagte, daß der Delegierte »unzähligen Spitälern und öffentlichen Einrichtungen (Wasser- und Gaswerke, Feuerwehrstationen etc.) und Tausenden von privaten Gebäuden Schutz gewährt« habe, und zwar unter dem Schild des Roten Kreuzes. Es sei, so argumentierte er, eine Illusion zu glauben, irgendeine Armee würde eine so große Zahl von Gebäuden respektieren. Born baute in seinem Büro eine Abteilung für jüdische Angelegenheiten auf, die er auch erweiterte; außerdem beschäftigte er viele hundert Juden und bewahrte sie damit vor der Deportation. Er kümmerte sich um siebentausend Kinder in sechzig verschiedenen Einrichtungen. Er rettete siebentausendfünfhundert von fünfzigtausend bereits für den Abtransport vorgesehenen Juden; manchmal holte er sie in seinem eigenen Auto vom Verladebahnhof ab. Einmal kam er der Bitte des Abts eines Benediktinerklosters nach, das aus dem 12. Jahrhundert stammende Kloster unter den Schutz des Roten Kreuzes zu stellen. Obwohl das Kloster im Kriegsgebiet lag, respektierten die Deutschen seine Immunität. Etwa tausend jüdische und halbjüdische Kinder fanden dort Schutz. Nach vorsichtigen Schätzungen retteten Friedrich Born und das IKRK etwa elftausend Juden.

Arieh Ben-Tov, selbst ein aus Polen stammender Überlebender von Auschwitz, bewunderte Borns Mut und Prinzipientreue, respektierte jedoch auch den Standpunkt der Puristen des Roten Kreuzes:

> Meiner Auffassung nach muß Borns Tätigkeit als eine persönliche Initiative betrachtet werden, da die Genfer Konvention nach streng rechtlichen Begriffen nur militärische Kriegsopfer betraf. Erst nach dem Zweiten Weltkrieg wurde der Schutz der Konventionen auf zivile Kriegsopfer ausgedehnt. Born legte seine humanitäre Mission großzügig aus und ging über die Instruktionen aus Genf hinaus. Aufgrund der damaligen Ereignisse, in denen der Schutz des IKRK für Tausende von Personen der einzige Weg war, der Evakuierung aus Budapest zu entgehen, und angesichts der Tatsache, daß viele dieser Leute sich gegen die Politik der verbrannten Erde wehrten und ihre Stadt retten wollten, ist Borns Verhalten durchaus verständlich und deckt sich vollständig mit moralischen Prinzipien, auch wenn es nicht streng formaljuristischen Überlegungen standhält.

Nach der Veröffentlichung von Ben-Tovs kritischem Werk gab das Internationale Rote Kreuz eine unabhängige Schweizer Studie zu seiner Geschichte in Auftrag. Das Ergebnis war eine längst überfällige Rechtfertigung von Borns Engagement in Budapest und Haefligers in Mauthausen. Der Generaldirektor Jacques Moreillon schrieb im August 1988:

> Nachträglich kann man feststellen, daß das Rote Kreuz in manchen Ländern, in denen die Herrschaft des Dritten Reiches nicht absolut war, wahrscheinlich mehr jüdische Menschen hätte retten können. In solchen Ländern hat das Rote Kreuz nach heutiger Einschätzung damals nicht alle Möglichkeiten genutzt, um mehr Opfer zu schützen...
>
> Das IKRK spricht heute noch einmal all jenen Delegierten seine Dankbarkeit aus, die unter dem Banner des Roten Kreuzes Möglichkeiten zu wirksamer Hilfe gefunden haben und oft unter Gefährdung ihres eigenen Lebens Tausende von Menschen retteten, nicht nur während des Krieges, sondern auch in der Zeit der Befreiung mancher Konzentrationslager.

3
Unter Gefangenen

Es waren die Deutschen, die Charles Coward »Graf von Auschwitz« nannten. Wahrscheinlich bedauerten sie sogar irgendwann, den ruhelosen Hauptfeldwebel, einen waschechten Londoner, je gefangengenommen zu haben. Fünf Jahre lang, von 1940 bis 1945, führte er eine geniale Ein-Mann-Kampagne gegen die Kriegsanstrengungen der Nazis – mit Subversion und List, Korruption und Bestechung. Neunzehnmal flüchtete er, neunzehnmal wurde er wieder gefaßt. Er schmuggelte Waffen und Sprengstoff für den polnischen Widerstand. Kriegsgefangene, die unter seinem Kommando arbeiteten, sabotierten systematisch die Produktion. Zuckerlieferungen aus einer Raffinerie, in der Zwangsarbeiter beschäftigt waren, gerieten auf mysteriöse Weise während der Fahrt in Brand. Neu installierte Stromkabel waren aus unerklärlichen Gründen unterbrochen. In chiffrierten Briefen nach Hause übermittelte er dem britischen Geheimdienst wertvolle Informationen. Der Soldat Coward, der sich seine Kenntnisse auf juristischem Gebiet im Selbststudium erworben hatte, kannte die Den Haager und Genfer Konventionen besser als die, die ihn gefangengenommen hatten, und verpaßte als Verbindungsmann zum Internationalen Roten Kreuz keine Gelegenheit, die Deutschen mit genauen Einzelheiten zu peinigen. Er, der zwanzig Jahre zuvor als Berufssoldat in die Königlich-britische Armee eingetreten und den Militärdienst in Indien kennengelernt hatte, war nun, als Mann Ende Dreißig, für seine Mitgefangenen eine Art Vaterfigur. Sie ordneten sich nicht nur seinem Rang unter, sondern vertrauten auch seiner Erfahrung.

In dem knapp zwei Kilometer von Auschwitz entfernten Kriegsgefangenenlager Monowitz lernte Coward die erbarmungslose Brutalität des Dritten Reichs unmittelbar kennen – und beschloß, gegen sie anzukämpfen. Britische Kriegsgefangene mußten für eine der Fabriken in Auschwitz Gräben ausheben und Stromkabel verlegen. Der junge Unteroffizier Reynolds weigerte sich, im bitterkalten polnischen Winter ohne Gummistiefel und dicke Handschuhe auf einen Hochspannungsmast zu klettern. Wütend befahl ihm ein deutscher Aufseher hinaufzusteigen. Als Reynolds sich abwandte und protestierte, das sei doch Selbstmord, zog der Aufseher seine Pistole und erschoß ihn. »Das brachte das Faß zum Überlaufen«, schrieb Cowards Biograph John Castle. »Damit waren sein Abscheu und seine Verachtung für die Deutschen endgültig besiegelt.« Um etwa dieselbe Zeit kehrte Coward von einem Besuch im Nachbarort zurück, wo er in Rot-Kreuz-Angelegenheiten zu tun gehabt hatte. Er war Zeuge der Ankunft und »Selektion« einer Zugladung Juden geworden, die entweder zur Zwangsarbeit eingeteilt oder direkt in die Gaskammern und rauchenden Krematorien geschickt wurden. Sein deutscher Begleiter zeigte sich erfreut darüber, daß sie sterben mußten. Coward dagegen bestärkte der Aufmarsch der mitleiderregenden Gestalten noch in seinem Haß.

Mit den jüdischen Lagerinsassen hatte er das erste Mal zu tun, als er Sprengstoff für den Widerstand nach Auschwitz schmuggelte. Er machte das Beste aus der relativ großen Bewegungsfreiheit, die er als Rot-Kreuz-Verbindungsmann und Sprecher der alliierten Kriegsgefangenen genoß – und auch aus den Nahrungsmittelpaketen für die Kriegsgefangenen, die ihm für Bestechungen nützlich waren. Bei einer solchen Mission plante er eine der wohl makabersten Rettungsaktionen in der Zeit des Holocaust: ein Tausch von Leichen gegen Schmuggelware, von Lebenden gegen Tote.

Coward wurde mit einem korrupten SS-Mann handelseinig, der für eine Gruppe ausgemergelter jüdischer Arbeiter verantwortlich war. Man vereinbarte Tag und Uhrzeit, und der Deutsche lieferte die Leichen von drei Juden, die an Hunger und

Charles Coward, der »Graf von Auschwitz«, der Juden vor der Gaskammer bewahrte, indem er tote gegen lebende Juden tauschte. Hier bei der Ankunft am Flughafen Frankfurt, auf dem Weg zu einem Prozeß gegen die I.G. Farben wegen des Einsatzes von Zwangsarbeitern, in dem er als Zeuge auftrat.

Erschöpfung gestorben waren. Dafür erhielt er Zigaretten, Schokolade, Kaffee und Seife, die Cowards Kriegsgefangene gespendet hatten. Dann gab Coward seinem Verbindungsmann vom jüdischen Widerstand einen Tip. Dieser, ein ungarischer Jurist, informierte seinerseits drei Lagerinsassen, die sich auf die Flucht vorbereiten sollten. Coward hatte bemerkt, daß jeden Abend

Gruppen von ausgehungerten Arbeitern, die nicht mehr arbeiten konnten, von Auschwitz in die Gaskammern des benachbarten Lagers Birkenau getrieben wurden. Sie waren ohnehin schon eher tot als lebendig, und die deutschen Aufseher am Anfang und am Ende der Kolonne registrierten kaum, wenn jemand tot am Wegrand niedersank. Die Leichen sammelte man später ein.

Mit Hilfe des Kriegsgefangenen »Tich« Keenan versteckte Coward die drei schon starren Leichen in einem Graben neben der Straße von Auschwitz nach Birkenau. Die drei Männer, die der ungarische Jurist ausgewählt hatte, reihten sich unauffällig in der Mitte der etwa zweihundert zum Tode verurteilten Gefangenen ein und ließen sich dann wie vorgesehen zu Boden fallen. Coward winkte sie zum Graben und legte nun die drei Leichen, die die Deutschen finden sollten, an den Straßenrand. Die Buchhaltung würde stimmen. Er und Keenan gaben den Männern Kleidung, die sie statt ihrer gestreiften KZ-Anzüge tragen konnten, und sagten ihnen, sie sollten sich in die Wälder schlagen. Es wurden keine Versprechungen gemacht, aber diese Männer hatten immerhin eine Überlebenschance. Der makabre Handel wurde in den darauffolgenden Monaten viele Male wiederholt, bis man Coward warnte, daß die Gestapo ihm auf der Spur sei. Bei der vergeblichen Suche nach einem anderen jüdischen Opfer – einem britischen Armeearzt, der in Gefangenschaft geraten war, aber als Jude und nicht als Kriegsgefangener behandelt wurde – tauschten Coward und ein jüdischer Gefangener einmal die Rollen, und Coward verbrachte eine Nacht in einer der verlausten Baracken von Auschwitz.

Unter Cowards Mitgefangenen war Yitzhak Perski, ein jüdischer Feldwebel aus Palästina und Vater des späteren israelischen Ministerpräsidenten und Vorsitzenden der Arbeitspartei Shimon Peres. Perski, ein in Polen geborener Holzhändler, war bereits Anfang Vierzig. Er hatte sich freiwillig für das Königlich-britische Pionierkorps gemeldet und vor seiner Gefangennahme mit der Achten Armee in Nordafrika und Griechenland gekämpft. Wie Coward war er ein hartnäckiger Ausbrecher. Als Mitglied des Monowitzer Fluchtkomitees sammelte er Zigaretten und Schokolade, um damit die Deutschen zu bestechen. Einmal rettete er Coward vor der Hinrichtung. Dieser war dabei gefaßt worden, wie er einen Fluchttunnel aushob, und sollte wenig später zum Tode verurteilt werden. Perski drohte dem Lagerkommandanten, den er schon oft bestochen hatte, ihn auffliegen zu lassen, falls Coward bestraft würde. Daraufhin beschloß der Kommandant, Coward noch eine Chance zu geben.

Coward und Perski flohen drei- oder viermal gemeinsam aus Monowitz und anderen Lagern. Getarnt als ungarische Arbeiter, die auf Heimaturlaub gingen, kamen sie einmal bis an die Schweizer Grenze, doch dort verriet sie Cowards Cockney-Akzent. Als Coward Perski zwanzig Jahre später in Tel Aviv besuchte, stritten die zwei alten Soldaten immer noch darüber, wessen Schuld es gewesen sei. Sie hatten sich in Griechenland kennengelernt, als beide auf der Flucht waren. Ein Widerstandskämpfer nahm Perski mit in das Dorf Lamia, in der Nähe des Olymp, wo Coward einen aus etwa zwanzig geflohenen britischen und australischen Gefangenen zusammengewürfelten Haufen befehligte. Sie mieteten ein offenes Boot und ruderten von der Peloponnes in Richtung auf die neutrale Türkei. Es war sehr kalt, und die Männer hatten nichts zu essen. Ein Soldat starb. Coward trennte die Streifen von der Uniform des Toten und nahm dessen Identität an. Das Boot wurde jedoch von einem deutschen Wasserflugzeug entdeckt. Bevor man sie wieder fassen konnte, befahl Coward seinen Männern, mit erhobener Hand zu schwören, daß sie Perski und ein oder zwei andere Juden nicht verraten würden. Wäre dieses Geheimnis bekanntgeworden, hätte man ihn, so nahm Perski an, auf der Stelle hingerichtet. Später einmal ermahnte Coward einen schottischen Kriegsgefangenen, der Perski als »Juden« beschimpft hatte.

Während ihrer Verlegung von Lager zu Lager plante die Gruppe, während einer Zugfahrt zu fliehen. Sie besorgten eine Feile und eine Säge, wurden jedoch in letzter Minute entdeckt. Der deutsche Offizier, der für die Männer verantwortlich war, machte Perski und einen anderen britischen Kriegsgefangenen als Anführer aus und verurteilte sie zum Tode. Perski berichtete, man habe ihn nackt zur Schnellhinrichtung neben das Gleis geführt:

»Charlie Coward und die anderen verlangten, daß ein Priester, ebenfalls ein Gefangener, herbeigerufen würde, um den Verurteilten die letzte Beichte abzunehmen. Sie sagten dem Priester, einer von uns sei Jude, und er solle versuchen, ihn zu schützen und zu retten. Daraufhin bearbeitete der Priester, der gerade noch rechtzeitig zur Stelle war, den Nazi-Offizier mit Schmeicheleien und Drohungen. Schließlich konnte er ihn überreden, die Hinrichtung zu verschieben, bis wir zurück im Gefangenenlager waren, wo nach einer ordentlichen Untersuchung ein Prozeß stattfinden sollte. Der Priester erklärte sogar, wenn wir getötet würden, müsse der Offizier auch ihn umbringen. Wir kehrten in den Zug zurück, und die Fahrt zum Lager wurde fortgesetzt.«

Niemand weiß, wie vielen Juden Coward zur Flucht aus Auschwitz verhalf oder wie viele von ihnen zum Widerstand stießen und den Krieg überlebten. In seinem Buch *The Password Is Courage* schätzt John Castle ihre Zahl auf fast vierhundert. Laut Gershom Peres, Yitzhak Perskis zweitem Sohn, könnten es sogar siebenhundert bis achthundert gewesen sein. Als Coward, ein elegant gekleideter Herr mit Fliege und pomadigem, in der Mitte gescheiteltem Haar, 1962 seinen alten Kameraden in Tel Aviv besuchte, versammelten sich Hunderte von Überlebenden, die gelesen hatten, daß der »Graf« in der Stadt sei, vor dem Haus in der Arba-Aratzot-Straße und überreichten ihm eine mit einer Inschrift versehene goldene Uhr. Auf Gershoms Frage, warum er sein Leben riskiert habe, um Juden zu retten, beteuerte Coward eindringlich, er habe nichts Besonderes getan. »Er war bescheiden, einfach und geradlinig«, sagte mir Gershom. »Er war ein charmanter Gentleman, ein Mann ohne Ehrgeiz.«

Die vorrückenden Amerikaner befreiten Coward, der Anfang 1945 von Auschwitz verlegt worden war, während eines Fluchtversuchs. Er kehrte heim zu seiner Frau und seinen zwei Söhnen nach Edmonton, einem Industrieviertel im Norden Londons, und arbeitete dort in einer Fabrik. Er wurde nach Israel eingeladen, um vom Staatspräsidenten eine Medaille entgegenzunehmen, doch seine jüdischen Arbeitgeber wollten ihm keinen bezahlten Urlaub geben. Andere jüdische Geschäftsleute zeigten sich allerdings großzügiger, nachdem die Sache publik geworden war. Zuletzt arbeitete er in der Versandabteilung eines Kaufhauses in der Oxford Street. Er starb 1976 an Krebs.

Coward kam noch zweimal nach Deutschland: 1947 als wichtiger Zeuge im Prozeß gegen die fünfundzwanzig Direktoren der I.G. Farben, einem Großunternehmen, das in Auschwitz viele Zwangsarbeiter beschäftigt hatte, und 1953 als Zeuge in einem Prozeß gegen diesen riesigen Chemiekonzern, in dem ein jüdischer Überlebender auf Schadenersatz klagte. Dem Kläger Norbert Wollheim wurden 10 000 DM zugesprochen, ein Urteil, auf das hin Tausende ähnlicher Prozesse angestrengt wurden. Die deutschen Richter lobten Coward für den moralischen Mut, den er aufgebracht hatte, um jüdischen Gefangenen zu helfen. »Er tat dies«, schrieben sie, »allein deshalb, weil die Gefangenen seine Mitmenschen waren.« Das Gericht verglich dies mit dem Verhalten der I.G. Farben, die »die jüdischen Gefangenen nicht als Menschen betrachtet hat, denen die Rechte eines Menschen zustanden, oder den moralischen Mut, zu dem sie als Arbeitgeber verpflichtet gewesen wären, nicht aufbrachten oder nicht aufbringen konnten«. Das Urteil schließt mit den Worten: »Daß ein britischer Kriegsgefangener den beklagten Deutschen zeigen muß, was Zivilcourage ist, kann ein deutsches Gericht nur bedauern.«

*

Adélaïde Hautval kam überhaupt nur nach Auschwitz, weil es sie empörte, wie unmenschlich die Nazis die Juden behandelten. Dr. Hautval, eine sechsunddreißigjährige Psychiatrieärztin, war die Tochter eines protestantischen Pfarrers aus Elsaß-Lothringen. Als die Deutschen Frankreich besetzten, arbeitete sie in einer Klinik im Südwesten des Landes. Im April 1942 erfuhr sie vom Tod ihrer Mutter. Die Klinik lag in der Besatzungszone, das Haus ihrer Mutter am Unterrhein jedoch in einem Gebiet, in dem immer noch die Franzosen regierten. Sie beantragte einen

Passierschein, um von der einen Zone in die andere reisen zu können. Als ihr Antrag abgelehnt wurde, versuchte sie es ohne Papiere, wurde jedoch in der Demarkationszone gefaßt. Als sie in Bourges am Bahnsteig auf ihren Zug wartete, sah sie, wie einige Deutsche eine jüdische Familie mißhandelten. Sie trat dazu und sagte auf deutsch, sie sollten die jüdische Familie in Ruhe lassen. »Aber sehen Sie denn nicht«, meinte einer der Deutschen, »daß es nur Juden sind?« Die Ärztin erwiderte scharf: »Ja, und? Sie sind Menschen wie andere auch, lassen Sie sie in Ruhe.« Die Gestapo warf sie in das örtliche Gefängnis.

Kurze Zeit später wurden mehrere jüdische Gefangene in dieses Gefängnis gebracht. Eine jüdische Frau kam in die Zelle der Ärztin. Als Dr. Hautval sah, daß die Frau den gelben Stern tragen mußte, machte sie sich selbst einen ähnlichen Stern aus Papier und beklagte sich bei der Gestapo darüber, daß französische Juden wie minderwertige Wesen behandelt würden. Viele Dinge seien ihnen verboten. Sie dürften die Metro nicht benutzen. In allen anderen Zügen müßten sie in den hinteren Abteilen Platz nehmen. Die Gefängniswärter waren wütend, boten ihr jedoch an, sie zu entlassen, wenn sie diese Behauptungen zurücknahme. »Aber warum sollte ich etwas anderes sagen? Die Juden sind Menschen wie alle anderen«, antwortete die Ärztin. »Wenn Sie die Juden so gerne verteidigen«, fuhr sie ein Gestapo-Offizier barsch an, »können Sie ebensogut ihr Schicksal teilen!«

Die darauffolgenden neun Monate verschob man die widerspenstige Ärztin von einem jüdischen Gefangenenlager in Frankreich ins andere. Auf Befehl der Gestapo mußte sie sich einen Davidstern und ein Band mit der Aufschrift »Judenfreund« auf den Mantel nähen. Als Lagerärztin mußte sie oft jüdische Patienten beruhigen, die fürchteten, sie würde ihnen tödliches Gift injizieren. »Es dauerte lange«, schrieb sie später, »bis ich verstand.« Im Januar 1943 wurde sie mit zweihundertdreißig weiblichen politischen Gefangenen, meist Kommunistinnen, im Viehwaggon nach Auschwitz transportiert. Die Reise in die Hölle des besetzten Polens dauerte drei Tage. Das erste, was sie sahen, war ein elektrisch geladener Zaun, der bis zum Horizont reichte. Die

Frauen sangen trotzig die *Marseillaise*, als sie im Morgennebel, an den Spalier stehenden deutschen Soldaten mit ihren Wachhunden vorbei, zu ihren Baracken marschierten. Man tätowierte Dr. Hautval die Nummer 31802 auf den Arm. Innerhalb von drei Monaten starben hundertsechzig der zweihundertdreißig Gefangenen. Dr. Hautval selbst litt unter wuchernden Geschwüren an den Beinen.

Zu dieser Zeit besuchte sie der Nazi-Arzt Dr. Eduard Wirths und fragte sie, ob sie gynäkologisch arbeiten wolle. Es war eigenartig, einer Fachärztin für Psychiatrie diese Frage zu stellen. Dr. Hautval waren Gerüchte zu Ohren gekommen, wonach die Auschwitz-Ärzte Sterilisationsexperimente durchführten. Sie wurde mißtrauisch und fragte, an welche Tätigkeiten er gedacht habe. Der Doktor gab keine Antwort, was ihre Bedenken nur noch verstärkte, doch da sie hoffte, eines Tages dem Konzentrationslager entrinnen und über die Geschehnisse dort berichten zu können, ging sie auf das Angebot ein, obwohl sie wußte, daß sie ein »gefährliches Spiel« spielte.

Bald darauf wurde sie aus dem Frauenlager Birkenau in das Hauptlager Auschwitz verlegt. Mit ihr kamen zehn jüdische Frauen in den berüchtigten Block zehn, wo, so der Romancier Leon Uris, »das Rohmaterial für die Menschenversuche« gefangengehalten wurde. Die Fenster des primitiven zweistöckigen Gebäudes waren mit Brettern vernagelt. Als Dr. Hautval ankam, waren etwa hundert jüdische Frauen, vor allem aus Frankreich und Griechenland, dort eingesperrt. Während ihres Aufenthalts stieg die Zahl auf vier- bis fünfhundert, da immer neue Menschenkolonnen aus Frankreich, Belgien, Holland, der Slowakei und Deutschland eintrafen. Abgesehen von einer Österreicherin, die sich vom Typhus erholte, war Dr. Hautval die einzige Christin in Block zehn. Einige Frauen aus Birkenau hatten Typhus. Weil Dr. Hautval befürchtete, daß man diese Frauen töten werde, versteckte sie sie auf dem Dachboden der Baracke und versorgte sie, so gut sie konnte. »Niemand von uns wird hier lebend herauskommen«, sagte sie zu einer Mitgefangenen, »aber solange wir hier sind, müssen wir uns wie Menschen benehmen.«

Dr. Wirths und sein Bruder, ein Offizier der SA, der sich als Gynäkologe ausgab, behaupteten ihr gegenüber, sie forschten nach einer Heilmethode für Gebärmutterkrebs. Sie führte für die Nazi-Ärzte einige gynäkologische Untersuchungen durch, mit denen die Vorstadien bei Krebs erforscht werden sollten, und war über das häufige Auftreten dieser Krankheit überrascht. Da sie argwöhnte, daß dies kein Zufall war, vertraute sie sich einem anderen Arzt an, der ihr aber riet, ihre Vermutungen für sich zu behalten. Doch sie teilte Dr. Wirths mit, sie könne keine weiteren Untersuchungen durchführen. Daraufhin befahl er ihr, Professor Karl Clauberg, dem Direktor einer Frauenklinik in Schlesien, bei einem Sterilisationsprogramm zu assistieren. Dr. Hautval lehnte es kategorisch ab, mit Clauberg zusammenzuarbeiten. Sie beschrieb ihn rückblickend als »kleinen, glatzköpfigen Zivilisten, der mit Tirolerhut und Wanderstiefeln herumstolzierte«. Im Zuge seiner »Forschungen« injizierte er Reizstoffe in den Uterus, die, wie Dr. Hautval später berichtete, »vielen Frauen grauenhafte Schmerzen verursachten«.

Als Dr. Wirths' Bruder, ein Mann mit graublauen »gefühlvollen« Augen, sie um ihre Meinung zur Frage der Sterilisation bat, beschloß Dr. Hautval, daß eine direkte Frage eine direkte Antwort verlangte. »Ich bin absolut dagegen«, antwortete sie. Daraufhin zeigte sich der Deutsche überrascht, daß sie als Ärztin, die in der Psychiatrie arbeite, sich gegen ein Selektionsverfahren stelle, das der Rassenerhaltung diene. Dr. Hautval erwiderte, die ganze Angelegenheit sei äußerst fragwürdig und in jedem Fall anfällig für Mißbrauch. Der SA-Offizier versuchte die Experimente mit dem Argument zu rechtfertigen, die Patienten seien doch schließlich »nur« Juden. Dr. Hautval erwiderte: »Wir haben nicht das Recht, über Leben und Schicksal anderer zu verfügen.« Die Nazis überdachten daraufhin noch einmal ihren Plan, Dr. Hautval als Assistentin bei den Sterilisationen einzusetzen.

Sie untersuchte allerdings einige jüdische Mädchen in Block zehn, die im Zuge der Experimente bestrahlt worden waren. Es war nicht einfach, an die jungen Frauen heranzukommen. Die

Nazi-Ärzte konkurrierten um Patientinnen für ihre Forschungen. Man konnte damit ein so hohes Ansehen erringen, daß sich oft mehrere Ärzte um dieselbe Frau »kümmerten«. Ein britischer Armeearzt untersuchte nach dem Krieg eine Frau, die eines dieser menschlichen Versuchskaninchen gewesen war. Die fünfunddreißigjährige Frau, so berichtete er, sehe »mindestens zwanzig Jahre älter« aus. Die Verantwortlichen im Lager zwangen Dr. Hautval, zwei siebzehn- bis achtzehnjährige griechische Jüdinnen zu narkotisieren, denen Dr. Samuel, ein privilegierter deutsch-jüdischer Gefangener, dann die Eierstöcke entfernte. Dr. Hautval beschrieb Samuel als einen Mann, der »von Angst und dem Wunsch besessen war, sich bei der Obrigkeit beliebt zu machen, und der trotz all seiner Bemühungen schließlich abgeführt und erschossen wurde«.

Die Operationen, die gleichzeitig durchgeführt wurden, dauerten etwa eine halbe Stunde. Als die französische Ärztin das nächste Mal gebeten wurde, ein Narkotikum zu verabreichen, weigerte sie sich, und Dr. Samuel denunzierte sie bei Dr. Wirths. Zwanzig Jahre später berichtete Dr. Hautval vor dem britischen Obersten Gerichtshof über den erregten Wortwechsel, der daraufhin stattfand:

»Dr. Wirths rief mich zu sich. Er fragte mich, ob es wahr sei, daß ich sowohl die Teilnahme an der Operation als auch die Verabreichung eines Narkotikums abgelehnt habe. Ich bejahte. Er fragte mich nach meinen Motiven, und ich antwortete ihm, daß diese Dinge meinen Prinzipien als Ärztin widersprächen. Er fragte mich: ›Sie sehen also nicht ein, daß diese Leute anders sind als Sie?‹ Darauf antwortete ich, es gebe sehr viele Menschen, die anders seien als ich, und an erster Stelle müsse ich da ihn nennen.«

Anstelle einer Bestrafung wurde sie mit dem Rat nach Birkenau zurückgeschickt, sich nie mehr blicken zu lassen. Nach der Befreiung führte sie ihre Praxis in Frankreich weiter. Sie starb 1988. Ihre Geschichte kam 1964 ans Licht, als Wladyslaw Alexander Dering, ein polnischer Arzt, der sich an den Experimenten in Auschwitz beteiligt hatte, Leon Uris wegen Verleumdung verklagte. Dr. Hautval sollte bezeugen, daß es möglich war, in Auschwitz »nein« zu sagen und zu überleben. Richter Lawton lobte sie als »eine der beeindruckendsten und mutigsten Frauen, die je vor einem Gericht dieses Landes ausgesagt haben«. Sie habe, fügte er hinzu, den Nazis viermal die Stirn geboten und deutlich gemacht, wer sie sei und was sie nicht zu tun bereit sei. Die »vernichtende Antwort«, die sie Dr. Wirths erteilt habe, so der Richter, werde »den Geschworenen noch viele Jahre im Gedächtnis bleiben«. Dr. Dering, der nach London gezogen und in der Seven Sisters Road eine Praxis eröffnet hatte, gewann zwar den Prozeß, bekam aber nur die lächerliche Summe von einem Halfpenny als Schadenersatz zugesprochen. Dr. Hautval hatte mit ihrer Haltung gewonnen.

Als man ihr im März 1965 mitteilte, Israel habe ihr die Medaille einer Gerechten verliehen, antwortete sie, dieser Titel komme allein Gott und nicht den Sterblichen zu. Sie fügte hinzu: »Was ich getan habe, war völlig selbstverständlich, logisch und entsprach einer moralischen Verpflichtung.« Leon Uris, der Autor von *Exodus* und *QB VII*, hatte das letzte Wort: »Hätten wir mehr Freunde wie Dr. Hautval gehabt, hätte es eine Nazi-Ära niemals geben können.«

*

Die britischen Kriegsgefangenen, Arbeiterkinder aus der englischen Provinz, die während der Evakuierung von Dünkirchen in Gefangenschaft geraten waren, hatten wahrscheinlich noch nie einen Juden gesehen. Wenn sie scharf nachdachten, erinnerten sie sich vielleicht an den einen oder anderen seltsamen Soldaten, der nicht am Kirchgang teilnehmen mußte. Bis zu jenem düsteren, eiskalten Januartag 1945 wußten sie nichts von der mörderischen Grausamkeit der Hitlerschen »Endlösung«. Sie hatten die vorangegangenen fünf Jahre größtenteils in einem quasi der Zeit entrissenen Zustand verbracht und auf Bauernhöfen in dem unbedeutenden polnischen Grenzstädtchen Groß Golemkau südlich von Danzig, dem heutigen Gdansk, gearbeitet. Dort wurde deutsch gesprochen.

Sara Rigler (geborene Matuson) mit fünf der britischen Kriegsgefangenen, die ihr das Leben retteten: George Hammond, Alan Edwards, Tommy Noble, Roger Letchford und Stan Wells (von links nach rechts). Jerusalem, 1988.

»Das Wort ›Konzentrationslager‹ kannten wir nicht«, gestand einer von ihnen. Im letzten Kriegswinter trieb ein Kommando SS-Männer dreihundert lebende Skelette durch das Dorf, die völlig entkräfteten Überlebenden einer Gruppe von zwölfhundert jüdischen Frauen, die auf einen Gewaltmarsch nach Westen gehetzt worden waren, weil ihre Bewacher einen Vorwand für die Flucht vor der vorrückenden Roten Armee brauchten. Ihr Anblick riß die britischen Kriegsgefangenen mit einem Schlag aus ihrer Unwissenheit. Unter der aufgeregt tuschelnden Bauernschar, die gekommen war, um sich die erbarmungswürdige Prozession anzusehen, war auch der britische Kriegsgefangene Willie Fisher. An jenem Abend schrieb er wütend in sein Tagebuch:

> Sie kamen in weit auseinandergezogener Reihe durch die bittere Kälte; etwa dreihundert waren es, sie humpelten, schleppten sich Schritt für Schritt vorwärts, rutschten aus

und fielen zu Boden, rafften sich wieder auf und taumelten unter den Schlägen der Wachen – dieser SS-Schweine. Sie baten laut weinend um Brot, schrien nach etwas zu essen; dreihundert dreckige Wesen mit verlausten Haaren, die einst Jüdinnen gewesen waren.

In dem Zug marschierte auch Sara Matuson, ein sechzehnjähriges Mädchen aus Litauen, das sechs Wochen zuvor mit ihrer Mutter und einer älteren Schwester vom Vernichtungslager Stutthof aufgebrochen war. Die Frauen marschierten den ganzen Tag und schliefen nachts in irgendeiner Scheune, in die dann, wie Sara sich vierzig Jahre später erinnerte, so viele Menschen hineingedrängt wurden, daß es »nur Platz zum Stehen« gab:

»Die meisten von uns trugen dünne, kurzärmelige Nylonanzüge mit einem großen roten Davidstern auf dem Rücken. Ich hatte einen dünnen Frühjahrsmantel, Holzschuhe und eine Decke. Aus den Decken machte man Lappen für die Füße oder band sie als Schal um den Kopf. Wir bekamen fast nichts zu essen. Wir waren so hungrig, daß wir den Schnee von der Straße aßen. Wenn ein Bauer etwas gekocht hatte, bekamen wir manchmal zu essen. Einmal gab mir ein deutscher Wachposten eine Scheibe Brot. Meine Mutter legte sich im Schlaf darauf, trotzdem wurde das Brot während der Nacht gestohlen. Einmal bekamen wir Kartoffelschalen und Abfälle, die ein Bauer für seine Schweine gekocht hatte. Viele gruben nach Wurzeln. Sie wurden auf der Stelle erschossen. Man war so hungrig, daß man die Erschießung riskierte. Wir hatten ungefähr zweihundert Kilometer zurückgelegt. Frauen, die nicht mehr weiterkonnten, wurden erschossen. Viele starben an Hunger und Kälte. Es war sehr kalt. Meiner Mutter froren die Finger. Sie konnte nicht einmal mehr ihre Hosen herunterziehen. Wir trugen Flanellhosen.«

Sara kämpfte noch ums Überleben. Ihre Mutter Gita, die Frau eines in früheren Zeiten wohlhabenden Lederfabrikbesitzers, hatte einen Diamantring aufbewahren können. Als sie nach Groß Golemkau kamen, bat Sara sie, ihr den Ring zu geben, damit sie versuchen könne, dafür Brot einzutauschen.

»Ich schlüpfte aus der Reihe – fragen Sie mich nicht, wie; ich weiß es nicht mehr – und in einen Graben. Ich rannte in eine Scheune. Ein Mann kam herein. Ich sagte: ›Hier ist ein Ring; geben Sie mir Brot dafür.‹ Er nahm den Ring, kam aber mit der Polizei zurück. Sie sagten: ›Was machst du hier?‹ Ich antwortete: ›Ich wollte Brot holen.‹ Ich gab zu erkennen, daß ich von dem Marsch geflohen war. Da riefen sie: ›Du beschmutzt unsere judenfreie Stadt.‹ Ein ganzes Rudel hetzte nun hinter mir her. Bevor ich wußte, wie mir geschah, jagte mich der Mob zurück in die Marschreihen. Ich sagte mir: ›Es ist mir egal, wenn sie mich umbringen, aber es darf nicht vor den Augen meiner Mutter passieren.‹ Am Straßenrand standen Leute. Ich drängte sie zur Seite und floh in einen Stall. Es war ein animalischer Instinkt. Ich legte mich in einen Trog. In dem Schuppen standen Kühe. Sie – die Polizei und die anderen – suchten mich zwei Stunden lang, doch sie fanden mich nicht.«

Als das Geschrei und Gebrüll der Verfolger allmählich nachließ, trat ein Mann in den Schuppen. Sara fragte ihn auf deutsch: »Sind Sie Pole?« Der Mann war der Kriegsgefangene Stan Wells, der im Royal Norfolk Regiment gedient hatte. In gebrochenem Deutsch beruhigte er sie und sagte, er wisse, daß sie das geflohene jüdische Mädchen sei. Die Polizei habe die Suche nach ihr aufgegeben.

»Ich hatte Mitleid«, so Wells später. »Sie tat mir leid. Sie war in einem furchtbaren Zustand. Zerlumpt, sehr dünn, weinend. So fand ich sie auch: Ich hörte sie schluchzen. Ich sagte ihr, sie solle liegenbleiben und kein Geräusch machen. Ich sorgte dafür, daß sie in Sicherheit war. Dann mußte ich sie zunächst allein lassen.«

Sara vergaß nie, wie Wells ihr einen Kanten Brot gab, den sie gierig hinunterschlang. Er erklärte ihr, daß er mit neun weiteren britischen Kriegsgefangenen in einem provisorischen Gefängnishause. Sie arbeiteten bei verschiedenen Bauern. Er kenne ein russisches Mädchen aus einem nahegelegenen Zwangsarbeiterlager. Wells versprach, das Mädchen zu bitten, einen Unterschlupf für Sara zu finden. Wenn die Russin dies ablehne, würden die Kriegsgefangenen überlegen, was sie tun könnten. Auf jeden Fall werde er am nächsten Tag wiederkommen. Bevor Wells ging, versteckte er die Laterne, die die Bauersfrau benutzte, wenn sie nachts nach den Kühen sah. Es war nur zu gut, daß er das getan hatte. Um Mitternacht hörte Sara jemanden in den Schuppen kommen: »Ich blieb im Trog. Die Bauersfrau konnte die Lampe nicht finden. Sie tastete im Dunkeln herum und berührte mein Bein. ›Wer ist da? Wer ist da?‹ rief sie aus. Ich gab keinen Ton von mir. Sie schüttelte mich und ging dann hinaus. Ich rührte mich nicht von der Stelle. Sollte das Schicksal doch seinen Lauf nehmen. Ich war voller Selbstmitleid. Mein Vater muß über mich gewacht haben.«

Am nächsten Morgen erzählte die Bauersfrau Wells, sie habe einen schlafenden Deserteur im Stall gefunden. »Ich wollte ihn ins Haus bringen«, sagte sie. Wells hatte gute und schlechte Neuigkeiten für Sara. Das Mädchen in dem russischen Frauenlager wollte den jüdischen Flüchtling nicht aufnehmen, doch Wells hatte mit seinen Mitgefangenen gesprochen, und sie hatten sich darauf geeinigt, Sara zu verstecken. Als die Briten, die in Gefangenschaft geraten waren, durch die Niederlande nach Deutschland marschieren mußten, hatten niederländische Bürger ihnen Lebensmittel zugeworfen und damit ihr Leben riskiert. Das hatten sie nicht vergessen. Sara litt inzwischen an Durchfall, weil sie so lange nichts gegessen hatte. Als Willie Fisher sie abholen kam, hatte sie zuerst Angst vor ihm. Aus irgendeinem Grund dachte sie, er sei betrunken. Doch er gab ihr einen Militärmantel und einen Hut, sagte ihr, wie sie sich verhalten solle, um keinen Verdacht zu erregen, und dann marschierten sie wagemutig durch das Dorf zu den Baracken.

Die Kriegsgefangenen wußten, daß sie ein Risiko eingingen. »Uns war bewußt, daß jeder Ungehorsam bestraft werden konnte«, sagte mir Stan Wells im März 1989. »Wir wußten, wie die Chancen standen, doch sie kamen nicht dahinter. Zu jener Zeit wurde die Lage immer verzweifelter. Alles hätte passieren können. Wir hofften eben auf unser Glück. Ich dachte daran, daß wir einen Ort hatten, wo wir sie verstecken konnten, und alle stimmten zu.« Zwei andere Kriegsgefangene, Alan Edwards und George Hammond, pflichteten ihm bei:

»Für uns spielte es keine Rolle, daß sie Jüdin war. Sie war einfach ein menschliches Wesen. Wäre sie Polin oder gleich welcher Nationalität gewesen, hätten wir dasselbe getan. Vielleicht nicht, wenn sie Deutsche gewesen wäre. Sie brauchte unbedingt Hilfe, sonst wäre sie gestorben. Wir diskutierten nicht sehr lange. Wir saßen alle um den Tisch und besprachen die Sache. Dann fiel uns ein, daß wir sie auf dem Dachboden des Gebäudes unterbringen konnten. Die Frage war weniger, ob wir uns um sie kümmern sollten, sondern wie wir es tun konnten. Wir kannten das Risiko. Doch im Krieg, wenn du da etwas tun kannst, um dem Feind zu schaden, dann tust du es einfach. Sie wäre mit Sicherheit erschossen worden. Wir dachten auch an die Gefahr für uns. Wenn man uns erwischt hätte, wären wir in große Schwierigkeiten geraten. Vielleicht waren wir unserer Sache zu sicher. Wir dachten: ›Wir sind Briten; uns beschützt das Rote Kreuz.‹« Tommy Noble, ein schottischer Kriegsgefangener, faßte es knapper zusammen: »Sie war ein sehr nettes, armes Ding, und man hatte sie, genau wie uns, schlecht behandelt. Sie waren brutale Schweine. Wir wollten ihnen eins auswischen.«

Immer noch voller Argwohn, betrat Sara die Unterkunft der Männer. Alle zehn lebten in einem Raum, der nachts von außen verriegelt wurde. Der Raum gehörte zu einem Stallgebäude, das etwa achthundert Meter vom nächstgelegenen Bauernhof entfernt war. In den Ställen waren Polizeipferde untergebracht. Darüber lag ein Heuboden. Die Gefangenen versteckten Sara in einer Mulde im Heu neben dem warmen Schornstein, der aus ihrem Raum kam. Doch zuerst gaben sie ihr zu essen:

»Gierig schlang ich Suppe und Brot hinunter. Es war Milchsuppe, eine dünne Suppe. Trotzdem erbrach ich alles. Einer der Männer brachte mir Paraffin gegen die Läuse in meinem Haar. Sie badeten mich. Ich hatte wunde Stellen an den Beinen. Bert Hamling war Sanitäter. Er gab mir eine rote Salbe. Sie umsorgten mich.«

Alan Edwards und George Hammond erinnerten sich, daß Sara nur noch Haut und Knochen war. »Sie hatte Blutergüsse an den Armen, Läuse im Haar, kleine Frostbeulen an den Füßen und verschiedene Hautabschürfungen. Ihre Schenkel waren so dünn, daß man sie mit einer Hand umfassen konnte. Sie wog vielleicht halb soviel wie eine normale Sechzehnjährige: etwa dreißig Kilo.« Die Männer gaben ihr feste Nahrung, Fleisch von ihren Rationen. Zuerst erbrach sie alles, doch allmählich besserte sich ihr Zustand. Die Kriegsgefangenen schmuggelten Essen von ihren Tellern und brachten es ihr heimlich. Sie hatten einen kleinen Vorrat an Tee und Zucker, und einmal pro Woche erhielt jeder ein Essenpaket vom Roten Kreuz. Sie unterhielten sich in ihrem holprigen Deutsch mit Sara. »Man mußte doch die verfluchten Aufseher verstehen«, antwortete einer auf meine Frage, wie sie Deutsch gelernt hätten. »Wenn du sie nicht verstanden hattest, brachten sie dir mit dem Gewehrkolben bei, was sie meinten.«

Edwards, der einfallsreichste der zehn Briten, stahl Kleider für Sara, einen Mantel, einen Pullover, Schuhe und Strümpfe. »Ich sah inzwischen einigermaßen passabel aus«, lächelte sie im Rückblick. Nach zehn Tagen holten sie Sara regelmäßig herunter, dabei mußte jedoch immer ein Mann Wache halten. Nach jedem Besuch hoben sie Sara mühelos durch die Klapptür zurück auf den Heuboden. Sie zeigten ihr einen Schrank in dem Raum und sagten ihr, falls die Polizei das Heu vom Boden hole, würden sie Sara dort hinter einer falschen Wand verstecken. Trotz der ständigen Gefahr der Entdeckung war diese Zeit ein fast gemütliches Intermezzo. Die Kriegsgefangenen bewahrten Sara vor den Quälereien der SS-Wachen und ihren volksdeutschen Kollaborateuren. Sie brachten den langen Genesungsprozeß in Gang; nach und nach kam Sara wieder zu Kräften. Und sie überzeugten Sara, daß Anstand und Courage in einem Europa, in dem seit sechs Jahren Krieg und Völkermord wüteten, noch nicht völlig ausgerottet waren. »Die Freundlichkeit der britischen Kriegsgefangenen war für mich ein überwältigendes Erlebnis«, sagte sie rückblickend. »Es war die erste Freundlichkeit, die ich erlebte. Sie zeigten mir, daß es immer noch Menschen gab. Ich wurde umsorgt, und ich ließ mich gerne umsorgen.«

Doch dieses Intermezzo konnte nicht von Dauer sein. Drei Wochen später eröffnete ihr Edwards, daß die Kriegsgefangenen evakuiert werden sollten. Ihre deutschen Bewacher wollten sich dem Rückzug nach Westen anschließen. Ein polnischer Arbeitskollege hatte Edwards versprochen, Sara abzuholen. Nachdem ihre Retter gegangen waren, verbrachte sie voller Angst eine einsame Nacht in der Scheune. »Ich wartete auf den Burschen«, sagte sie. »Ich weinte vor mich hin. Ich fühlte mich sehr, sehr einsam. So wie ich mich im Trog gefühlt hatte. Ich wünschte mir, ich wäre tot.« Der Pole tauchte nicht auf, und so verließ Sara schließlich in der Morgendämmerung die Scheune. Auf der Straße begegnete ihr der Mann, der sich um die Pferde kümmerte. Sie war sicher, daß er von ihrem Versteck über den Ställen wußte, doch er setzte seinen Weg zur Arbeit fort. Die Polizei hielt sie fest, ließ sie aber wieder gehen. Irgendwie schlug sich Sara zu dem Bauernhof durch, wo sie Stan Wells in ihrem Versteck im Kuhstall zum ersten Mal gesehen hatte. »Ich weiß nicht, wie ich den Hof gefunden habe«, sagte sie. »Ich hatte das Gefühl, daß ein göttliches Wesen für mich sorgte.« Auf dem Bauernhof traf sie das russische Mädchen, das ihr damals nicht hatte helfen wollen. Sie erkannte die genesene Sara nicht und hatte nun nichts dagegen, Sara mit in das Arbeitslager zu nehmen. Doch Sara beschloß, es draußen zu versuchen. Das Glück, sei es nun höhere Vorsehung oder Zufall, blieb ihr treu. Das »Tausendjährige Reich« war auf dem Rückzug, und die volksdeutschen Dorfbewohner dachten nun hauptsächlich daran, wie sie ihre Haut retten konnten:

»Ich konnte bei einem Bauern namens Heinrich Binder arbeiten. Er zeigte mir eine Kartoffelmiete, die ich aussortieren sollte. Er sagte: ›Du bist Jüdin, nicht wahr?‹ Ich antwortete: ›Ja, Sie haben recht.‹ Er war der führende SS-Mann im Dorf. Er sagte: ›An jedem anderen Tag hätte ich dich getötet, doch du wirst mein Schlüssel zum Leben sein.‹ Ich schrieb ihm in jiddischer Sprache auf eine Postkarte, daß er mich gerettet habe. Er hoffte, sich nach Köln durchschlagen zu können, wo er Verwandte hatte.«

Die Binders flohen vor den einmarschierenden Russen, doch das verlassene jüdische Mädchen wartete auf sie. Erst zwei ereignisreiche Monate später erreichte die Rote Armee Bialystok, eine Stadt, die hauptsächlich vom Textilgewerbe lebte und vor dem

Krieg eine jüdische Gemeinde mit fast vierzigtausend Mitgliedern gehabt hatte. Die Russen inhaftierten Sara kurzzeitig als mutmaßliche Spionin. In Bialystok erfuhr sie auch, daß ihre Mutter und ihre Schwester Hannah den Todesmarsch nicht überlebt hatten. Zum Andenken an ihre Schwester nahm sie deshalb »Hannah« als zweiten Namen an. 1947 emigirierte Hannah Sara nach New York, wo sie Verwandte hatte. Sie wurde Krankenschwester und heiratete später William Rigler, der heute Richter am Obersten Gericht des Staates New York ist. Sara organisiert im Auftrag der Schulbehörde der Stadt New York die Nahrungsmittelausgabe für Alte und Obdachlose und ist Vorsitzende des *Center for Holocaust Studies* in Brooklyn.

Sara vergaß die britischen Kriegsgefangenen, die ihr das Vertrauen in die Menschheit wiedergeschenkt hatten, nie. Aber nur von Alan Edwards wußte sie noch den Vor- und Nachnamen. Einmal überredete sie einen Freund in England, alle »Alan Edwards« anzurufen, die er im Telefonbuch finden konnte. 1964 fand sie Edwards mit Hilfe des britischen Kriegsministeriums. Er besaß eine Autovermietung in dem Badeort Morecambe in Lancashire. Acht Jahre später reiste Sara nach London und traf alle zehn wieder: Stanley Wells, Thomas Noble, George Hammond, Roger Letchford, Alan Edwards, William Keable, Bert Hambling, William Scruton, John Buckles und William Fisher. Ein zweites Wiedersehen gab es 1988, als das britische Fernsehen BBC die Geschichte dieser »unbesungenen Helden« filmte.

Im März 1989 ehrte Yad Vashem sie in Jerusalem. Inzwischen waren vier der zehn Männer gestorben und ein fünfter zu krank für die Reise. Die fünf alten Soldaten, die voller Stolz ihre Militäruniformen und Kampfabzeichen trugen, pflanzten in der Allee der Gerechten einen Johannisbrotbaum. »Nachdem wir Sara verlassen hatten, waren wir zwei Monate lang unterwegs«, erinnerte sich Alan Edwards. »Wir marschierten nach Danzig, wo wir mit vierhundert anderen Gefangenen, die noch in deutscher Hand waren, zusammentrafen. Wir wurden am 9. Mai 1945 von den Amerikanern entlassen. Wir dachten oft daran, was wohl mit Sara geschehen war, und hofften, daß sie durchgekommen war.«

4
Widerstand aus den Kirchen

Erik Myrgren wollte eigentlich nicht länger als zwei Tage in Berlin bleiben. Der dreißigjährige Pastor war auf dem Heimweg. Als Seelsorger der schwedischen Seeleute in der pommerschen Stadt Stettin hatte er nicht mehr viel zu tun; außerdem hatten die Alliierten seine Kirche am Krautmarkt bombardiert. Obwohl inzwischen offensichtlich war, daß die Deutschen den Krieg verlieren würden, wurde die Gestapo immer gefährlicher. Vor allem aber liefen schwedische Schiffe Stettin nicht mehr an. »Ich wurde nicht mehr gebraucht«, berichtete Myrgren mit unverhüllter Begeisterung. Für Myrgren war ein Flug nach Stockholm im neutralen Schweden gebucht. Er wollte Weihnachten mit seiner Frau und seiner kleinen Tochter feiern. Doch der November 1944 war nicht die Zeit für solche Pläne; der junge Pastor brachte das letzte Kriegshalbjahr mitten in Hitlers Hauptstadt damit zu, die Vernichtungsmaschinerie der Nazis zu überlisten. Ob Schicksal oder böswilliges Komplott, Myrgren sah sich jedenfalls plötzlich an die Spitze der Schwedischen Kirche in Berlin gestellt, die für Dutzende von Juden, die den Razzien und Denunziationen, Deportationen und Ermordungen fünf Jahre lang irgendwie entkommen waren, die letzte Hoffnung war. Bei Kriegsbeginn betrug die jüdische Bevölkerung Berlins nach Schätzungen fünfundsiebzigtausend. Als die Nazis kapitulierten, gab es in der Stadt noch viertausendsiebenhundert mit »Ariern« verheiratete Juden und vierzehnhundert andere, die im Untergrund überlebt hatten.

Über Nacht hatte sich Myrgren in die Schar der christlichen

Geistlichen – Katholiken, Protestanten und Orthodoxe – eingereiht, die sich engagiert für die Rettung von Menschenleben einsetzten: ein griechischer Erzbischof, ein italienischer Mönch, ein ungarischer Priester, ein belgischer Abt und eine polnische Äbtissin, die jungen Partisanen beibrachte, wie man Granaten wirft. Manche ihrer Kollegen und Vorgesetzten gingen behutsamer vor, doch diese Männer und Frauen Gottes fühlten sich zum Schutz der Juden berufen. Sie boten dem Teufel die Stirn. Sie verkörperten einen Glauben jenseits von privater oder politischer Berechnung, den Glauben an die Nächstenliebe, das Mitgefühl des barmherzigen Samariters.

Am Bahnhof in Berlin wurde Pastor Myrgren vom Vikar der evangelischen Kirche Erik Perwe begrüßt. Der jüngere Myrgren, der erst seit zwei Jahren ordiniert war, glich immer noch eher einem Studenten als einem Prediger. Er hatte dunkle Haare und grobgeschnittene Züge und liebte die Natur und Volksmusik. Perwe berichtete, daß er Ende November für zwei Wochen nach Schweden fliegen wolle, und bat Myrgren, ihn in dieser Zeit zu vertreten. Myrgren hatte nichts dagegen, solange er Weihnachten nach Hause käme. Er wußte nicht, daß Perwe hinter den Kulissen darum kämpfte, Juden aus Deutschland herauszubringen. Doch er sollte noch früh genug davon erfahren.

»Offiziell«, schrieb Myrgren vierzig Jahre später, »reiste Perwe ab, um Nahrungsmittel und Kleidung für bedürftige Schweden in Berlin zu beschaffen. Tatsächlich bereitete er jedoch eine Massenevakuierung von Juden vor, denen es gelungen war, der Gestapo zu entkommen. Während der Zeit, die Perwe in Berlin verbrachte, hatte er Kontakte zu hochrangigen Mitgliedern der staatlichen Führung knüpfen können. Manche meinen, daß er ihr stillschweigendes Einverständnis für seine Pläne gewonnen hatte. Es gibt auch Anzeichen dafür, daß gewisse Nazi-Führer, die zur Kapitulation vor Vertretern der alliierten Mächte in Stockholm bereit waren, ihn auf eine geheime Mission geschickt hatten, und daß er wichtige Papiere mit auf die Reise nahm.«

»Ich wußte von alldem nichts«, so Myrgren weiter, »als ich mich am Morgen des 29. November von ihm verabschiedete. Er war bester Laune. Ein paar Stunden später erhielt ich einen Telefonanruf. Das Flugzeug mit Perwe und anderen Passagieren an Bord war über dem Meer verschwunden. Wo und wie wußte niemand. Einzelheiten wurden nicht bekannt. Bald gab es Gerüchte, daß das Unglück fingiert sei und die Gestapo die Verräter aufgespürt und den Abschuß des Flugzeugs angeordnet habe. Ob diese Gerüchte wahr sind oder nicht, kann ich nicht beurteilen.«

Myrgren wußte allerdings, daß Perwes Tod ihn in eine schwierige Situation brachte. Er mußte wahrscheinlich Perwes Nachfolge antreten, doch er war weder für diese Aufgabe ausgebildet noch über das Betätigungsfeld informiert. Panik überkam ihn, wie er zugab, doch man ließ ihn nicht lange in Ungewißheit:

»Die Nachricht von Perwes Tod sprach sich sehr schnell herum. Die Menschen strömten in die Kirche, um zu kondolieren. Viele weinten. Es kamen Gemeindemitglieder und Angehörige der schwedischen Gesandtschaft. Es kamen deutsche Freunde, hohe Beamte und gewöhnliche Leute. In der Nacht kamen seine speziellen Freunde: Juden, die er versteckt und denen er weitere Hilfe versprochen hatte, Menschen, für die er die Grenze zwischen Leben und Tod markiert hatte. Noch heute klingen mir ihre Schmerzensschreie in den Ohren. Alte Leute, die am ganzen Leib zitterten, und junge Menschen mit Verzweiflung in den Augen.«

Myrgren fand in Erik Wesslen einen Lehrmeister. Der ehrenamtlich in der Kirche tätige junge Mann war nach Berlin gekommen, um Landschaftsgärtnerei zu studieren. Er war, wie Myrgren erfuhr, ein ausgesprochenes Multitalent:

»Er hatte einen klaren Verstand, war voller Ideen, mutig und abenteuerlustig. Für ein paar Kilo Kaffee kaufte er ein Auto und schaffte es, Kohle zum Heizen und Benzin für die Fahrzeuge zu besorgen. Er organisierte Baumaterial und Arbeiter, wenn etwas repariert werden mußte. Und nicht zuletzt bestach er Blockwarte und Polizisten, damit sie inhaftierte Juden verschwinden ließen. Es war ein schreckliches, aber notwendiges Geschäft. Menschenhandel. Juden gegen Kaffee, Alkohol, Schokolade, Geld und Juwelen.«

Myrgren hatte Verständnis für Wesslens jugendlichen Überschwang – und er teilte seine Überzeugungen. Die erste Stelle, die Myrgren nach der Ordination zugewiesen wurde, war eine Stelle als Assistent eines Dekans, der, wie bald klar wurde, mitsamt seiner Familie zu den Anhängern der schwedischen Nazis gehörte. In Gegenwart anderer sagte der junge Myrgren dem Dekan ins Gesicht, daß er eine Schande für die Schwedische Kirche sei. Daraufhin nannte ihn der Dekan einen Bolschewiken und warf ihn hinaus. Noch als Student in Uppsala hatte Myrgren sich mit einem jungen Deutschen angefreundet, der von seinem Vater, einem Pazifisten, nach Schweden geschickt worden war, um dem Wehrdienst zu entgehen. 1941 erhielt der junge Mann den Einberufungsbefehl. Er ging sofort in die deutsche Botschaft, legte seine Staatsbürgerschaft ab und bat Schweden um politisches Asyl. Wenige Tage später wurde er von der Polizei vorgeladen, wo man ihm mitteilte, daß sein Asylantrag abgelehnt worden sei. Der Deutsche bat Myrgren um Hilfe. Myrgren schickte ihn zu seinen Eltern nach Nordschweden, obwohl das Verstecken von Flüchtlingen streng geahndet wurde. Dann setzte sich Myrgren in Stockholm dafür ein, daß seinem Freund Asyl gewährt wurde. Damit, so sagte Myrgren ein halbes Jahrhundert später, habe alles angefangen.

Für die Schwedische Kirche hatte alles zehn Jahre zuvor begonnen. Damals war Pastor Göte Hedenqvist nach Wien entstandt worden, nachdem die Evangelische Kirche Österreichs um Hilfe für getaufte Juden gebeten hatte, die bereits von pronazistischer Verfolgung bedroht waren. Als Hunderte nichtkonvertierter Juden ihn ebenfalls um Hilfe anflehten, beschloß er, daß er keinen Unterschied zwischen getauften und nichtgetauften Juden machen könne. Aufgrund seiner Bemühungen konnten zwischen 1935 und 1939 schätzungsweise tausend jüdische Kinder und zweitausend Erwachsene aus Österreich evakuiert werden. Erik Perwe reiste nach Wien, um sich über Hedenqvists Arbeit zu informieren, und hielt nach seiner Rückkehr Vorträge über die Not der österreichischen Juden. Wegen seines Engagements wurde Erzbischof Earling Eidem auf ihn aufmerksam. Er schickte Perwe 1939 mit dem Auftrag nach Berlin, die Juden herauszuholen. Der leitende Pastor dort, Birger Forell, hatte den Juden seit Hitlers Machtergreifung 1933 geholfen, war jedoch bis 1941 so oft von den Nazis verwarnt worden, daß er nicht mehr weitermachen konnte. Perwe war als Nachfolger bestens geeignet, als Leiter der Kirche und als oberster Verschwörer. Als dann Perwes Flugzeug über der Ostsee abgestürzt war, war Myrgren gerade zur richtigen Zeit am richtigen Ort.

»Nach und nach«, so schrieb er, »wurde ich ein Teil des Apparats, den Perwe und Forell so sorgfältig aufgebaut hatten. Das Ziel war Hilfe für verfolgte und beraubte Menschen. Gemeinsam mit anderen aus der Gemeinde – Wesslen, Vide Ohmann, Meri Siöcroona, Birgitte Kruger, Wendela Rudbeck und der kleinen Jadja – tat ich, was getan werden mußten. Die Leute brauchten Hilfe, das war alles. Hilfe in Form von Nahrungsmitteln und Kleidung, eines Verstecks oder Transports zu einem sicheren Ort, von etwas Geld, manchmal medizinischer Versorgung – oder sie brauchten einfach ein paar Worte des Trostes und der Hoffnung.«

Einen Juden, Herbert Friedmann, vergaß Myrgren nie: »Er war fünfzig, sah aber aus wie siebzig. Er war einst ein bedeutender Mann gewesen. Jetzt war er extrem abgemagert und völlig verängstigt. Er lebte wie ein Schatten, in ständiger Angst vor Gefangennahme und Abtransport.« Perwe hatte Friedmann versprochen, ihn nach Schweden zu bringen. Als nun seine Hoffnungen zunichte gemacht waren, flehte er Perwes Nachfolger an, ihm in der Kirche, einer Villa mit Garten an der Landhausstraße, Zuflucht zu gewähren:

»Da ich wußte, daß Friedmann einen relativ sicheren Unterschlupf hatte, antwortete ich: ›Wir haben ohnehin schon viel zu viele Leute in der Kirche. Haben Sie Geduld, vielleicht finden wir etwas.‹ Wieder bat er darum, bleiben zu dürfen. Er konnte nicht mehr. Um ihn zu beruhigen, versprach ich ihm, mich um die Angelegenheit zu kümmern, und bat ihn, eine Woche später wiederzukommen. Am nächsten Tag saß er mit derselben Bitte wieder vor mir. Ich hatte sehr viele dringende und schwierige Dinge zu erledigen, so erinnerte ich ihn an das Versprechen, das ich ihm schon gegeben hatte. ›Bis in einer Woche habe ich vielleicht eine Lösung gefunden.‹«

»Am nächsten Tag«, so Myrgren weiter, »rief mich ein ›Dr. Wiehle‹ an und sagte: ›Ich habe hier einen Patienten. Ich kann Ihnen seinen Namen nicht nennen, aber sein Zustand ist sehr kritisch und er braucht Hilfe. Ich kann ihn nicht in ein Krankenhaus schicken, doch ich habe ihm von Ihnen und der Kirche erzählt. Wenn es Ihnen möglich ist, nehmen Sie ihn bitte für ein paar Tage auf.‹ Bei dem Gespräch kam mir irgend etwas bekannt vor, doch ich sagte nichts. ›Also gut, schicken Sie ihn her, und wir werden sehen, was wir tun können.‹

Der Patient kam. Es war Friedmann. Ich bat ihn, Platz zu nehmen, und sagte dann freundlich: ›Lieber Herr Friedmann, ich weiß, daß Sie selbst am Telefon waren. Ich habe offensichtlich nicht verstanden, in welch schwieriger Lage Sie sind.‹ Da wurde ich unterbrochen. Zu meinem Entsetzen mußte ich erleben, wie er vor mir auf die Knie fiel, auf mich zukroch und mich anflehte: ›Bitte, bitte, lassen Sie mich bleiben!‹ Es war ein so schmerzlicher Anblick, daß ich wegsehen mußte. Ich schämte mich sehr. Doch in mir stieg auch ein brennender Haß gegen dieses System auf, in dem Menschen so tief gedemütigt und entwürdigt wurden; ein System, das einen alten Mann dazu brachte, zu Füßen eines jungen Kerls um sein Leben zu flehen. Es war schrecklich, aber es tat mir gut. Es stärkte meine innere Bereitschaft, die zwar schon vorhanden, aber jetzt gereift und gestärkt war. Ich hatte Angst, doch was hatte ich zu befürchten? Der Tod war immer nahe. Tag und Nacht fielen die Bomben. Ein zusätzliches Risiko bedeutete nicht viel. Doch für manche Leute entschied es über Leben und Tod.«

Friedmann durfte bleiben, und Myrgren übergab ihn der Fürsorge von Martin und Margot Weissenberg, einem jüdischen Ehepaar, das seit März 1943 in der Kirche lebte, nachdem das Altenheim, in dem sie sich versteckt hatten, ausgebombt worden war. Martin, der über sechzig war, und seine zwanzig Jahre jüngere Frau Margot gehörten zu den wenigen Juden, die längerfristig in der Kirche wohnten. Sie wurden Mitglieder von Myrgrens

Gruppe. Der Pastor suchte zwar lieber sichere Zufluchtsorte außerhalb, oft bei mutigen deutschen Antifaschisten, doch häufig verbrachten vierzig bis fünfzig Flüchtlinge die Nacht unter dem Dach der Kirche. Nicht alle waren Juden. Es waren Schweden darunter, die in Deutschland gelebt hatten und sich jetzt, da die alliierten Truppen Berlin einkreisten, auf den Heimweg machten. Auch Mitglieder von Myrgrens Gemeinde, deren Häuser und Wohnungen zerbombt worden waren, kamen in die Kirche. Nach Einbruch der Dunkelheit kamen Juden und Zwangsarbeiter, denen die Flucht gelungen war, und auch Deserteure auf der Flucht. Die schwedische Gesandtschaft hatte alle Pastoren gewarnt, daß man ihnen keinen diplomatischen Schutz gewähren könne, doch die Kirche schickte niemanden weg, der in Not war.

Myrgren lernte rasch, daß nicht alle, die kamen, wirklich die waren, die sie vorgaben zu sein. Einmal kam ein großer blonder Mann in die Kirche und bat um Hilfe. Er sagte, er sei orthodoxer Jude. Der Pastor, der im Seminar etwas Hebräisch gelernt hatte, bat ihn, einen Segen zu zitieren. Der Mann brachte nicht einmal die ersten Worte zustande, *Baruch Atah Adonai*, »Gelobt sei der Herr«. Ein anderer, ein echter Jude, kam mit wortreicher Überzeugungskunst durch und wurde im März 1945 aufgrund einer Absprache zwischen SS-Führer Heinrich Himmler und dem schwedischen Diplomaten Graf Folke Bernadotte über die Repatriierung schwedischer Emigranten per Bus nach Schweden geschmuggelt. »Jahre später erfuhr ich, daß dieser Mann ein Spitzel war«, gestand Myrgren. »Das schmerzt mich noch heute.«

Die schwedischen Pastoren hätten ohne die Unterstützung deutscher Antifaschisten, die Informationen weitergaben und Flüchtlinge aufnahmen, kaum so helfen können, wie sie es taten. Zwei ungewöhnliche, aber entscheidende Verbündete waren Hoffmann, der Chef der Polizeiwache gegenüber der Kirche, und Matteck, einer seiner Wachtmeister. Sie warnten die Pastoren, wenn die Gestapo anrückte, gaben Nachrichten weiter und schirmten sie vor Spionen ab. Matteck war ein typischer Berliner, der ständig trockene Witze über »die Großen da oben« machte und Goebbels' Propagandasendungen als »Klumpfüßchens Märchenstunde« abtat. Er versteckte einen Deserteur im Keller der Polizeiwache.

Matteck besorgte auch gefälschte, mit einer Ausreisegenehmigung gestempelte Pässe für Martin und Margot Weissenberg. Sie lauteten auf den Namen der Schweden Martin und Margot Berg. Myrgren und der junge Erik Wesslen fuhren sie zum Flughafen Tempelhof, von wo sie nach Stockholm abfliegen sollten. Doch selbst mit den richtigen Papieren war die Ausreise, wie Myrgren wußte, eine gefährliche Sache:

»Die Paßkontrollen in Tempelhof glichen einem Nadelöhr. Alle möglichen Polizisten und Gestapoleute überprüften die Pässe. Die Pässe der Weissenbergs lauteten auf den Namen Berg, und die Ausreisegenehmigung war sauber gestempelt, doch niemand konnte mit Sicherheit sagen, ob die entsprechenden Informationen auf den Kontrollisten der Polizei verzeichnet waren. Der Vertreter der schwedischen Fluggesellschaft war ein unverzichtbarer Helfer. Er hatte Zugang zu den Flughafenbüros und kannte die Leute, die dort arbeiteten.«

»Frühmorgens«, so Myrgren weiter, »verließ der Vertreter vor uns das Haus. Reichlich mit gutem Kognak ausgestattet, fuhr er nach Tempelhof. Die Weissenbergs hatten die ganze Nacht kein Auge zugetan. Am Abend zuvor hatten wir eine kleine Feier veranstaltet, mit der wir uns und ihnen Mut machen wollten. Doch als wir am nächsten Morgen in den kleinen DKW der Kirche stiegen, schwiegen alle. Nur Margot schluchzte ab und zu auf, als sie die Zerstörung auf den Straßen sah. Seit über einem Jahr hatten sie das Kirchengelände nicht verlassen.«

»Am Flughafen empfing uns der Mann von der Fluggesellschaft«, berichtete Myrgren. »Er hatte die Lage gesichtet und meinte, daß alles in Ordnung sei. Doch wir vier – die Weissenbergs, Wesslen und ich – waren alle zu aufgeregt, als daß wir uns auf sein Wort hätten verlassen können. Er nahm die Pässe und ging. Ich sehe noch heute vor mir, wie der Zigarettenrauch aus meiner zitternden Hand aufstieg. Ich rauchte eine, zwei, drei Zigaretten ... Wir versuchten zu reden, doch es gelang uns nicht. Die Kehle war trocken. Das Herz pochte. Gesicht und Nacken waren heiß wie im Fieber. Warum kam er nicht? Dann, endlich, stand er da und winkte uns diskret mit den Pässen zu. Der Plan war gelungen. Wir gingen ruhig auf ihn zu. Alles mußte ganz normal aussehen. Es wurde ein schweigsamer Abschied, aber ein Abschied voller Freude. Mit Tränen in den Augen sah ich zu, wie das Flugzeug im Morgennebel verschwand.«

Manchmal konnte der Pastor selbst den Juden helfen, an falsche Papiere zu kommen. Nachdem das Einwohnermeldeamt eines Berliner Viertels ausgebombt worden war, rieten die Behörden allen Antragstellern, die neue Papiere brauchten, irgendein Ausweispapier mitzubringen, das sie besaßen. Eine jüdische Frau fragte Myrgren, ob er ihr den Namen einer schwedischen Frau nennen könne, die etwa um dieselbe Zeit wie sie in Berlin geboren, aber nach Schweden zurückgekehrt war. Der Pastor fand in den Kirchenarchiven einen geeigneten Namen und bestätigte der Jüdin in einem Vermerk, daß sie diese Frau sei. Jahre später schrieb ihm die Jüdin aus den USA und dankte ihm dafür, daß er ihr das Leben gerettet habe.

Doch nicht alle Schützlinge und Verbündete Myrgrens schafften es. »In dieser Leidenszeit«, schrieb er, »gab es viele Enttäuschungen und viele entsetzliche Situationen. Für viele kam die Hilfe zu spät. Andere wurden noch auf der Schwelle zur Freiheit geschnappt.« Matteck, der tüchtige Berliner Polizist, fiel am 1. Mai 1945, dem letzten Tag der Belagerung Berlins durch die Rote Armee. »Er, der so vielen geholfen und seine Hand schützend über die Kirche gehalten hatte, als ob sie sein Eigen gewesen wäre, wurde auf dem Weg zur Kirche, wo er unsere Schützlinge im Keller besuchen wollte, von einer Granate getroffen. Ich saß zwei Kilometer entfernt im Luftschutzkeller der Gesandtschaft. Ein Jude, der um Mattecks willen die heftigen Bombardements ignorierte, überbrachte uns die Nachricht.«

Drei Tage später setzten russische Soldaten die Schwedische Kirche in Brand. Myrgren und seine Leute suchten in der Gesandtschaft Zuflucht, bis sie über die Sowjetunion nach Schweden evakuiert werden konnten. Der Pastor ließ sich in einer entlegenen, friedlichen Landpfarrei nieder. Als Beobachter eines

Gefangenenaustauschs in Korea machte er noch einmal einen Ausflug in die große, krisengeschüttelte Welt. »Es war aufregend«, sagte er einem schwedischen Reporter, »aber man kann es nicht mit Berlin vergleichen. In Korea waren wir mehr oder weniger Zuschauer.« Der Reporter, Lars-John Lindberg vom *Svenska Dagbladet*, spürte eine gewisse Sehnsucht, nicht nach dem Krieg und dem Schrecken des Krieges, doch »vielleicht nach dem Abenteuer und der Chance, ein Risiko auf sich zu nehmen«.

*

Die Deutschen jagten die jüdischen Kinder, die in seiner Obhut waren. Die Rote Armee stand vor den Toren Budapests. Doch Pfarrer Gabor Sztehlo von der Evangelischen Kirche Ungarns wollte keinesfalls auf die Weihnachtsfeier verzichten. Im Dezember 1944 lebten etwa fünfunddreißig Kinder und Jugendliche in seinem Heim in einer geräumigen Villa, die einem reichen Fabrikanten gehörte. Über die Hälfte der Kinder waren Juden, die unter falschem Namen und mit gefälschten Ausweispapieren dort lebten, doch das hielt sie nicht davon ab, sich um den Christbaum zu scharen, Weihnachtslieder zu singen und sogar ein Weihnachtsspiel aufzuführen. Der Pfarrer, ein großer, breitschultriger Mann, war wie immer elegant gekleidet: In Anzug und Krawatte verteilte er Päckchen mit Süßigkeiten. Der sowjetische Artilleriebeschuß kam nicht überraschend. Die älteren Kinder und die Diakonissen, die sich um die Kinder kümmerten, hatten die Wände des Zimmers von innen mit Matratzen und von außen mit Holzbetten verstärkt. Doch mit den ersten Granateneinschlägen war das Fest zu Ende. Alle eilten in den Schutzraum. »Als wir zurückkamen«, erinnerte sich einer der jungen Juden, David Peleg, »waren die Matratzen nach draußen und die Betten nach drinnen geschleudert worden. Nur der Christbaum stand noch wie vorher. Sztehlo hielt eine kleine Rede, in der er sagte, daß zwar alles zerbombt, der Christbaum aber unberührt geblieben sei. Vielleicht, so sagte er, sei das ein Zeichen Gottes.«

Die Herberge auf dem Hügel war eine von dreißig Zufluchtsorten, die der lutherische Pfarrer eingerichtet hatte, seit die Deutschen im März 1944 Ungarn besetzt hatten. Es waren christliche Einrichtungen. Gebete gehörten zur Tagesordnung, und vor jeder Mahlzeit wurde ein Tischgebet gesprochen. Obwohl die meisten Jungen und Mädchen Juden waren, bat man Jesus um seinen Segen für das Brot, doch die Überlebenden betonten, daß der Pfarrer und seine Mitarbeiter niemals versucht hätten, sie zu konvertieren. Es wurde schweigend gebetet, und jeder betete auf seine Weise. Man lehrte die Juden nie das Neue Testament. Vor der Besetzung hatte Sztehlo den Religionsunterricht von Arbeiterkindern in verschiedenen »Volkshochschulen« organisiert und geleitet, doch nach dem Einmarsch der Deutschen beauftragte der Budapester Bischof Sandor Raffay Sztehlo mit der Rettung jüdischer Kinder.

Mit Hilfe des Internationalen Roten Kreuzes – und der auf die Situation reagierenden Hilfsbereitschaft ihres Ortsbeauftragten Friedrich Born, dessen Bemühungen weiter oben beschrieben sind – rettete Sztehlo im letzten dramatischen Kriegsjahr neunhundertfünf jüdische Kinder und sechshundertfünfunddreißig Erwachsene. Der Pfarrer wußte, daß auf das Verstecken von Juden die Todesstrafe stand. Der Schutz, den das Rote Kreuz bieten konnte, war begrenzt. Nachdem die Pfeilkreuzler im April 1944 unter deutscher Besatzung an die Macht gekommen waren, überfiel eine Bande ungarischer Faschisten ein Krankenhaus, schleppte alle Juden, die dort Zuflucht gefunden hatten, ins Freie und erschoß sie wie auch alle Ärzte und Schwestern im Hof vor dem Krankenhaus. Doch für Sztehlo war die Rettung eine Glaubensprüfung. »Das Christentum«, schrieb er mit Großbuchstaben in seinen Memoiren, »ist nicht die Welt der Lehre, sondern der Liebe. Einer lebendigen, lebensnahen und tätigen Liebe.«

Der siebzehnjährige Tibor Berger, ein frommer Jude, gehörte zu denjenigen, die von diesem tätigen Christentum profitierten. Im November 1944 wurde er zur Arbeit an öffentlichen Gebäuden außerhalb Budapests zwangsverpflichtet. Nach drei Wochen rannte er davon und kehrte in die Hauptstadt zurück. Er suchte Schutz in einem Haus, in dem Sztehlo christliche Flüchtlinge betreute, vor allem Jugendliche, die aus den Teilen Ungarns geflohen waren, die bereits von den Sowjets besetzt waren. Tibor besaß Dokumente, die ihn als christlichen Flüchtling auswiesen, doch er gestand dem Pfarrer, daß er Jude sei. Sztehlo nahm ihn trotzdem auf. Tibor merkte bald, daß alle seine hundertfünfzig Mitbewohner und auch die Schwestern und Lehrer Juden waren.

Wenige Tage später wurde das Haus jedoch von Pfeilkreuzlern gestürmt. Die Faschisten trieben die arbeitsfähigen Juden zusammen und brachten sie in das Ghetto, in das alle Budapester Juden zusammengezogen wurden. Als die Pfeilkreuzler begannen, das Ghetto nach jungen Leuten zu durchkämmen, um sie als Sklavenarbeiter ins Reich zu schicken, rannte Tibor wieder davon. Nachdem er herausgefunden hatte, daß seine erste christliche Herberge evakuiert worden war, versuchte er es in einem zweiten evangelischen Internat:

»Ich hatte große Gefahren überstanden und kam hungrig und erschöpft in der Schule an. Dort sagte man mir, um hineinzukommen, bräuchte ich einen speziellen Ausweis des Direktors. Die Schule hatte zwei Büros, eines in Pest, das andere in Buda. Der Leiter des Büros in Buda war Pfarrer Sztehlo, doch ich wollte mein Leben nicht noch mal dadurch gefährden, daß ich dorthin ging. Um nach Buda zu kommen, hätte ich zwei schwerbewachte und verminte Brücken überqueren müssen. Außerdem war die gesamte Gestapo in der Nähe von Sztehlos Haus untergebracht, und vor jedem Haus stand ein schwerbewaffneter Wachposten.«

»So beschloß ich«, fuhr Tibor fort, »mein Glück in dem Pester Büro zu versuchen. Der Direktor dort war ebenfalls evangelischer Pfarrer. Ich zeigte ihm meine Papiere, die mich als Christen namens Kocsis Geza auswiesen, einen Flüchtling aus Mezokovesd. Nach gründlicher Prüfung bat mich der Direktor in ein separates Zimmer und sagte mir, er hielte meine Papiere für gefälscht, und ich sei sicher Jude. Er könne mich nicht in seine evangelische Einrichtung aufnehmen. Voller Verzweiflung beschloß ich nun doch, mein Leben zu riskieren – was immer auch geschähe. Ich mußte zu Sztehlo durchkommen, dem einzigen Mann, auf den ich noch hoffen konnte. Ich fuhr per Zug nach

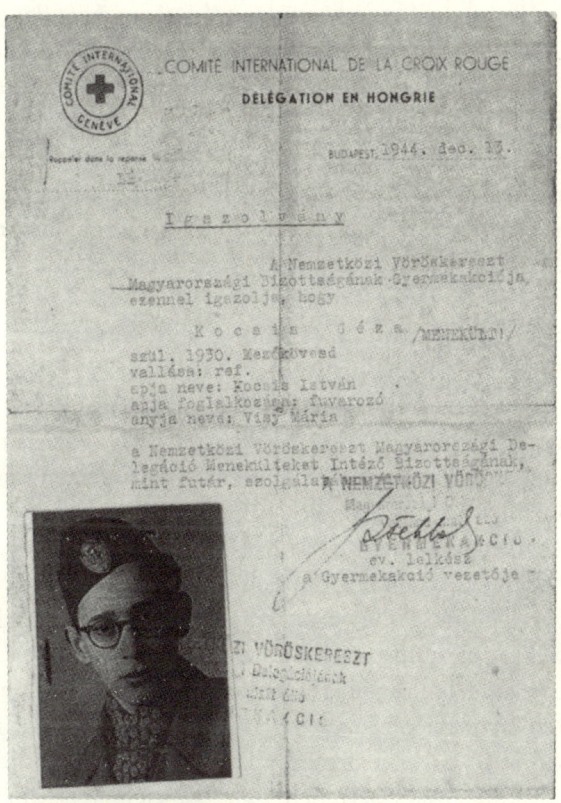

Die gefälschten Personalpapiere von Tibor Berger (Shmuel Ben-Dov), die Pastor Gabor Sztehlo besorgt hatte.

Buda. Die Polizei kontrollierte auf Budaer Seite die Ausweise, aber ich wurde glücklicherweise nicht gefragt. An jeder Straßenecke um Sztehlos Haus herum standen bewaffnete Wachposten, doch wieder hatte ich Glück. Niemand stellte mir Fragen. Sztehlo selbst öffnete mir die Tür. Er erinnerte sich an mich und begrüßte mich freundlich. Dann stellte er mir die Eintrittsberechtigung für das Kinderheim aus und änderte das Alter auf meinen Papieren von siebzehn auf sechzehn Jahre ab, damit ich nicht zur Armee eingezogen würde. Die Ungarn zogen christliche Jungen mit siebzehn Jahren ein.«

Tibor erfuhr, daß seine Mutter auf der einen Seite der Stadt in einem Zufluchtshaus der Schweizer Botschaft lebte und seine Schwester als Christin getarnt auf der anderen. Es war ihnen unmöglich, miteinander in Verbindung zu treten. Als Tibor sie einmal besuchen wollte, sagte man ihm, daß überall in der Stadt die Ausweise kontrolliert würden. Noch einmal wandte er sich an den gutherzigen Pfarrer. Sztehlo verschaffte ihm eine Stelle als Bote beim Roten Kreuz, in dessen Auftrag er Kartoffeln und anderes Gemüse zu den Herbergen bringen mußte. Mit Hilfe der Rot-Kreuz-Papiere konnte er Mutter und Schwester besuchen und ihnen manchmal Lebensmittel bringen.

In der letzten Dezemberwoche, zwischen Weihnachten und Neujahr, wurde eine Durchsuchung des Heims, in dem Tibor lebte, angeordnet. Die beiden Direktoren, die gemeinsam dafür verantwortlich waren, daß sich keine Juden auf ihrem Gelände versteckt hielten, kamen aus Buda beziehungsweise Pest. Sie trafen vor den Deutschen ein, um sicherzustellen, daß alles in Ordnung war. Der junge Flüchtling war wieder in Gefahr: »Der Pester Direktor erkannte mich und wollte mich natürlich auf der Stelle hinauswerfen. Es überraschte ihn sehr, mich überhaupt in der Schule anzutreffen. Doch Sztehlo setzte sich für mich ein und erklärte ihm etwas auf Latein, etwas, was ich offensichtlich nicht verstehen sollte, und überredete ihn, daß ich bleiben durfte.«

David Peleg, der heute dem Kibbuz Daliah angehört, ist drei Jahre jünger als Tibor. Er kam aufgrund einer Empfehlung eines Kirchenmitarbeiters, der ein Freund der Familie war, in das Heim, in dem Sztehlo vorm Christbaum Weihnachtslieder sang. Doch etwa zwei Wochen später, am 3. Januar, wurde die Evakuierung der Villa angeordnet, da diese auf einem strategisch wichtigen Hügel lag. Die Deutschen brachten die Bewohner in das Haus, in dem Sztehlo mit seiner Frau, dem siebenjährigen Sohn und der vierjährigen Tochter lebte:

»Die Deutschen wußten nicht, daß wir Juden waren. Ein Soldat trug einen vierjährigen jüdischen Jungen auf den Schultern. Sztehlos Frau Ilona wußte, daß wir Juden waren, doch die Familie versteckte uns alle, also fünfunddreißig Kinder, in ihrem

Haus. Drei Wochen lang riskierten sie ihr Leben, indem sie Lebensmittel und Wasser für uns beschafften. Wir waren in einem Kohlenkeller untergebracht, der in Boxen unterteilt war. Meine Box war so klein, daß ich meine Beine nicht ausstrecken konnte.«

Gabor Vermes, der als Junge ebenfalls in jenem Keller war und inzwischen Universitätsprofessor in New Jersey ist, erinnerte sich daran, wie die jüdischen Kinder den Wehrmachtsoffizieren, die sie im Keller besuchten, deutsche Lieder vorsangen. Der Ortskommandant, ein Major, freundete sich mit den Sztehlos an. Er war ein trauriger, resignierter Mann, ein Soldat, der die Sinnlosigkeit des Krieges begriffen hatte.

»Einmal sagte er zu Sztehlo, er wisse, wer diese Kinder seien«, schrieb Vermes, »doch er hasse jede Form von Rassismus und wünsche Pfarrer Sztehlo und uns alles Gute. Bevor seine Truppe verlegt wurde, warnte er Sztehlo noch vor einem SS-Untersturmführer, dessen Hauptbeschäftigung darin bestand, Juden zu jagen und zu töten. Ich weiß noch, wie dieser Untersturmführer mit den schwarzen Totenköpfen auf der Armbinde unseren Liedern lauschte. Da der Strom ausgefallen war, fand glücklicherweise alles im schwachen Licht von Kerosinlampen statt, so daß er uns nicht sehr gut sehen konnte. Vielleicht dämpften auch die zahlreichen Gläser Wein, die er getrunken hatte, bevor er in den Keller kam, seinen Jagdinstinkt. Jedenfalls blieben wir unerkannt.«

»Vier Wochen verstrichen«, so Vermes weiter, »unser Lebensmittelvorrat war so zusammengeschmolzen, daß wir hungern mußten; das Wasser war knapp, und bald hatten wir überall Flöhe. Frühmorgens am 29. Januar explodierte etwas im Keller. Es war eine Handgranate, die ein russischer Soldat geworfen hatte. Glücklicherweise wurde niemand verletzt. Ein kommunistischer Schriftsteller, der sich mit uns versteckt hielt und fließend russisch sprach, brüllte hinaus: ›Hier sind keine Deutschen, nur Kinder und Zivilisten.‹ Ein Leutnant König, der Stammgast bei uns war, und seine Männer hatten so verbissen gekämpft, daß die Russen annahmen, unser Haus müsse eine deutsche Stellung sein. Selbst nachdem sie es besetzt hatten, glaubten sie, die Deutschen könnten sich in den Keller zurückgezogen haben. Statt ihr

Leben dabei aufs Spiel zu setzen, die Deutschen aufzuspüren, hatten die Russen vor, das ganze Haus in Brand zu stecken. Sekunden bevor sie den Abzug des Flammenwerfers lösten, brüllte der Schriftsteller etwas auf russisch hinaus, so daß wir befreit wurden und nicht in den Flammen umkamen.«

Mit der Befreiung sah sich Pfarrer Sztehlo vor neue Prüfungen gestellt. Es ging die Angst um, die sowjetischen Kommunisten würden die Kinder ungarischer Aristokraten töten. Sztehlo sammelte diese Kinder mit anderen Waisen und verlassenen Kindern aus allen Schichten in einer Art Stadt der Knaben, die er Gaudiopolis, die fröhliche Stadt, nannte. Erklärtes Ziel war, »die jungen Menschen im Geiste Christi zu erziehen, gesellschaftliche Barrieren abzubauen und die jungen Menschen zu unabhängigen, verantwortungsbewußten und gebildeten Bürgern Ungarns zu machen«. Bevor David Peleg nach Israel auswanderte, lebte und lernte er nun also Seite an Seite mit den Söhnen von Grafen und Baronen. »Pfarrer Sztehlo brachte uns von der einen Villa in eine noch größere und schließlich in eine Art Palast inmitten eines Parks. Ich erinnere mich an Söhne aus den Familien Bethlem, Apor und Gara, adeligen ungarischen Familien, aus denen Ministerpräsidenten und Kardinäle hervorgegangen waren.« Es überrascht nicht, daß Sztehlo bei der neuen kommunistischen Regierung in Ungnade fiel. Sie wollte Gaudiopolis nationalisieren und den Kindern eine säkulare Erziehung zukommen lassen.

Die Stadt der Knaben wurde im Januar 1950 vom Staat übernommen. Pfarrer Sztehlo leitete die darauffolgenden zehn Jahre ein lutherisches Kinderheim und emigrierte 1961 mit dem Segen der erleichterten kommunistischen Regierung in die Schweiz. Israel ehrte ihn 1972. Er starb zwei Jahre später. Tibor Berger ließ sich in Haifa nieder, nahm den hebräischen Namen Shmuel Ben-Dov an und baute eine Schmuckfabrik auf. 1964 besuchte er den Pfarrer in der Schweiz und schenkte ihm eine silberbeschlagene Bibel aus dem Heiligen Land, die er mit der Inschrift versehen hatte: »Gott schützte mich durch deine Hand.«

*

Als die Nazi-Besatzungsmacht den Rücktritt von Erzbischof Papandreou Damaskinos forderte, weil er sich gegen die Vernichtung der griechischen Juden stemme, soll das Oberhaupt der griechisch-orthodoxen Kirche geantwortet haben: »Die Priester der orthodoxen Kirche treten niemals zurück. Sie halten an dem Ort stand, an den Gott sie gestellt hat, selbst wenn sie dafür gehängt werden!«

Aus ethischen und patriotischen Gründen stellte sich Damaskinos an die Spitze des Widerstands gegen die Deportationen, die im Frühjahr 1943 in Saloniki begannen. Am 23. März veröffentlichte der Erzbischof ein von ihm verfaßtes Schreiben an den Ministerpräsidenten der griechischen Marionettenregierung, Constantinos Logothetopoulos, in dem er die diskriminierende Behandlung der siebenundsiebzigtausend griechischen Juden verurteilte, die größtenteils Nachkömmlinge der 1492 aus Spanien vertriebenen Sephardim waren. In dem Brief, den achtundzwanzig Vorstände griechischer Unternehmen, Berufsverbände und Kulturorganisationen mitunterzeichnet hatten, wurde gefordert, daß »alle Bürger Griechenlands unabhängig von Rasse und Religion Anrecht auf dieselbe Behandlung durch die Besatzungsmacht« haben sollten. Die griechischen Juden, so hieß es weiter, hätten ihre Loyalität zum Griechentum bewiesen: »Sie haben als Gruppe Opfer für das griechische Heimatland gebracht und in den Kämpfen der griechischen Nation um ihre historischen Rechte in vorderster Linie gestanden ... Unsere heilige Religion kennt keine Unterscheidung in Überlegenheit oder Minderwertigkeit aufgrund von Rasse oder Religion.«

Der Brief endete mit der Warnung, der Tag werde kommen, »an dem das Volk über die Taten urteilen wird, die in dieser schwierigen Zeit begangen wurden, auch über jene, die gegen unseren Willen geschehen und auf die wir keinen Einfluß nehmen können«. Das Schreiben zeigte kaum direkte Wirkung. Die Stadt Saloniki, in der sechsundfünfzigtausend Juden lebten, stand seit April 1941 unter deutscher Besatzung. Bereits im Januar 1943 hatte ein anderer Kirchenführer, der Metropolit Genadios, interveniert, als die Nazis begannen, die Juden in ein Ghetto zusammenzutreiben. Auf Drängen des Juristenverbandes von Saloniki bot er die Hilfe der Kirche dabei an, die Juden auf eine abgelegene griechische Insel zu verschiffen, statt sie in die Todeslager zu deportieren. Der Appell stieß auf taube Ohren. Fast die gesamte jüdische Bevölkerung der nordgriechischen Hafenstadt wurde in die Konzentrationslager geschickt. Allein in Auschwitz starben etwa zweiundfünfzigtausend Juden aus Griechenland. Einige hundert Menschen konnten nach Athen fliehen.

Dennoch war Erzbischof Damaskinos ein Vorbild für den Widerstand. Wenn man die Juden aus Saloniki nicht retten konnte, so doch die Juden aus Athen. Die Hauptstadt stand bis zur Kapitulation Italiens im September 1943 unter italienischer Besatzung. Die dreitausend Athener Juden hatten in dieser Zeit relativ sicher gelebt, doch sobald die Deutschen die Macht übernommen hatten, waren auch sie für die »Endlösung« vorgesehen. Damaskinos bestellte den Generaldirektor der Athener Stadtverwaltung Panos Haldezos zu sich und sagte ihm: »Ich habe mein Kreuz auf mich genommen, mit Gott gesprochen und will nun so viele Juden retten, wie ich nur kann.« Auch wenn er sich selbst damit in Gefahr brachte, wollte er Juden taufen, und Haldezos sollte sie als Griechen christlichen Glaubens registrieren. Zusammen mit dem örtlichen Polizeichef Anghelos Evert, der bereitwillig kooperierte, konnten sie auf diese Weise fünfhundertsechzig Juden schützen. Der Erzbischof wies außerdem alle griechischen Geistlichen an, den Juden zu helfen und ihnen die Klöster zu öffnen. Er arrangierte jüdisch-christliche Scheinehen und schloß Juden, die wirklich mit Christen verheiratet waren, in den Schutz der Kirche ein.

Früchte trugen die Anweisungen des Erzbischofs in Chalkis, auf der nördlich von Athen gelegenen Halbinsel Euböa, und auf der ionischen Insel Zakynthos. Der Historiker Yitzchak Kerem, der sich mit dem griechischen Judentum beschäftigt, fand heraus, daß der Metropolit Gregorios von Chalkis die Torarollen der uralten jüdischen Gemeinde und auch ihren Silberschmuck bis zur Befreiung aufbewahrte. Zwischen fünfzehnhundert und zweitausend jüdische Flüchtlinge aus Athen wurden in umliegenden

Erzbischof Damaskinos mit dem griechischen König Georg bei dessen Rückkehr aus dem Exil.

Klöstern untergebracht, bis sie auf Fischerbooten in die neutrale Türkei flüchten konnten, von wo aus sie dann per Zug nach Syrien und Palästina weiterreisten. Der Nazi-Bevollmächtigte auf Zakynthos, Alfred Lit, befahl dem Bürgermeister Lukas Karrer, ihm eine Liste der zweihundertfünfundsiebzig Juden zu bringen, die auf der Insel lebten. Wenn er die Liste nicht bis zum nächsten Tag liefere, drohte Lit, stehe sein Leben auf dem Spiel. Der Bürgermeister bat Bischof Chrysostomos um Rat, und der sagte ihm, er solle die Liste verbrennen. Der Kirchenmann sorgte dafür, daß Lit mit einem Diamantring bestochen wurde, die Sache zu vergessen. Als ein neuer deutscher Bevollmächtigter Karrer befahl, alle Juden innerhalb von vierundzwanzig Stunden zusammenzutreiben, ansonsten werde er hingerichtet, warnte der Bürgermeister die Juden und drängte sie, in abgelegene Dörfer zu fliehen und bei christlichen Familien Unterschlupf zu suchen. Dann fuhr er selbst per Schiff zur Nachbarinsel und hielt sich dort versteckt, bis Zakynthos im September 1944 befreit wurde. »Die Deutschen«, schrieb Kerem, »machten sich mit den drei Booten auf den Rückzug, auf denen die jüdische Gemeinde des Ortes hätte deportiert werden sollen, die aber nie zu diesem Zweck eingesetzt worden waren.«

Die meisten der zehntausend griechischen Juden, die den Krieg überlebten, verdanken ihr Leben der Athener Polizei. Angeregt durch Erzbischof Damaskinos' Vorbild, stellte Anghelos Everts Mannschaft nicht nur kostenlos falsche, aber authentische Ausweise aus, sondern suchte sogar nach den Juden, die sie erhalten sollten. Wer einen solchen Ausweis hatte, konnte ungehindert reisen und sich eine neue Wohnung suchen. Die Papiere waren überzeugend. Evert beschaffte dem Athener Haim Cohen und seiner Frau Ausweise, die sie als Pavlos und Marika Panopoulos auswiesen.

»Mit den gefälschten Ausweisen«, erinnerte sich Cohen, »lebten wir von November 1943 bis zur Befreiung unerkannt im Athener Stadtviertel Pangrati. Diese Ausweise retteten uns das Leben, denn am 23. November um Mitternacht durchsuchte die Gestapo unser Haus. Sie forderten unsere Ausweispapiere. Gott sei Dank hielten sie die Ausweise für echt und gingen, ohne unsere wahre Identität entdeckt zu haben.«

Auch Sam Modiano, der früher Herausgeber einer Salonikier Zeitung gewesen war und nach dem Krieg das Athener Büro der Agentur Reuter leitete, erhielt als Jude einen Evert-Ausweis.

»Herr Evert gab uns Personalausweise mit seiner offiziellen Unterschrift und dem offiziellen Stempel der Polizeiabteilung«, berichtete Modiano. »Die griechischen Namen auf den Ausweisen bezeugten, daß wir griechisch-orthodoxen Glaubens waren. Dank dieser Dokumente konnten wir problemlos in einer Athener Vorstadt leben, wo wir bis zur Befreiung im Oktober 1944 bei Freunden unterkamen. Mein Sohn Elie war damals zwanzig Jahre alt und nutzte die falsche Identität, um heimlich in den Nahen Osten zu reisen. Dort meldete er sich bei der Königlich-griechischen Luftwaffe.«

»Herr Evert«, so Modiano weiter, »betrieb zusammen mit Erzbischof Damaskinos die Rettung jüdischer Mädchen, denen sie halfen, bis Kriegsende Unterschlupf bei christlichen Familien zu finden. Seine mutigen Taten haben dem Polizeichef die Anerkennung aller Juden eingebracht, denen er auf die eine oder andere Art geholfen hat, und sei es auch nur mit gutem Rat. Er setzte dabei sein Leben aufs Spiel, da er ständig der Gefahr ausgesetzt war, von einem Untergebenen an deutsche oder griechische Gestapospitzel verraten zu werden.«

Modiano brachte vierhundert Juden aus Saloniki mit falschen Pässen, die der italienische Generalkonsul Giuseppe Castruccio ausgestellt hatte, nach Athen. Mit der Hilfe christlicher Freunde konnte er sie in zwei Schulen unterbringen. Als die Deutschen im September 1943 die Stadt einnahmen, befahlen sie dem Oberrabbiner Elia Barzilai, ihnen die Namen der zehn reichsten Juden der Stadt zu nennen. Außerdem sollte er verraten, wo die jüdische Gemeinde ihre Schätze aufbewahrte, wo die »Italiener« aus Saloniki sich versteckten und wo Modiano wohnte. Barzilai beriet sich mit seiner Gemeinde und schickte Modiano eine Warnung, der wiederum wandte sich ratsuchend an Evert:

»Herr Evert riet mir, sofort das Haus zu verlassen und in die Schulen zu gehen, in denen die jüdischen Flüchtlinge Zuflucht gefunden hatten. Ich sollte ihnen mitteilen, sich auf verschiedene Stadtviertel zu verteilen. Schließlich sagte mir Evert noch, ich solle mir keine Gedanken um Rabbi Barzilai machen. Und tatsächlich, als die Deutschen dann nach dem Oberrabbiner suchten, fanden sie ihn weder in seinem Haus noch in der Synagoge. Herr Evert hatte Mitglieder der griechischen Widerstandsbewegung alarmiert und ihnen deutlich gemacht, in welcher Gefahr die Juden schwebten, wenn der Oberrabbiner gezwungen wäre, sich noch einmal mit den Nazis zu treffen. Im Morgengrauen hielt ein Jeep vor dem Haus des Oberrabbiners, er und seine Familie stiegen ein, und der Jeep raste davon in die Berggebiete im östlichen Griechenland, die unter Kontrolle der Widerstandsbewegung standen.«

*

Drei Jahre, von 1941 bis 1944, verbrachte Pater Joseph André selten eine ganze Nacht lang schlafend im Bett. Selbst wenn er ruhte, blieb er vollständig angezogen, um jederzeit Juden empfangen zu können, die bei ihm Zuflucht suchten. Man mußte nicht an die Tür seines Hauses klopfen, das in der Nähe der Kirche St. Jean Baptiste in Namur lag, einer Stadt fünfzig Kilometer südöstlich von Brüssel. Die Tür stand immer offen. In Zusammenarbeit mit belgischen und jüdischen Widerstandsorganisationen brachte er Hunderte von Kindern und Erwachsenen in christlichen Familien unter. Doch für Pater (später Abbé) André war das erst der Anfang. Er besorgte für seine Schützlinge gefälschte Personalausweise und Lebensmittelmarken. Er kümmerte sich darum, daß sie gut versorgt wurden. Er war ihr Sozialarbeiter und ihr Lehrer. Beim geringsten Anzeichen einer Gefahr brachte er sie in neue Häuser – in Namur und anderswo. Bis er einen Zufluchtsort gefunden hatte, blieben die Kinder oft in seinem Haus, in dem es auch ein Versteck gab, falls die Gestapo unangemeldet auftauchen sollte. Als er dann selbst vor den Deutschen fliehen mußte, führte er seine Aktivitäten aus dem Untergrund fort.

Arieh Vishnia, ein Mitglied des jüdischen Untergrunds, schickte dem katholischen Pater Dutzende von Flüchtlingen. »Niemand, der ihn um Hilfe bat, mußte gehen, ohne daß ein passendes Arrangement getroffen worden wäre«, bezeugte Vishnia. »Und mehr noch, er verfolgte das Schicksal jedes Juden, für den er ein Versteck gefunden hatte. Falls sich herausstellte, daß ein Ort ungeeignet oder die Behandlung nicht gut war, brachte er ihn sofort in einem anderen Versteck unter.«

Was Rachel Segal erlebte, ist ein Beispiel unter vielen. Sie hatte Anfang 1943 aus der Wohnung unter dem Dachboden fliehen müssen, in der sich ihre Familie in Brüssel versteckt hatte. Ein Bekannter, dessen Sohn im Widerstand war, schickte sie zu Pater André:

»Der Pater gab mir sofort eine Adresse in Velbain sur l'Est. Dort angekommen, fand ich Zuflucht bei der Familie Bernet. Ich blieb einige Monate in diesem Versteck. Dann mußte ich den Ort verlassen, also ging ich wieder zu Pater André und fragte nach einem neuen Versteck. Er schickte mich zu einer Familie in Namur selbst. Dort konnte ich wieder nur ein paar Wochen bleiben, doch Pater André besuchte mich während dieser Zeit des öfteren, um sich zu vergewissern, daß ich in Sicherheit war. Ich brauchte noch weitere neue Verstecke in Namur, und jedesmal war es Pater André, der einen neuen Unterschlupf fand und mich dorthin begleitete. Er war der einzige, der sich um mich kümmerte und dafür sorgte, daß ich an einem sicheren Ort untergebracht war, obwohl er wußte, daß kein Ort über lange Zeit sicher sein konnte. Nachdem Namur bombardiert worden war, fand Pater André ein Versteck in Valso, wo ich bis zur Befreiung blieb. Er hielt auch meinen Sohn versteckt und sorgte dafür, daß er von einem Zufluchtsort zum anderen gelangte. Seine Anteilnahme ging sogar noch weiter: Meine kleine Tochter lebte bei einer Familie in Brüssel, und er reiste extra hin, um sie abzuholen, damit ich sie sehen konnte; und hinterher brachte er sie wieder zurück.«

Pater André kümmerte sich darum, daß seine jüdischen Schützlinge Glauben und Bräuche nicht vergaßen, auch wenn sie in katholischen Familien untergebracht waren. Es heißt, alle hätten *Hatikvah*, die zionistische Hymne der Hoffnung und Freiheit, singen können. Gustave Collet, ein junger Laienmitarbeiter von Pater André, zog mit Gruppen verängstigter Kinder von Stadt zu Stadt und beruhigte sie, so gut er konnte. Manchmal mußten sie sich zwei oder drei Tage lang in einer Scheune verstekken. Damit sie beschäftigt waren, gab er Unterricht in hebräischer Sprache, die er sich selbst beigebracht hatte, und beruhigte sie mit jüdischen Liedern und Gebeten.

Zum ersten Pessachfest nach der Befreiung lud Pater André etwa zweihundert entwurzelte Juden zu einem traditionellen Sederfest in sein Haus an der Rue de l'Ange (Straße der Engel) nach Namur ein. Sylvain Brachfeld, der später ein Buch über die Rettung jüdischer Kinder schrieb, war damals der kleine Junge, der die traditionellen vier Fragen stellte. Sylvains Mutter Ernestine prüfte, ob alles koscher war. Ein Mann, der von dem Zug gesprungen war, der ihn in die Todeslager transportieren sollte, leitete den Gottesdienst. Pater André blieb nach dem Krieg mit einigen seiner Schützlinge in Kontakt und besuchte regelmäßig den Tag des Bibelstudiums, den die Antwerpener Juden jedes Jahr organisierten. 1968 wurde er von Yad Vashem geehrt.

*

Das gleiche wie Pater André in Namur tat Padre Rufino Nicacci in Assisi, dem Geburtsort des sanften, bescheidenen heiligen Franziskus. Das am Fuße des Apennin gelegene Assisi hatte 1943 etwa fünftausend Einwohner. Darunter war kein einziger Jude. Soweit man wußte, hatten schon seit dem Mittelalter keine Juden mehr hier gelebt. Die umbrische Stadt mit ihren mittelalterlichen Kirchen und Klöstern, mit Dom, Schloß und Palästen, lebte von der Wallfahrt. Christen kamen, um in sich zu gehen und zu beten. Die Geistlichen, darunter weltoffene und weniger weltoffene, hüteten die Reliquienschreine des heiligen Franziskus und der heiligen Klara, den Ordensgründern der Franziskaner und Klarissen. Neun Monate, vom Beginn der deutschen Besatzung im September 1943 bis zur Befreiung im Juni 1944, wurde Assisi ein Zufluchtsort für Menschen, die auf der Flucht vor den Nazis waren – Juden, Antifaschisten, sogar zwei amerikanische Flieger, die den Deutschen entkommen waren, nachdem ihr Bomber abgeschossen worden war.

Der Bischof von Assisi, Monsignore Giuseppe Placido Nicolini, leitete eine Gruppe von Mönchen und Nonnen, die an die dreihundert jüdische Flüchtlinge versteckten – einige davon in dem abgeschlossenen inneren Kreuzgang eines Klosters – und für Hunderte weiterer Flüchtlinge gefälschte Papiere beschafften. Der mutige und lebenskluge Padre Nicacci, der aus einer umbrischen Bauersfamilie stammte, war seine rechte Hand; findig, gewitzt und hartnäckig fand er in jeder schwierigen Situation einen Ausweg. Daß er nie zuvor einem Juden begegnet war und nichts von jüdischen Bräuchen wußte, spielte keine Rolle. Der zweiunddreißigjährige Padre Nicacci und sein eher schwerblütiger Partner Don Aldo Brunacci taten, was ihnen der Herr befohlen hatte. Aufgrund göttlicher Vorsehung, so glaubten sie, waren ihnen die Juden anvertraut. »Mit Gottes Hilfe«, schrieb Don Aldo Brunacci kurz nach der Befreiung, »und der Fürsprache des heiligen Franziskus fiel nicht ein einziger den Verfolgern in die Hände.«

Es war ein knappes Entrinnen. Padre Nicacci, Vorsteher des Klosters San Damiano, und auch Don Aldo Brunacci, Domherr der Kathedrale San Rufino, wurden von der Gestapo verhaftet, und man drohte ihnen mit Hinrichtung und Deportation in die deutschen Todeslager. Als Nicacci während einer nächtlichen Razzia in den Klöstern eine Gruppe von Juden durch einen unterirdischen Geheimgang in die Berge führte, entkamen sie nur um Haaresbreite. Sie mußten nicht nur gegen die Nazis, sondern auch gegen die faschistische italienische Polizei, die OVRA, und potentielle Spitzel kämpfen.

Seinen ersten Coup landete Padre Nicacci damit, daß er den vaterlandsliebenden Druckermeister Luigi Brizi dazu überredete, qualitativ hochwertige Personalausweise zu fälschen und sie mit den Wappen süditalienischer Städte zu versehen, die bereits unter Kontrolle der Alliierten standen und damit dem Machtbereich der Gestapo-Ermittler entzogen waren. Brizi und sein Sohn Trento arbeiteten Tag und Nacht an der Druckerpresse. Alle Juden, die in Assisi Zuflucht suchten, erhielten neue christliche Namen, meist mit ihren ursprünglichen Initialen, damit sie sich, falls sie unter Druck gerieten, nicht so leicht verraten würden. Diejenigen, die italienisch sprachen und nicht besonders jüdisch aussahen, konnten sich so unter die übrigen Flüchtlinge mischen, die in der relativ sicheren heiligen Stadt Zuflucht gesucht hatten. Assisi diente auch der Wehrmacht als Lazarett- und Rückzugsort.

Der Chemieprofessor Emilio Viterbi, der mit seiner Frau und zwei Töchtern aus Padua gekommen war, erhielt den Namen Ernesto Varelli. Seine jüngere Tochter Mirjam hieß nun Mirella. Sie wurden als gebürtig aus Lecce gemeldet, einer südostitalienischen Stadt, die bereits von den Briten erobert war. »Wir beschäftigten uns stundenlang mit Lecce«, erzählte mir Mirjam. »Wir prägten uns die Namen von Straßen, Hotels, öffentlichen Gebäuden ein. Wir lernten unsere erfundene Familiengeschichte ebenso auswendig wie die Geschichte des Ortes, in dem angeblich meine Großmutter geboren war.«

Die Viterbis, deren Vorfahren väterlicherseits seit fast zweitausend Jahren in Italien lebten, wohnten zuerst in einem kleinen Hotel, dann in einer Wohnung, die ein Stockwerk über der Wohnung des Vermieters lag. Der Vermieter wußte, wie vorher die Leute aus dem Hotel, daß die Viterbis Juden waren. Am 1. Dezember, drei Tage, nachdem sie die Wohnung bezogen hatten, kam Armando Giacanella, der im Hotel allerlei kleinere Arbeiten erledigt hatte, und sagte ihnen, er habe im Radio gehört, daß die Gestapo nach Juden suche. »Falls Sie Juden kennen«, sagte er mit wissendem Lächeln, »sollten Sie sie besser warnen.« Manchmal hatte man das Gefühl, die ganze Stadt habe sich gegen die Nazis verschworen. Eines Tages ging Viterbis Frau Margherita zum Bürgermeister Arnaldo Fortini, einem Anhänger der italienischen Faschisten, der aber auch ein bekannter Jurist war und sich mit der Geschichte der Franziskaner beschäftigte, und stellte ihn zur Rede. Sie wollte das Spektrum ihrer Beziehungen vergrößern. »Wir sind zu viert«, sagte sie ihm. »Wir sind Juden. Werden Sie uns helfen, oder werden Sie uns verraten?« Ohne Zögern versprach er seine Hilfe. Der Bürgermeister hielt mehr als einmal Wort und warnte die Viterbis, wenn die Gestapo nach Juden fahndete. In den letzten Wochen der Besatzung waren der Professor und seine Frau gerade bei Don Aldo Brunacci zu Besuch, als die Deutschen kamen, um ihn zu verhaften. Der Priester bat um Erlaubnis, sich von seiner Mutter verabschieden zu dürfen, bevor er abgeführt würde. Statt dessen gab er dem jüdischen Ehepaar ein Zeichen, daß sie sich verstecken mußten. Nur die Fürsprache des Bischofs verhinderte seinen Abtransport in ein Konzentrationslager. Don Aldo blieb bis zur Befreiung im römischen Exil.

Die Gruppe sorgte dafür, daß einige Kinder örtliche Schulen besuchen konnten. »Uns war sehr daran gelegen, daß die jüdischen Jungen und Mädchen nicht ihre Zeit verschwendeten«, erklärte Don Aldo. »Dank der falschen Papiere konnten einige von ihnen weiterhin am Unterricht in öffentlichen Schulen teilnehmen, während andere in Privatunterricht vorbereitet wurden und dann wie sonst auch an staatlichen Prüfungen teilnahmen, bei denen sie, das darf ich wohl sagen, sehr gut abschnitten. Natürlich korrigierten wir nach der Befreiung ihre Namen in den Schulunterlagen.« Professor Viterbis Töchter, die siebzehnjährige Grazella und die zehnjährige Mirjam, hüllten beim sonntäglichen Kirchgang ihre Gesichter in hübsche schwarze Spitzen. »Wir saßen an der Seite«, erinnerte sich Mirjam, »um keinen Verdacht zu erregen. Wir bekreuzigten uns nicht gerne, doch manchmal, wenn wir das Gefühl hatten, daß wir es tun sollten, taten wir es in der falschen Reihenfolge, oder das Kreuz war nicht vollständig.« Als einmal Alarm gegeben wurde, baten die Viterbis den Bischof um Schutz. Der Bischof bot ihnen sein Schlafzimmer an und schlief selbst im Arbeitszimmer.

Die ebenfalls aus Padua geflüchtete Georgina Rietti beschrieb, wie der Bischof mit ihr und ihrer Schwester in das zwanzig Kilometer entfernte Perugia fuhr, um dort von einem städtischen Angestellten, der auch zu der Gruppe gehörte, Lebensmittelkarten zu holen. »Bei der Rückfahrt«, erzählte sie froh, »war das Auto mit Teigwaren vollgeladen.« Die echten Personalpapiere der Juden blieben bis zur Befreiung im Keller des Bischofspalastes versteckt, ebenso eine Torarolle und andere religiöse Gegenstände, die sie mitgebracht hatten. Der Bischof persönlich vermauerte die Tür zu dem Lagerraum im Licht einer Kerze, die Brunacci hielt.

Der unermüdliche Padre Nicacci versteckte Juden, die nicht wie italienische Christen aussahen oder sprachen, in Klöstern und Konventen. Man kleidete die Männer in Mönchsgewänder und lehrte sie die Gebete und das entsprechende Verhalten. Die meisten Neuankömmlinge kamen im Gästehaus des Klosters San Quirico unter. Manche wurden zu anderen Zufluchtsorten gebracht, sobald sie eine neue Identität hatten. Andere, insbesondere ausländische Juden, blieben unter dem Dach der frommen

Schwestern. Am Abend des 4. Oktober 1943 führte die Gestapo die ersten Razzien durch. Padre Nicacci mobilisierte den Bischof, brachte fiktive Anweisungen des Papstes ins Spiel und überredete so die äußerst zögerliche Äbtissin Mutter Giuseppina, dreißig jüdische Männer, Frauen und Kinder in die abgesonderten Nonnenquartiere hinter verschlossener Tür und doppeltem Gitter einzulassen. »Das war gegen die Ordensregeln«, bezeugte Hannah Gelb, eine der Flüchtlinge. »Das Risiko war außerordentlich hoch, denn jedem, der Juden versteckte, drohte die Todesstrafe.« Doch als Mutter Giuseppina einmal überredet war, gab es für sie kein Halten mehr. Da die Nazis vor der Tür standen, schloß sie die Juden, den Bischof und Padre Nicacci in dem verbotenen Klosterbereich ein und beschämte dann ohne fremde Hilfe die Eindringlinge so sehr, daß diese mit ihren Waffen und ihren Fragen den geheiligten Bezirk wieder verließen. »Ich bin froh, daß die Anweisungen des Papstes gerade noch rechtzeitig kamen«, flüsterte Nicacci dem Bischof zu. Laut Alexander Ramati, dem Biographen des Padre, gab der Bischof flüsternd zurück: »Wenn der Papst an meiner Stelle gewesen wäre, hätte er, davon bin ich überzeugt, solche Anweisungen gegeben.«

Weder in San Quirico noch in anderen Klöstern wurde je der Versuch gemacht, die versteckten Juden zum Christentum zu bekehren. »In der Stille der Klöster von Assisi«, schrieb Don Aldo Brunacci, »hatten die Juden jegliche Freiheit, sich zu ihren Andachten zu versammeln. Während die Nonnen ganz in der Nähe beim Gebet waren, geschah es oft, daß auch die Juden unter demselben Dach Gottes Barmherzigkeit erflehten und für göttlichen Frieden und Gerechtigkeit beteten.« Padre Nicacci organisierte eine Küche, in der die Juden koscher kochen konnten. Am 8. Oktober 1943, dem letzten Tag des Jom-Kippur-Fastens, schmückten die Nonnen das Refektorium in San Quirico mit Blumen und gaben ein Fest für ihre Gäste. Auch Professor Viterbi und seine Familie waren, wie andere außerhalb des Klosters lebende Juden, dazu eingeladen. Als einige Monate später die kränkelnde österreichische Jüdin Clara Weiss in San Quirico starb, sahen sich die Padres in der Klemme. Ein Minjan, die vorgeschriebene Mindestzahl von zehn Männern, sprach im Kloster den Kaddisch, das Totengebet. Dann wurde der Sarg mit dem Namen Clara Bianchi nach christlichem Brauch auf dem Friedhof von Assisi beerdigt. Als der Küster fragte, warum nicht wie üblich ein Begräbnisgottesdienst in der Friedhofskapelle stattgefunden habe, erklärte Don Aldo, sie hätten wegen des schlechten Wetters im Kloster gebetet. Nach dem Krieg wurde das Grabkreuz durch einen Davidstern und »Bianchi« durch »Weiss« ersetzt.

Padre Nicacci bestand seine gefährlichste und gewagteste Mission, als er fünfzehn als christliche Pilger getarnte Juden zu zwei Gewährsleuten in die Berge bringen mußte, die sie dann durch die Januarstürme und über den Fluß Sangro hinter die alliierte Frontlinie schmuggeln sollten. Züge fuhren nicht, und Lastwagen wurden an den häufigen Kontrollpunkten durchsucht. Der Padre bewältigte das Transportproblem, indem er den deutschen Ortskommandanten Oberst Valentin Müller überredete, ihm ein Militärfahrzeug samt Fahrer und Eskorte zur Verfügung zu stellen. Der Oberst, ein freundlicher Militärarzt und frommer Katholik, hatte Padre Nicacci als Beichtvater gewählt. Er war weder ein begeisterter Anhänger von Hitlers Rassenpolitik noch wollte er in Assisi Angst und Schrecken verbreiten. So hielt er sich an das, was ihm der Padre sagte: Die Juden waren Pilger, die über Weihnachten in Assisi hängengeblieben waren, und der Rabbiner war ihr Bischof. Der Oberst stellte ihnen obendrein einen Passierschein aus.

Drei Monate später wurden vier Kuriere der Gruppe, drei junge Juden und ein Offizier der Partisanenarmee, dabei gefaßt, wie sie gefälschte Papiere nach Perugia brachten. Die Vernehmungsoffiziere schafften es nicht, sie zum Reden zu bringen. Alle blieben bei den Geschichten, die sie zu ihrer Tarnung erfunden hatten, und so wurden sie schließlich freigelassen, doch weil einer der Gefaßten sich versprochen hatte, gerieten die Kirchenmänner von Assisi in Verdacht. Die SS verhaftete Padre Nicacci und sperrte ihn ohne Nahrung in Einzelhaft. Jeden Morgen hörte er in der Dämmerung die Schreie der Gefangenen, die hinausgeführt wurden, um vor das Erschießungskommando gestellt zu werden, doch er weigerte sich hartnäckig, den Nazis die gewünschten Informationen zu geben. In der dritten Nacht war der Padre an der Reihe. Er wurde aus der Zelle geholt und mit fünf anderen Männern in einen Lastwagen gestoßen. Dann fuhr man sie in den geschlossenen Hof des alten Frauengefängnisses von Perugia. Die fünf Gefährten des Padre mußten sich in einer Reihe aufstellen, und man verband ihnen die Augen. Dann wurden sie erschossen. Ernst von den Velde, der für die Sicherheit in der Region verantwortliche SS-Offizier, hatte die Hinrichtung beaufsichtigt. Nun wandte er sich an Nicacci und gab ihm vierundzwanzig Stunden für ein Geständnis. Der Padre weigerte sich wieder und wurde zurück in die Zelle gesperrt. Dort schlief er ein. Als er aufwachte, gab man ihm zu essen und führte ihn dann zu dem einflußreichen Rechtsanwalt aus Perugia, der hinter den Kulissen die Fäden für seine Freilassung gezogen hatte. So knapp war er dem Tod noch nie entronnen.

Am frühen Morgen des 17. Juni 1944 wurde Assisi von britischen Panzern befreit, doch zuvor war die Stadt nur um Haaresbreite einer Katastrophe entkommen. Vor dem Rückzug begann die Wehrmacht, wichtige Gebäude zu verminen. Oberst Müller hatte keine Handhabe gegen die Pioniere, aber in letzter Minute kam einer von Padre Nicaccis getarnten Juden – Paolo Jozsa, der einen für ihn verlockenden Posten bei den Deutschen angenommen hatte – mit einem Befehl, der Assisi zur militärfreien Stadt erklärte. Die letzten Deutschen zogen stillschweigend ab, und die Alliierten konnten ohne Blutvergießen einmarschieren. Unter ihnen war der Pole Alexander Ramati, ein unabhängiger Kriegsberichterstatter. Dreißig Jahre später vertraute Padre Nicacci ihm an, daß der Befehl zur Ausrufung der militärfreien Stadt eine Fälschung gewesen war.

*

Die jungen Widerstandskämpfer, allesamt überzeugte sozialistische Zionisten, nannten sie »Imma«, so heißt auf hebräisch »Mutter«. Anna Borkowska war damals etwa vierzig Jahre alt und Oberin eines bescheidenen Dominikanerinnenklosters in Kolonia Wilenska, fünf Kilometer außerhalb von Wilna. In knapp vier Monaten wurden von den Nazis sechzigtausend litauische Juden aus dieser Stadt deportiert und getötet. Anna Borkowska bot Zuflucht und einen Ort, an dem die Widerstandskämpfer aus den Ghettos von Wilna (dem heutigen Vilnius), Bialystok und Warschau bei Kerzenlicht mit litauischen und polnischen Partisanen den Aufstand planen konnten. Sie war ihnen Mutter und Kameradin. Chaika Grossmann, später Abgeordnete im israelischen Parlament, behielt sie als »die Sorte Mensch, die man sich als Freund wünscht« im Gedächtnis. Sie strahlte Freundlichkeit und Offenheit aus und hatte »das Gesicht einer Frau, die die Menschen liebt«. Der hebräische Dichter und Führer des Widerstands Abba Kovner lebte mehrere Wochen als Novize verkleidet in dem Kloster (laut Grossmann trug auch sein langes Dichterhaar dazu bei, daß er mit der Verkleidung durchkam). »Er erledigte alle Aufgaben, die er in unserem Haushalt auf sich genommen hatte, äußerst verantwortungsbewußt«, berichtete Oberin Borkowska. »Er zog eine Schürze an, band sich ein Tuch um den Kopf und ging mit uns zur Arbeit aufs Feld. Von weitem sah er mit seinem blassen, mageren Gesicht aus wie eine Frau.«

Sehr viel später schrieb Kovner darüber, wie hinter dem verriegelten Klostertor oft so viele jüdische Männer und Frauen Zuflucht fanden, daß sie gegenüber den sieben oder acht Nonnen in der Überzahl waren:

»Trotz der großen Gefahr und gegen den wachsenden Widerwillen der örtlichen Bevölkerung und ihrer Vorgesetzten setzte Anna Borkowska ihre Rettungsbemühungen fort und erweiterte den Kreis ihrer Beziehungen, um den Juden, die bei ihr Schutz suchten, sichere Verstecke und sichere Papiere zu beschaffen. Das Kloster war nicht nur ein gutes Versteck. Es öffnete ein Tor zur Rettung. Jede einzelne der Nonnen setzte sich Tag und Nacht für Menschenleben ein, und ich weiß nicht einmal ihre Namen. Hinter den Klostermauern fanden mit Wissen der Oberin geheime Treffen jüdischer Ghettoführer statt. Hier in diesem

Der israelische Dichter und ehemalige Kämpfer im Ghetto Abba Kovner überreicht Anna Borkowska die Medaille der Gerechten. Warschau, 1984.

Konvent wurde im Januar 1942 die erste Erklärung zu unserem Aufstand verfaßt. Als für die Kämpfer der Zeitpunkt zur Rückkehr ins Ghetto gekommen war, half Borkowska ihnen, indem sie die Waffen, die die Widerstandskämpfer im Kloster gelagert hatten, bewachte. Eines Tages erschien diese Frau in Zivil an den Toren des Ghettos. Sie trug Handgranaten bei sich, die ersten Handgranaten für den Untergrund im Ghetto. Sie überreichte sie mir mit zitternden Händen, wie eine Henne, die ihre versteckten Küken unter den Flügeln hervorholt. Dann flüsterte sie: ›Gott ist mit dir, mein Lieber.‹ Bis zum heutigen Tag klingen mir diese Abschiedsworte noch in den Ohren.«

Avraham Sutzkever, auch er ein kämpfender Dichter, schrieb in seiner Chronik des Wilnaer Ghettos: »Dankbar nahmen die

Kämpfer die ersten vier Granaten als Geschenk der Oberin entgegen. Sie hatte Abba Kovner auch gezeigt, wie man die Granaten richtig benutzte, da ihm diese Machart unbekannt war. Später besorgte sie auch andere Waffen.«

Es war ein eigenartiges Bündnis. Auf der einen Seite die ehrgeizigen Zionisten, alle Anfang Zwanzig, die von einer revolutionären neuen Gesellschaft in einem fernen Land träumten und dennoch entschlossen waren, wenn nötig »mit dem Gewehr in der Hand als freie Menschen dem Tod entgegenzutreten«. Auf der anderen Seite eine Frau, die ihr Leben dem kontemplativen Gebet geweiht hatte. Die Juden konnten sich nicht gleich damit abfinden, daß sie gleichzeitig Wissenschaftlerin mit Diplom der Universität Krakau und Ordensschwester war. Bei der ersten Begegnung, so schrieb sie, »beäugten wir uns prüfend«. Sie versuchte, die Gedankenwelt der jungen Kämpfer zu verstehen, doch es fiel ihr nicht leicht. »Ich hatte nur ein paar vage Vorstellungen vom Marxismus, und da dieser im Mittelpunkt des Gesprächs stand, verstanden wir uns gegenseitig nicht sehr gut. Es dauerte eine Weile, bis ich mich mit dieser völlig neuen Weltsicht abgefunden hatte.«

Am liebsten mochte sie Arieh Wilner. Sie gab ihm den arischen Decknamen Jurek: »Zwei grundverschiedene Welten trafen aufeinander. Trotzdem fanden wir Berührungspunkte, oder eher Brücken, denn jeder wollte in die Seele des anderen blicken können. Wir respektierten gegenseitig unsere Überzeugungen. Wir sprachen über unsere Weltanschauungen, nicht ohne uns in gewissem Maße zu beeinflussen. In unseren Gesprächen versuchten wir, aus der monströsen Realität in die Welt der Gedanken zu flüchten.«

Anna Borkowska verstand sofort, warum die jungen Juden sich weigerten, in aller Stille zu verschwinden. Sie teilte ihren Haß auf die Fremdherrschaft, und die jungen Leute teilten ihren Abscheu vor dem Nazi-Terror, dem Gemetzel an den zehn Kilometer von Wilna entfernten Stätten der Massenhinrichtungen von Ponary. Doch anfangs drängte sie darauf, Juden das Leben zu retten, statt zu den Waffen zu greifen. »Sie versuchte zuerst, uns von ihrem Standpunkt zu überzeugen«, erinnerte sich Chaika Grossmann. »Wenn die Deutschen tatsächlich die Ausrottung aller Juden planten, dann müßten wir ihrer Meinung nach alle unsere Bemühungen darauf konzentrieren, Menschen zu retten, inbesondere die, die in unserer Bewegung aktiv waren, weil die zukünftige jüdische Nation solche Menschen brauche. Später verstand sie, daß wir nicht nur für die Rettung unseres Volkes kämpfen konnten.« Als sie dann überzeugt war, bemühte sie sich um Kontakte, über die man Waffen beschaffen konnte. Nicht alle Untergrundgruppen waren zur Zusammenarbeit bereit. Manche waren antisemitisch vorbelastet, andere zweifelten am patriotischen Engagement der Juden.

Die jüdischen Kämpfer wurden für Anna Borkowska bald »meine Jungen und Mädchen«. Als aus Warschau die Nachricht eintraf, die Juden müßten sich nun auf die Selbstverteidigung vorbereiten, spürte sie ihren unbeugsamen Todesmut. »Schweren Herzens nahm ich Abschied. Ich wußte, was ihnen bevorstand.« Für einen Besuch in Wilna legte sie ihre Schwesterntracht ab. In einer tiefverschneiten Nacht kam sie auf Skiern an.

Viele ihrer »Jungen und Mädchen« opferten ihr Leben. Sie trauerte um jeden einzelnen: um Arieh Wilner, der beim Aufstand im Warschauer Ghetto umkam, und um andere, weniger bekannte Märtyrer, die sie im Gedenken zärtlich beim Vornamen nannte:

»Yisrael war ein gutmütiger, stiller Junge, der als Beerenpflücker arbeitete. Er war der erste, der nach Warschau ging. Eines Tages machte er sich in der Dämmerung mit einem Rucksack auf den Weg. Die Straße war gefährlich, er hatte ›nichtarische‹ Gesichtszüge. Ich machte mir Sorgen um ihn, aber schließlich glaubte ich, daß er es schaffen würde. Ich wollte, daß auch er daran glaubte. Und er schaffte es! Doch im Warschauer Ghetto mußte er schreckliche Qualen erleiden. Er schrieb mir sehr herzliche Worte, die ich nie vergessen werde. Er starb in Treblinka...«

»Und meine Mädchen«, fuhr Anna Borkowska fort. »Tauba, die das Leben so sehr liebte. Sanft und liebenswürdig, wie sie war, hatte sie dennoch den Mut, eine Granate unter ein deutsches Auto zu werfen. Sie starb einen heroischen Tod. Sarenka, eine zartfühlende und liebevolle Mutter, die tapfer den Tod ihres Mannes und die Trennung von ihrem Kind ertrug. Sie ging nach Warschau und verlor dort ihr Leben. Wirka, Verbindungsoffizierin zum Ghetto, die Minen auf die Schienen legte und dann auf eine Tasse Tee zu uns herübereilte.«

Anna Borkowska trauerte auch um die Frauen und Kinder, die nicht kämpften und zeitweilig Zuflucht in ihrem Kloster fanden. In einer Oktobernacht kam zitternd und in Tränen aufgelöst »Frau K.«, eine Großmutter, im Kloster an: Fünfunddreißigtausend Juden waren in einer einzigen »Aktion« ums Leben gekommen. Die Oberin lernte sie als gutherzige, fleißige und fromme Frau kennen:

»Manchmal sprach ich sehr lange mit ihr. Sie versuchte, ihren Schmerz dadurch zu lindern, daß sie sich an die Vergangenheit erinnerte. Sie erzählte uns von ihren Söhnen. Manchmal wurde sie von furchtbaren Zweifeln geplagt. Konnte Gott gut sein, wenn er solche Greueltaten geschehen ließ? Sie blieb bei uns, bis wir alle unser kleines Haus verlassen mußten. Die kleine Sara, Frau K.s Enkelin, holte ich auf einem schmalen Schlitten ab. Sie war vier Jahre alt und sprach kein Wort Polnisch. Ihr Vater befahl ihr, während der ganzen Fahrt den Mund nicht aufzumachen. Unterwegs saß sie dann still und ernst auf dem Schlitten, und zu Hause angekommen, wollte sie den Mund auch nicht aufmachen. Doch einmal, als es laut auf dem Hof war, fragte die Kleine mit rauher Stimme: ›Oma, müssen wir jetzt nach Ponary?‹ Sie und ihre Großmutter starben in Ponary.«

1943 schlossen die Kirchenbehörden das Nonnenkloster in Kolonia Wilenska, nachdem die Gestapo Verdacht geschöpft hatte – erstmals im März, dann im September, als sie zwei Nonnen verhaftete. Eine der Nonnen kam in ein Zwangsarbeitslager. Die Oberin wurde verhört. Nach der Befreiung legte Anna Borkowska den Schleier ab. Abba Kovner, der sie viele Jahre später als Rentnerin in Warschau wiederfand, glaubte, daß sie die Schließung des Klosters nicht hatte verzeihen können.

1984 reiste Kovner im Auftrag von Yad Vashem nach Warschau, um ihr die Medaille der Gerechten zu überreichen. »Ich weiß nicht, ob Gott uns beistand«, sagte er, »aber ich bin fest überzeugt, daß das Gesicht dieser Frau uns begleitete und eine Quelle der Inspiration war. Sie war mit allen, die in jener Zeit, in der die Engel weinten, diese Wüste der Feindseligkeit durchwanderten.«

5
Der gütige Halbmond

„Yosef, du bist unser Bruder, und Rivkah, du bist unsere Schwester, und die Kinder sind unsere Kinder. All das Unsrige ist auch das Eurige, hier ist euer Zuhause." Im April 1941 in Sarajevo bedeutete der Gruß aus Tausendundeiner Nacht mehr als traditionell überschwengliche östliche Gastfreundschaft. Mit dieser Geste wurde der Kaufmann Mustafa Hardaga, der mit persischen Teppichen handelte und überall in der Stadt Häuser besaß, zu einem der vier Muslime, die Israel für die Rettung von Juden ehrte. Er bot damit seinem Freund und Mieter Yosef Kabilio ein Dach über dem Kopf, nachdem Kabilios Wohnung im dritten Stock durch die deutsche Luftwaffe ausgebombt worden war. Mustafa teilte das geräumige Haus mit seinem älteren Bruder Izet. Ihre Ehefrauen Zayneba und Bahria wohnten in separaten Frauenquartieren und zogen den Schleier vor das Gesicht, wenn sie Yosef sahen. Nie zuvor hatte ein fremder Mann bei ihnen gewohnt.

Bald nachdem ihr jüdischer Gast mit Frau, Sohn und Tochter eingezogen war, marschierte die Wehrmacht in die jugoslawische Stadt ein, in der 1914 mit dem Attentat auf Erzherzog Franz Ferdinand der Erste Weltkrieg begonnen hatte. Etwa ein Drittel der Bevölkerung waren Muslime, von denen viele mit den Invasoren kollaborierten. Eine Welle des Antisemitismus überrollte die Stadt. Der Pöbel plünderte die Große Synagoge in dem Viertel, in dem auch das Haus der Hardagas stand. In den Flammen verbrannten Torahrollen von unschätzbarem Wert, die über vierhundert Jahre alt waren und noch aus der Zeit der Vertreibung der Juden aus Spanien stammten. Unterstützt von der örtlichen Sicherheitspolizei, deportierten die Deutschen ab September 1941 einen Großteil der zehntausend, zu neunzig Prozent sephardischen, Juden, die in Sarajevo lebten. Trotzdem standen Mustafa und seine zwanzig Jahre jüngere Frau Zayneba selbst dann noch zu dem Versprechen, das sie den Kabilios gegeben hatten, als die Gestapo auf der gegenüberliegenden Straßenseite ein Verhörzentrum einrichtete und überall in der Stadt Plakate mit der Ankündigung aufgehängt wurden, daß jedem, der Juden verstecke, die Todesstrafe drohe.

Hinter einem Vorhang verborgen, beobachtete Yosef Kabilio von der Hardagaschen Villa aus die antisemitischen Ausschreitungen. »Diese Ereignisse«, berichtete er, »bestärkten die Hardagas nur noch in ihren freundschaftlichen Gefühlen uns gegenüber und in ihrem Mitleid mit den Juden, denen so etwas angetan wurde.« Sorgen machte Yosef aber, daß ihre Anwesenheit die Gastgeber in Gefahr brachte. Er fand einen serbischen Freund, der Rivkah und die Kinder als seine eigene Familie ausgab und sie in die relative Sicherheit der italienisch besetzten Zone Jugoslawiens schmuggelte. Weil Yosef als bedeutender Fabrikant in Sarajevo sehr bekannt war, konnte er sie nicht begleiten. Man hätte ihn schon am ersten Kontrollpunkt erkannt.

Die Besatzungsmacht befahl die Übergabe der Fabrik, in der qualitativ hochwertige Rohr-, Wasser- und Gasleitungen hergestellt wurden, an Yosefs Hauptbuchhalter, einen volksdeutschen Kollaborateur namens Eterle. Als einige Arbeiter zwei Maschinen lahmlegten, damit sie nicht den Deutschen in die Hände fielen, beschuldigte Eterle Kabilio sofort der Mittäterschaft.

»Ich erkannte, daß er mich um jeden Preis in deutsche Haft bringen wollte«, schrieb Yosef. »Ich mußte also anderswo ein Versteck finden, da die Familie Hardaga sehr nahe bei der Fabrik wohnte. Bei Anbruch der Dunkelheit machte ich mich auf den Weg zum Militärhospital, das ein alter Freund von mir, Hauptmann Radovich, leitete. Ich bat ihn, mich zu verstecken. Er beschloß, daß er mich am besten und eigentlich nur dann verstekken konnte, wenn er mich als kranken Gefangenen tarnte.«

Kabilio blieb zwei Monate in dem Militärhospital, doch eines Nachts kam die Polizei und verhaftete ihn. Er wurde mit siebzig anderen Juden in das städtische Gefängnis gesperrt. Wegen des außergewöhnlich harten Winters konnten die Deutschen sie nicht wie geplant in das Zwangsarbeitslager im nordjugoslawischen Jasenovac verlegen. Statt dessen wurden sie jeden Morgen zum Schneeschaufeln auf die Straße getrieben. Eines Tages, die aneinandergeketteten Gefangenen waren gerade auf dem Rückweg ins Gefängnis, bemerkte Kabilio eine verschleierte Frau, die weinend am Straßenrand stand und die Gefangenen anstarrte. Er erkannte Zayneba Hardaga. »Von diesem Tag an«, schrieb er, »brachten Zayneba und ihre Schwägerin den ganzen Monat meiner Gefangenschaft hindurch genug zu essen für mich und ein paar andere hungrige Mäuler.«

Doch ein Monat war lang genug. Eines Nachts floh Kabilio zusammen mit einem anderen jüdischen Gefangenen. Der damals fünfundvierzigjährige Kabilio war noch gut in Form: Er war ein begeisterter Sportler, Skifahrer und Bergsteiger. Diese Fertigkeiten waren ihm jetzt sehr nützlich. Er sprang von einem Fenster im dritten Stock auf das Dach eines unbewohnten Hauses, floh dann zum Bahnhof und versteckte sich in einem leeren Güterwaggon. Doch ein Spitzel verriet ihn an die Polizei, und er wurde wieder gefaßt. Die Gestapo verurteilte ihn zum Tode und brachte ihn mit acht anderen Verurteilten nach Pale, einem etwa dreißig Kilometer entfernt gelegenen Ort. Partisanen hatten die Wasser- und Abwasserleitungen zerstört, und die Gefangenen mußten nun die Reparaturen erledigen. »Unsere Bewacher kümmerten sich nicht darum, ob wir zu essen hatten«, erinnerte sich Kabilio, »und so lebten wir von Gras und Schnecken.« Noch einmal griff die Familie Hardaga ein. Ein Wachposten, der den muslimischen Geschäftsmann zufällig kannte, erwähnte beiläufig Kabilio und andere Gefangene. »Zwei Wochen später, als ich fast am Ende war, weil es nichts zu essen gab und die Arbeit sehr schwer war, gelang es ihnen, uns Lebensmittelpakete zukommen zu lassen. Der Mut der Familie Hardaga ging uns allen ans Herz und gab uns die Kraft, die Gefangenschaft weiter zu ertragen.«

Zwei Monate nach der Ankunft in Pale erhielten die Wachen den Befehl, neun Gefangene hinzurichten. Bevor der Befehl ausgeführt werden konnte, kam Hauptmann Reinman, ein Offizier der jugoslawischen Armee, nachts in die Gefängnisbaracke und sagte, er werde die Tür offenlassen. Vielleicht war der Hauptmann, so vermutete Kabilios Sohn Benny 1990, selbst Jude. Reinman mußte die Gefangenen nicht zweimal auffordern zu fliehen. Sie schlüpften noch in der Dunkelheit hinaus. Jeder machte sich allein auf den Weg.

»Da ich die umliegenden Berge kannte«, schrieb Yosef, »wollte ich durch die Wälder nach Sarajevo zurückkehren. Noch vor der Morgendämmerung klopfte ich bei den Hardagas an die Tür. Nach all den Gefahren, die sie um meinetwillen auf sich genommen hatten – sie hatten mir Lebensmittel gebracht und ähnliches mehr –, wußte ich, daß ich mich auf sie verlassen konnte. Überglücklich, mich zu sehen, weinten und lachten sie gleichzeitig. Dann berichteten sie, daß sie bei jeder sich bietenden Gelegenheit Geld an meine Familie schickten. Es war seit Monaten die erste Nacht, in der ich gut schlafen konnte.«

Am nächsten Morgen traf Kabilio Zaynebas Vater Ahmed Sadik. Sadik sagte ihm, er habe die Familie Papo, jüdische Freunde der Kabilios, verstecken und in die italienische Zone bringen können. Ahmed Sadik wurde später wegen seiner Hilfe für die Juden denunziert und in Jasenovac ermordet. Im Haus der Hardagas bekam Kabilio gut zu essen. Allmählich erholte er sich. Doch nachts hörte er die Schreie der kommunistischen Partisanenkämpfer, die in den Kellern des Gestapohauptquartiers auf der anderen Straßenseite gefoltert wurden.

»Nach und nach nahm ich meine Umgebung wieder wahr: die Bekanntmachungen an den Mauern, auf denen die Öffentlichkeit unter Androhung der Todesstrafe gewarnt wurde, Juden oder Kommunisten Zuflucht zu gewähren. Wieder befiel mich würgende Angst, und ich wußte, daß ich Sarajevo am folgenden Tag verlassen mußte, diese Stadt, in der es keine Juden mehr gab. Meine Gastgeber taten alles, um mir den Aufenthalt in ihrem Haus so angenehm wie möglich zu machen, doch ich fürchtete

Zayneba Hardaga (Mitte) pflanzt im Juni 1985 in Begleitung ihrer Schwester Arifagic Nada einen Baum in der Allee der Gerechten. Rechts Yosef Kabilio.

die Folgen, die mein Bleiben für die Familie Hardaga haben konnte.«

So bat Kabilio einen Bekannten, ihn aus Sarajevo in die italienische Zone zu schmuggeln, wo er seine Familie wiederzusehen hoffte. Dieses Mal lohnte sich das Risiko der Reise. Bleiben wäre noch gefährlicher gewesen. Nach Kriegsende kehrten die Kabilios in die Stadt zurück und wurden von ihren muslimischen Beschützern herzlich willkommen geheißen.»Sie gaben uns den Schmuck, den wir bei ihnen zurückgelassen hatten, in demselben Kasten zurück, in den wir ihn verpackt hatten«, erzählte Yosef. Von den zehntausend Juden, die Anfang 1941 in Sarajevo gewohnt hatten – was einem Anteil von zehn Prozent der Einwohner entsprach –, überlebten nur zweitausendvierhundert den Krieg, indem sie wie die Kabilios in die italienische Zone flohen. Nach der Gründung Israels 1948 emigrierten die meisten Überlebenden in den jüdischen Staat. Kabilio und seine Familie ließen sich in Jerusalem nieder. Dort starb Kabilio 1989 im Alter von zweiundneunzig Jahren. Aufgrund seines Berichts ehrte Israel im Juni 1985 die Familie Hardaga. Die mittlerweile verwitwete Zayneba nahm an der Feier in Yad Vashem teil. In den Boden der Ohel Yizkor, der Halle der Erinnerung, sind die Namen von zweiundzwanzig Konzentrationslagern der Nazis eingelassen. Zayneba legte Blumen auf die Inschrift »Jasenovac«, dem Lager, in dem ihr Vater gestorben war.

*

Selahattin Ülkumen, der zweiunddreißigjährige türkische Konsul von Rhodos, hatte bereits Grund genug, die Drohungen der Deutschen ernst zu nehmen, noch bevor er zweiundvierzig sephardische Juden, die auf der griechischen Insel lebten, vor der Deportation nach Auschwitz bewahrte. Im Februar 1944 war das Konsulat in Rhodos die einzige noch offene türkische Vertretung in dem von den Achsenmächten kontrollierten Gebiet. Nachdem sich Italien, das seit 1912 die südlichen Sporaden regierte, im September 1943 aus dem Krieg zurückgezogen hatte, war die deutsche Wehrmacht dort eingezogen. Die Türkei, die in den ersten vier Kriegsjahren politisch neutral geblieben war, begann nun politische und militärische Gespräche mit den Briten. Die Deutschen befürchteten, mit türkischer Hilfe solle eine zweite Front durch die Ägais eröffnet werden. So versuchten sie es mit Einschüchterung.

»Unsere Botschaften in Bulgarien und Griechenland wurden

Selahattin Ulkumen,
türkischer Konsul auf Rhodos,
im Juni 1990 in Yad Vashem,
Jerusalem.

geschlossen«, erzählte Ulkumen sechsundvierzig Jahre später in Tel Aviv. »Auf Verlangen der Deutschen wurden alle unsere Vertretungen geschlossen. Sie verlangten auch die Schließung des Konsulats auf Rhodos. Die Türkei legte Protest ein. Wenn ihr darauf besteht, daß wir das Konsulat in Rhodos schließen, so argumentierten wir, schließen wir euer Konsulat in Smyrna. Die Deutschen waren anderer Ansicht. Rhodos war das einzige Konsulat, das uns in dem von den Achsenmächten kontrollierten Gebiet noch geblieben war. Das Verhältnis zu den Deutschen auf Rhodos war äußerst gespannt. Am 18. Februar 1944 bombardierten zwei deutsche Flugzeuge das Konsulatsgebäude. Meine Frau wurde schwer verletzt. Sie starb sechs oder sieben Monate später nach der Geburt unseres Sohnes.«

Am 20. Juli 1944 gab die Gestapo den Befehl, alle achtzehnhundert auf der Insel lebenden Juden müßten sich zur Erfassung im Militärhauptquartier einfinden. Die Inselbewohner waren Abkömmlinge der Juden, die 1492 aus Spanien vertrieben worden waren. Obwohl sie unter türkischer und italienischer Herrschaft gelebt hatten, sprachen sie immer noch Ladino, die im Mittelalter in Spanien entstandene Sprache der Juden. Die rhodesischen Juden waren eine verschworene Gemeinschaft; sie lebten für sich in ihrem Viertel der alten Kreuzritterstadt. Einige hatten ihre Ehepartner unter den sephardischen Juden gefunden, die auf dem türkischen Festland wohnten. Alle Juden, gleichgültig welcher Nationalität, sollten, so hatte Ulkumen erfahren, zusammengetrieben werden. Ein paar von ihnen waren türkische Staatsbürger. Er wußte, daß sie in die Konzentrationslager geschickt werden sollten:

»Ich ging zu dem Kommandanten, Generalleutnant Ulrich Kleemann, und forderte ihn auf, zweiundvierzig türkische Staatsbürger jüdischen Glaubens freizulassen. Wenn beispielsweise ein Türke mit einer Italienerin verheiratet war, gab ich aus humanitären Gründen die gesamte Familie als Türken aus. Ich konnte zweiundvierzig Menschen retten. Nicht alle waren Türken. Ich weiß nicht, wie viele keine Türken waren. Wenn es mir möglich gewesen wäre, hätte ich mehr Juden gerettet, aber es lag nicht in meiner Macht. Die zweiundvierzig kamen frei, doch die anderen Juden wurden nach Auschwitz geschickt.«

»Der deutsche Kommandant«, so Ulkumen weiter, »sagte mir, daß den Gesetzen der Nazis zufolge alle Juden – egal welcher Nationalität – als solche zu gelten hätten und in die Konzentrationslager müßten, weil Deutschland zusätzliche Arbeitskräfte benötige. Ich wußte, was sie wirklich vorhatten – sie wollten die Juden in den Gaskammern umbringen. Ich protestierte. Nach türkischem Gesetz gebe es keine Unterschiede zwischen Staatsbürgern jüdischen, christlichen oder muslimischen Glaubens. Nach türkischem Gesetz seien alle Bürger gleich. Ich konnte ihn schließlich überzeugen. Ich sagte, ich würde meine Regierung informieren, was sicherlich internationale Verwicklungen zur Folge hätte. Da willigte er ein.«

Auf die Frage, was er von den Deutschen oder seiner Regierung zu befürchten gehabt habe, antwortete Ulkumen, er habe aus Gewissensgründen so gehandelt. Das allein zähle.

Von den über siebzehnhundert Juden, die von Rhodos nach Auschwitz transportiert wurden, kehrten nur hunderteinundsechzig zurück. Die meisten ließen sich später in Israel nieder. Man benannte einen Platz im alten Judenviertel um in »Platz der hebräischen Märtyrer«. Die lichterfüllte, luftige Synagoge wurde eine Pilgerstätte, doch gebetet wurde dort selten.

Matilda Turiel und ihre beiden Söhne gehörten zu den zweiundvierzig Juden, die der Konsul gerettet hatte. Matilda war in der Türkei geboren worden und hatte nach der Heirat mit einem in Rhodos lebenden Juden italienischer Staatsbürgerschaft die Nationalität ihres Mannes angenommen. Die Gestapo, die ihren Mann bereits abgeholt hatte, befahl ihr, mit ihren Söhnen in das Hauptquartier zu kommen. Sollte sie sich weigern, werde man ihren Mann töten. Ulkumen, der Frau Turiel völlig unbekannt war, fing die drei auf dem Weg ab und drängte sie, das Gebäude nicht zu betreten. Er nahm sich ihres Falles an. Die Familie überlebte und ließ sich in New York nieder. Im Juni 1990 flog Matilda Turiel nach Jerusalem: Der ehemalige Konsul war damals der erste Türke und einer der wenigen Muslime, die von Yad Vashem geehrt wurden.

Anfang August 1944 brach die Türkei die diplomatischen und wirtschaftlichen Beziehungen zu Deutschland ab. Ulkumen und seine schwerverletzte Frau wurden interniert. Die Deutschen ließen sie nicht gehen, sondern verlegten sie auf das griechische Festland. Ulkumen kehrte am 8. Mai 1945, dem Tag der Befreiung, in die Türkei zurück. »Bis dahin«, sagte er, »hatte ich keinerlei Nachrichten gehört, doch dann erfuhr ich, daß alle türkischen Juden von Rhodos auf das türkische Festland fliehen konnten. Man hatte jene zweiundvierzig Menschen nicht angerührt.«

Nach dem Krieg setzte Ulkumen seine diplomatische Karriere zuerst in Europa, dann als Generalkonsul in Beirut und Kairo fort. Später war er stellvertretender Generalsekretär der CENTO, der inzwischen in Vergessenheit geratenen *Central Treaty Organization*. Sein Sohn folgte ihm in den diplomatischen Dienst und arbeitete bei der UNO in Genf. Selahattin Ulkumen, der mit fünfundsechzig in den Ruhestand ging und sich in Istanbul niederließ, hatte nicht wieder geheiratet.

Auf meine Frage, ob ein bestimmtes Ereignis aus seiner persönlichen Lebensgeschichte ihn bewogen habe, Leben und Freiheit für die Rettung der Juden aufs Spiel zu setzen, sagte Ulkumen: »Ich kannte die Juden von Rhodos nicht. Ich hatte nichts mit ihnen zu tun. In der Türkei hatte ich jüdische Freunde, die ich von der Universität her kannte. Für mich war es kein Unterschied, ob sie Juden oder Muslime waren. Ich fragte nicht nach ihrer Religion. Ich hatte kein besonderes Verhältnis zum Judentum. Ich hegte lediglich menschliche Gefühle für alle Menschen. Wären sie Schwarze gewesen, hätte ich dasselbe getan.«

*

Moshe Mandil war Photograph, Schwiegersohn eines Photographen, Vater eines Photographen und Großvater eines Photographen. Und er hatte es seinem Handwerk zu verdanken, daß er, seine Frau, sein Sohn und seine Tochter 1944 zehn gefährliche Monate gemeinsam mit einer anderen Flüchtlingsfamilie in einem Zimmer über einem albanischen Kuhstall verbringen konnten. Sein muslimischer Gastgeber war Vater eines Photographen und später auch Schwiegervater und Großvater eines Photographen.

Die Geschichte begann in Mandils jugoslawischem Heimatort Novi Sad. Nach der deutsche Invasion 1941 wurden dort alle Juden zusammengetrieben und in Konzentrationslager abtransportiert. Moshe Mandil und seine Familie tauchten unter und flohen dann in den Süden des Landes. Die Italiener sperrten die Mandils bis März 1942 in ein Gefangenenlager in Pristina und verbannten sie dann nach Albanien. Wie etwa hundertfünfzig andere jugoslawische Juden durften sie sich nur noch innerhalb der Stadt Kavaja bewegen. Jeden Morgen mußten sie sich bei der Polizei melden.

Als Italien im September 1943 kapitulierte und die Deutschen die Macht übernahmen, wurde der Aufenthalt in Kavaja zu gefährlich. »Jeder wußte, daß wir jüdische Flüchtlinge aus Jugoslawien waren«, erzählte mir Moshes Sohn Gavra im Juli 1990. »Fünf jüdische Familien lebten in einem Haus, jede Familie in nur einem Zimmer. Anderswo in der Stadt lebten weitere jüdische Familien.« Die Mandils zogen also weiter. Als Muslime verkleidet – Gavras Mutter war verschleiert –, schlugen sie sich in die Hauptstadt Tirana durch.

Die albanischen Muslime Vesel und Fatima Veseli (in der Mitte sitzend) mit den jüdischen Familien, denen sie 1944 Zuflucht gewährten. Links hinten Moshe und Gabriella Mandil, davor Gavra und Rina Mandil. Das Photo wurde vor dem Haus aufgenommen, in dem sie versteckt waren.

Moshe machte sich auf die Suche nach einem Studio, in dem er genug Geld verdienen konnte, um seine Familie zu ernähren. Da fiel im ein Schild mit der Aufschrift »Photo Neshad« ins Auge. Moshes Schwiegervater Gavra Confino hatte als Photograph am Königlichen Hof von Serbien einmal einen Assistenten namens Neshad gehabt. Wie sich herausstellte, gehörte das Studio genau diesem Mann: Er war albanischer Muslim, Junggeselle und inzwischen Mitte Dreißig. Neshad bot Moshe Platz in seinem Studio an und brachte die ganze Familie in seinem Haus unter. Neshads siebzehnjähriger Gehilfe, der ebenfalls Muslim war und Refik Veseli hieß, ging bei Moshe in die Lehre.

»Sie arbeiteten zusammen«, sagte Gavra Mandil. »Mein Vater versteckte sich unter dem schwarzen Tuch hinter dem Photoapparat, wenn er deutsche Offiziere porträtierte. Refik stellte die Scheinwerfer ein und half auch bei anderen Dingen. So entstand eine enge Freundschaft. Wir lebten fünf oder sechs Monate in Tirana, von September 1943 bis Anfang 1944. Dann erfuhren die Deutschen, daß es noch jüdische Flüchtlinge in der Stadt gab. Sie begannen, Haus für Haus zu durchsuchen. Das Leben dort wurde sehr, sehr gefährlich. Neshad hatte große Angst. Es war ein großes Risiko, uns zu behalten.«

Refik Veseli, der auch in Neshads Haus lebte, erzählte die Geschichte weiter. Eines Tages klopfte es an der Tür, Refik öffnete und stand einem deutschen Durchsuchungstrupp gegenüber: »Ich zitterte am ganzen Leib. Die Juden sahen nicht nur anders aus, sie sprachen auch nicht unsere Sprache. Ich sagte, alle seien Albaner. Wir hörten Schreie aus dem Haus gegenüber, wo die Deutschen eine jüdische Familie gefaßt hatten.«

Diesmal kam Refik noch davon, doch es war die letzte Warnung. Er und Neshad hatten schon darüber gesprochen, wie es weitergehen konnte. Nun wußte er, daß die Juden nicht länger in Tirana bleiben konnten. Refiks Vater Vesel Veseli, ein ehemaliger Lehrer, der inzwischen Vertreter einer Schreibwarenfirma für den Schulbedarf war, hielt sich gerade geschäftlich in der Stadt auf. Er lebte in dem Bergdorf Kruja und wohnte nun bei Refiks älterem Bruder Hamid. Der Photographenlehrling fragte Vater und Bruder um Rat:

»Wie konnten wir sie retten? Daß wir sie retten wollten, stand außer Frage. Die einzige Frage war, wie wir sie in das Dorf bringen konnten. Mit dem Auto war es zu gefährlich, also entschieden wir uns, Esel zu nehmen. Warum nahmen wir das Risiko auf uns? Unser Volk war seit Generationen unterdrückt. Schon immer war Albanien unterdrückt: von den Serben, den Österreichisch-Ungarischen, den Türken, den Italienern und jetzt den Deutschen. Wir waren es gewöhnt, unter einer Besatzungsmacht zu leben. Denen zu helfen, die in Not waren, lag uns im Blut. Jedes Kind wußte, daß es gefährlich war, Juden zu helfen, doch Hilfe war selbstverständlich. Wir retteten nur ein paar von ihnen. Andere taten mehr.«

Vesel Veseli kehrte in sein Dorf zurück und kam dann mit Eseln und Gewändern wieder, mit denen sich die Juden als Muslime verkleiden sollten. Moshe Mandil bat, ob eine weitere jüdische Familie, die Ben-Yosefs, mitkommen könne. Vesel war einverstanden. Gavra, der damals acht Jahre alt war, erinnerte sich an den Treck:

»Die Reise dauerte etwa drei Tage und drei Nächte. Tagsüber versteckten wir uns in Höhlen, um keinen Lastwagen und Patrouillen zu begegnen. Kruja, wo Refiks Eltern lebten, war ein kleines Dorf, etwa zehn bis fünfzehn Häuser an sehr steilen, felsigen Berghängen. Vesel besaß etwas Land, ein paar Olivenbäume und einige Kühe, doch es war nur soviel, um den Bedarf der Familie zu decken. Wir vier Mandils und drei Ben-Yosefs mischten uns unter Vesels Großfamilie. Wir teilten uns einen Raum über dem Kuhstall. Die Erwachsenen mußten im Haus bleiben, doch wir Kinder mischten uns unter die anderen Kinder. Niemand merkte, ob es zwei mehr oder weniger waren. Die Erwachsenen konnten nur nachts frische Luft schnappen. Refiks Vater hatte uns nie zuvor gesehen, als er uns in sein Haus aufnahm. Kaum hatte Refik erzählt, daß wir uns verstecken mußten, da war er schon einverstanden. Dabei wußte er, welches Risiko er auf sich nahm.«

In den zehn Monaten, die die Juden 1944 in Kruja verbrachten, wurde das Dorf zweimal von albanischen Partisanen erobert, doch jedesmal verloren sie es wieder an die Deutschen. Für die Mandils und Ben-Yosefs war das ein zweifelhafter Vorteil. Als das Dorf die ersten zwei oder drei Tage von den Partisanen kontrolliert wurde, kamen die Erwachsenen aus ihrem Versteck. Sie konnten jetzt auch tagsüber hinausgehen und frische Luft schnappen, doch die Nachbarn fragten nun nach ihnen. Vesel war

Tag der Befreiung in Tirana, November 1944. Refik Veseli (zweiter von links) in Partisanenuniform. Dritter von links ist der Photograph Neshad, zweiter von rechts Moshe Mandil. Vorne Moshes Sohn Gavra.

kein verschwiegener Mann. Bald wußte das ganze Dorf, daß er jüdische Flüchtlinge versteckte. Er versicherte seinen Gästen, daß sie sich keinerlei Sorgen zu machen brauchten. »Sie kriegen euch nicht, bevor sie mich kriegen«, sagte er ihnen. »Wenn sie euch kriegen, dann nur über meine Leiche.« Sechsundvierzig Jahre später erzählte mir sein Sohn Refik: »Wir sind sehr stolz darauf, daß in Albanien keine Juden von Albanern verraten wurden. Nach dem Einmarsch der Partisanen wußte ganz Kruja, daß bei uns Juden versteckt waren. Als die Deutschen zurückkamen, verriet uns niemand. Manche kamen sogar, um uns zu warnen, wenn die Deutschen anrückten.« Doch als die Deutschen das Dorf zum zweiten Mal zurückeroberten, entschied Vesel, daß er dieses Wagnis nicht noch einmal eingehen konnte. Also besorgte er noch einmal einige Esel und brachte die beiden jüdischen Familien zurück in die Hauptstadt. Refik hatte sich dort dem Widerstand angeschlossen. Als sie ankamen, erinnerte sich

Gavra Mandil, hatte die Schlacht um Tirana, ein siebzehn Tage dauernder Kampf um jedes Haus, gerade begonnen.

»Auf der Flucht vor den Deutschen rannten wir von Haus zu Haus«, sagte Mandil, »um Partisanen zu finden. Refik kämpfte in dieser Schlacht. Nach siebzehn Tagen war alles ruhig. Auf den Straßen lagen Leichen und tote Pferde. Nach und nach kamen die Leute aus ihren Verstecken.«

Die Juden mußten nicht mehr fliehen. Anfang 1945 kehrte Moshe Mandil mit Frau, Sohn und Tochter nach Jugoslawien zurück. Vor der Abreise bat er Refik um Entschuldigung dafür, daß dieser seine Lehre nicht hatte beenden können. Er lud Refik ein, zu ihm nach Novi Sad zu kommen, wo er ein neues Studio eröffnen wollte. Noch waren die Grenzen offen. 1946 nahm Refik das Angebot an. Er blieb achtzehn Monate bei den Mandils in Novi Sad. Im September 1947, nachdem Moshe ihm alle Finessen ihres Handwerks beigebracht hatte, kehrte er nach Albanien zurück. Refik führte fast zwanzig Jahre lang ein eigenes Photostudio. Als die Kommunisten alle privaten Geschäfte verboten, wurde er offizieller Photograph des Nationalmuseums. Er heiratete Drita, die ebenfalls Photographin war, und später traten dann die beiden Söhne in die Fußstapfen ihrer Eltern.

Die Familie Mandil emigrierte im Dezember 1948 nach Israel. Auch Gavra wurde Photograph. Trotz des äußerst repressiven kommunistischen Systems in Albanien, das sich nicht nur gegen Israel, sondern praktisch gegen die ganzen Welt abschottete, blieben die beiden Familien in Verbindung und tauschten Photographien aus. Refik nannte seinen ersten Enkel Ron; so hieß auch Gavras Sohn, der Enkel seines alten Lehrmeisters. Im Juli 1990 kamen Refik und seine Frau nach Israel, wo sie in Yad Vashem geehrt wurden – und bei Ron Mandils Hochzeit zu Gast waren.

6
Ein Akt des Widerstands

Wenn es zehn gerechte Gojim auf der Welt gibt«, schrieb der kämpfende Dichter Abba Kovner, »dann ist Ona Simaite unter ihnen.« Die litauische Bibliothekarin Ona Simaite war zweiundvierzig Jahre alt, als die Deutschen Wilna einnahmen. Sie gehörte zu denen, die es als Akt des Widerstands gegen die Nazi-Besatzung verstanden, wenn sie Juden retteten und ihnen Beistand leisteten. Sie und andere – ein Straßenbahnfahrer, ein Friseur, eine Hausfrau, ein Pfadfinderführer, ein Urologe, ein Bauer, die Leiterin eines Kinderhilfswerks, eine Schuldirektorin, die Väter eines zukünftigen französischen Außenministers und eines ungarischen Ministerpräsidenten und der Großvater eines Filmstars – bekämpften das Dritte Reich, indem sie die »Endlösung« sabotierten. Sie beharrten auf ihrem Standpunkt, was die Menschenwürde der Juden, ihren Platz in Europa, ihr Recht auf Leben anging. »Mein Vater rettete nicht Juden«, sagte mir der Sohn des Friseurs, »er rettete seine Freunde.« Sie hielten sich nicht an den kaltherzigen Grundsatz der Eroberer, dem zufolge gute Arier keine jüdischen Freunde zu haben hatten. Sie wollten nicht wegschauen. In Ländern wie Polen und Litauen, in denen die größten jüdischen Gemeinden Europas bestanden und gleichzeitig der Antisemitismus weit zurückreichende Wurzeln hatte, zogen sie sich damit nicht nur die Wut der Gestapo, sondern auch die ihrer Nachbarn zu, von denen manche an dem Gemetzel teilnahmen und manche sich illegal bereicherten.

Von ihrem Großvater, einem einfachen litauischen Arbeiter, hatte Ona Simaite gelernt, den Verleumdungen, die sie über Juden hörte, keinen Glauben zu schenken. Er gab ihr Bücher zu lesen, in denen Juden positiv dargestellt waren. Als die achtzigtausend Juden, die in Wilna lebten, im Oktober 1941 in ein Ghetto getrieben wurden, ging sie mit dem Direktor der Stadtbibliothek sofort hin, um zu sehen, wie die Bedingungen dort waren und wie man helfen konnte. Wie die jüdische Überlebende Tanya Sternthal berichtete, stand Ona Simaite fast jeden Tag am Tor zum Ghetto:

»Sie erledigte lebenswichtige Botengänge und Besorgungen für Hunderte von Juden, die sie gar nicht kannte. Sie ging zu den ehemaligen christlichen Nachbarn und bat sie, Kleidung und andere Wertgegenstände, die die Juden zurückgelassen hatten, herauszugeben – dann überbrachte sie diese Dinge den Eigentümern. Die ›guten Christen‹ verfluchten sie mehr als einmal, denn insgeheim warteten sie auf die Ermordung der Eigentümer. Es war keine leichte Aufgabe, und wenn sie bekam, was sie wollte, war sie überglücklich. Die Wertgegenstände, die sie den Eigentümern zurückbrachte, bewahrten diese oft vor dem Hungertod.«

Ona Simaite lebte von Kohl und Kartoffeln. Mit ihren übrigen Lebensmittelkarten brachte sie den Kindern im Waisenhaus des Ghettos Brot, Getreide, Marmelade, Käsestückchen und Margarine. Außerdem kämpfte sie für die Erhaltung des jüdischen Erbes in Wilna, einer Stadt, die zu den größten osteuropäischen Zentren jiddischer Kultur und Gelehrsamkeit gehörte. Sie sammelte Bücher aus jüdischen Bibliotheken und versteckte sie bei sich unter dem Fußboden, bewahrte Bücher und Manuskripte des Dichters Avraham Sutzkever auf und brachte außerdem jedes Dokument, ob echt oder gefälscht, das sie bekommen konnte, in das Ghetto. Irgendwie schaffte sie es, für einen jüdischen Universitätsdozenten, der außerhalb des Ghettos im Untergrund lebte, Personalausweis und Lebensmittelkarten zu besorgen. Als Eine-Frau-Nachrichtendienst versorgte sie die Juden mit Informationen über das Weltgeschehen und berichtete den Menschen außerhalb, was im Ghetto geschah. Die Überlebende Sarah Hishmit nannte sie »die Lebensader des Ghettos«. Dabei setzte sie bei jedem Besuch ihr Leben aufs Spiel.

Als Banden litauischer und lettischer Antisemiten und auch die Deutschen das Ghetto überfielen, schmuggelte sie Juden zu sich nach Hause und versteckte sie dort. Tanya Sternthal war eine von ihnen:

»Sie holte mich in ihr Zimmer und gab mir ihr Bett. Ich war eine Fremde für sie, aber sie sorgte für mich wie eine Mutter für ihr leidendes Kind. Später, nachdem die Deutschen das Versteck entdeckt, mich aber wundersamerweise nicht mitgenommen hatten, brachte Ona Simaite mich nach Keilis, wo einige Juden untergetaucht waren, die sich aus Wilna hatten retten können. Auch dort sorgte sie weiter für mich.«

Einige Tage vor der Liquidierung des Wilnaer Ghettos holte Ona Simaite ein zehnjähriges Mädchen heraus und gab es offiziell als ihre Nichte aus. Die Gestapo ließ sich jedoch von den falschen Papieren, die sie über einen Rechtsanwalt organisiert hatte, nicht täuschen. Ona Simaite wurde verhaftet und zum Tode verurteilt, doch ihre Freunde von der Universität, in der sie Bücher katalogisierte, erreichten durch Bestechung der Nazis eine Umwandlung des Urteils. Sie verbrachte den Rest des Krieges in einem Konzentrationslager in Frankreich. Nach der Befreiung lebte sie dort verarmt und einsam im Exil. Juden, denen sie während des Krieges geholfen hatte, überredeten sie 1965 zum Umzug nach Israel. Sie kam dort nicht zurecht und kehrte nach Paris zurück, wo sie in einem Altersheim lebte. Yad Vashem ehrte sie 1967. Man erfuhr dort per Postkarte, daß sie 1970 friedlich gestorben war und ihren Körper der Wissenschaft vermacht hatte.

*

Stanislaw Dutkievicz arbeitete, wie schon sein Vater, bei den Warschauer Straßenbahnen. Die Familie gehörte den katholischen Sozialisten an. Sein Vater sang im Kirchenchor. Stanislaw wuchs im Arbeiterviertel Wola unter Juden und Christen auf. Vor dem Krieg besuchten seine Eltern oft jüdische Freunde und aßen an jüdischen Festtagen »gefilte Fisch«. Als die Deutschen 1939 die polnische Hauptstadt besetzten und die Juden in das Ghetto verwiesen, baten ihn seine Freunde um Hilfe. Zwei Straßenbahnlinien führten durch das Ghetto. Der damals zwanzigjährige Stanislaw hatte einen Passierschein, mit dem er zu Reparaturarbeiten und als Straßenbahnfahrer ein- und ausfahren konnte. »Anders als heute, wo jeder belohnt werden will«, erklärte er ein halbes Jahrhundert später, »half man damals, weil man mit diesen Leuten aufgewachsen war. Wir waren zusammen zur Schule gegangen, hatten als Kinder miteinander gespielt und uns später gegenseitig über Wasser gehalten. Das Schlimmste, was ich in den Kriegsjahren erlebt habe, war, als die Deutschen jüdische Kinder mit Lebensmitteln erwischten. Sie schlugen sie, schleuderten sie gegen die Wand und töteten sie. Nach dem Krieg brauchte ich eine Therapie, um über all diese schockierenden Erlebnisse hinwegzukommen.«

Zuerst, als noch einige Juden außerhalb des Ghettos wohnten, hielt Dutkievicz den Kontakt zwischen Familienmitgliedern, die getrennt worden waren. Er schmuggelte einige ihrer Besitztümer in das Ghetto. »Wenn du einen Passierschein hattest und die Wachposten bestechen konntest«, sagte er mir, »stellte niemand irgendwelche Fragen.« Als die Lage sich verschlimmerte und immer mehr Juden in dem überfüllten Ghetto starben, wurde Dutkievicz von zwei Führern des jüdischen Untergrunds angesprochen, von Tuvia Bozikovski und Stefan Grajek. Ohne Zögern sagte er seine Hilfe zu:

»Es gab Verstecke in den Straßenbahnen, in denen wir Lebensmittel und andere Vorräte für das Ghetto – Kartoffeln und solche Dinge – unterbringen konnten. Im Ghetto sprangen dann Leute auf die Straßenbahn auf und warfen die Vorräte hinaus. Auf diese Weise schmuggelten wir auch Waffen, Munition und Granaten. Eine andere Widerstandsgruppe kaufte Waffen von deutschen Soldaten. Ich gehörte zu der Gruppe, die sie dann ins Ghetto schmuggelte und verteilte. Sie kauften auch von ungarischen Soldaten Waffen. Außerdem stahlen sie jedem Soldaten, den sie allein beim Spaziergang oder in der Straßenbahn antrafen, seine Waffen.«

Auf der Rückfahrt schmuggelte er Juden aus dem Ghetto, die

er bei seiner Mutter oder Freunden der Familie versteckte. Von denen, die aus dem Ghetto kamen, sahen einige aus wie Polen. Die Widerstandskämpfer besorgten ihnen gefälschte Papiere und eine Bleibe. Dutkievicz schmuggelte die Flüchtlinge, die sehr jüdisch aussahen, zu den Partisanen. Bozikovski und Grajek bauten in zwei leerstehenden Wohnungen hinter Kachelöfen versteckte Verschläge, in denen jeweils bis zu zwölf Juden unterkommen konnten. Manche blieben zwei oder drei Wochen, manche länger. Eine andere Widerstandsgruppe suchte dauerhaftere Verstecke für sie. Dutkievicz hatte die Aufgabe, ihnen zu essen zu bringen, damit sie nicht verhungerten, doch bald schon übernahm er eine aktivere und gefährlichere Rolle:

»Manchmal waren die Verschläge voll, und es kamen immer noch Leute, die Schutz brauchten. Ich brachte sie zu meiner Mutter oder meiner Schwester und versteckte sie dort im Keller. Meine Schwester hatte eine Erdgeschoßwohnung. Als der Zustrom nicht nachließ, half uns Stefan Grajek, ein Haus zu kaufen. Von dort aus brachten wir die Juden zu den Partisanen. Stefan ging auch zu meiner Frau und bat sie um Hilfe. Wir versteckten Juden in unserem Haus, die wir aus eigener Tasche verköstigten.«

Grajek und Bozikovski wohnten selbst mehrere Monate bei Dutkievicz und seiner Frau Czeslawa. »Natürlich setzten sie damit ihr Leben aufs Spiel«, schrieb Grajek später. »Sie bekamen keine finanzielle Entschädigung für das, was sie taten. Manchmal empfingen wir dort Abgesandte des jüdischen Untergrunds.«

Dutkievicz machte sich keine Illusionen über die Gefahr, in der sie alle schwebten. »Überall hingen Warnungen«, sagte er. »Die Polizei kontrollierte vor Ort und durchsuchte Häuser. Hätte man mich erwischt, wären ich und meine gesamte Familie erschossen worden.« Beim Aufstand im Warschauer Ghetto im Frühjahr 1943 half er Juden, durch die Kanalisation zu den Partisanen zu fliehen. Nach eigener Schätzung konnten mit seiner Hilfe insgesamt zweihundert Juden gerettet werden. Er arbeitete noch bei den Straßenbahnen, als die Gestapo 1943 zum ersten Mal nach ihm fahndete. Seine Schwiegermutter öffnete die Tür und sagte, Dutkievicz sei nicht zu Hause. Als die Gestapoleute ihr sagten, er sei »ein Bandit, ein sehr gefährlicher Mann«, versprach sie ihnen: »Falls er je wieder auftaucht, werde ich es Sie wissen lassen.« Dutkievicz ging sofort in den Untergrund und verschrieb sich nun mit Haut und Haar dem Widerstand. Er kam nicht zurück, wurde allerdings noch viermal von den Deutschen verhaftet. Dreimal konnte er bei der Verlegung von einem Gefängnis ins andere entkommen.

»Das vierte Mal«, erinnerte er sich, »war 1944. Ich war in einem Durchgangslager inhaftiert, in dem sie entschieden, wer in den Tod, ins Konzentrationslager oder zur Zwangsarbeit geschickt werden sollte. Mich schickten sie nach Deutschland. Ich floh auf der Fahrt bei einem Aufenthalt auf dem Bahnhof von Lodz. Ich sagte meinen Bewachern, ich müsse auf die Toilette. Der deutsche Polizist, der mich begleitete, wartete vor der Tür. Ich bemerkte, daß er in die andere Richtung sah. In diesem Augenblick fuhr sehr langsam ein Personenzug auf dem Weg zurück nach Warschau vorbei. Ich sprang auf diesen Zug, öffnete die Tür und kletterte auf das Dach des Zuges. Dort blieb ich liegen, bis der Zug in einem etwa fünfunddreißig Kilometer entfernten Städtchen das nächste Mal anhielt. Als der Zug langsamer wurde, sprang ich auf die Stoßdämpfer und rannte davon.«

Einige Monate später kämpfte er im zweiten Warschauer Aufstand. »Inzwischen war es zu spät, um noch Juden retten zu können«, sagte er.

*

Wladislawa Choms, Ehefrau eines Offiziers der polnischen Armee, begann schon vor dem Zweiten Weltkrieg für die Juden zu kämpfen. Die Bewunderin des Zionismus hatte 1934 mit ihrem Mann Palästina besucht. Als polnische Universitätsstudenten eine gewalttätige Kampagne gegen die Juden in Gang setzten, schrieb Frau Choms, die zu den führenden Mitgliedern der Demokratischen Partei in Lwow gehörte, in der Lokalpresse kritische Artikel und sprach auf Versammlungen, die der Unterstützung der Juden galten. Die Überlebende Brunia Roth, die heute in Israel lebt, hörte 1937 Frau Choms' Grabrede für einen jüdischen Studenten, der von antisemitischen Kommilitonen ermordet worden war:

»Ich weiß noch, wie Frau Choms – schwarzgekleidet und mit bebender Stimme – an die polnischen Mütter appellierte, dafür zu sorgen, daß ihre Söhne die mörderischen Messer aus der Hand legten, damit das Blutvergießen ein Ende habe. Polnische Studenten verspotteten sie als ›Mutter der Juden‹ und drohten ihr oft, sie habe Feinde, doch sie schenkte diesen Drohungen keine Beachtung und setzte sich weiterhin für das Wohlergehen der Juden ein.«

Lwow wurde zuerst von den Russen, dann von den Deutschen überfallen. Seit dem Krieg gehört die Stadt zur Sowjetunion. Nach dem Einmarsch der Russen organisierte Frau Choms Russischkurse für Juden, damit sie Arbeit finden konnten. Sie selbst mußte vor der sowjetischen Polizei aus ihrer Wohnung fliehen, da diese die Frauen polnischer Offiziere zusammentrieb und nach Sibirien verschleppte. Als die Deutschen im Juni 1941 in Lwow einmarschierten, wurde ihr Mann verhaftet. Ihr Sohn floh nach England und meldete sich zur Royal Air Force. Wladislawa Choms leitete eine polnische Gruppe, die Juden half. Sie beschafften Verstecke und gefälschte Papiere. Sie sammelten bei den wohlhabenderen Juden Geld und Juwelen, die sie verkauften, um ärmeren Glaubensgenossen zu helfen. Als siebzigtausend Juden in ein Ghetto getrieben wurden, schmuggelten Frau Choms und ihre Freunde Waffen und Nahrungsmittel hinein und jüdische Kinder heraus. Die Kinder kamen in Klöstern und Waisenhäusern unter. Außerdem überredeten sie polnische Familien, sechzig jüdische Säuglinge in Pflege zu nehmen. Im August 1942 rettete Frau Choms zwei Schwestern, deren gesamte Familie ermordet worden war. Eine der Schwestern, Ludmila Bogdanovich, lebte nach dem Krieg in Haifa. Sie erinnerte sich:

»Frau Choms holte uns aus dem Ghetto heraus, beschaffte uns Papiere und brachte uns zu Freunden nach Zelinka, einem Ort in der Nähe von Warschau. Diese halfen uns den ganzen Krieg hindurch – wofür Frau Choms zu danken ist. Als wir schließlich nichts mehr zu essen hatten, weil die Nazis unseren gesamten Besitz konfisziert hatten, organisierte Frau Choms finanzielle Unterstützung für uns, die für ein bescheidenes Leben ausreichte. Als ich an Typhus erkrankte, brachte sie mich zu einem Arzt, ohne Geld dafür zu verlangen. Der Arzt rettete mich an der Schwelle des Todes.«

Die Juden nannten sie den »Engel von Lwow«. Niemand weiß zwar, wie viele sie rettete, doch laut Brunia Roth verdanken ihr viele, inzwischen über die ganze Welt verstreute Menschen das Leben:

»Manche wußten nicht einmal, wer ihr Schutzengel war, weil sie in aller Verschwiegenheit handelte, im Untergrund, damit die Deutschen nichts von ihren Aktivitäten erfuhren. Wenn jemand krank wurde, versuchte sie, Medizin und Geld zu beschaffen. Sie bat alle, sie über jede schutzlose jüdische Seele zu informieren. Sie hörte die alliierten Radiosendungen, übersetzte die Nachrichten ins Polnische und tippte dann Flugblätter. Ich verteilte diese Flugblätter an die, die über die politische Situation Bescheid wußten und sich über den Schimmer einer Hoffnung auf eine bessere Zukunft freuen würden. Sie mußte selbst untertauchen und Hunger und Kälte erdulden, um weiterhin anderen helfen zu können.«

1943 wurde Lwow zu gefährlich für Frau Choms, weil die Deutschen ihr auf der Spur waren. Sie floh nach Warschau. Bei Kriegsende verließ sie Polen, um nach ihrem Sohn und ihrem Mann zu suchen, der in Frankreich inhaftiert war. Sie erfuhr nun, daß ihr Sohn beim Dienst mit der Waffe gefallen war. Ihr Mann überlebte, starb jedoch nach langem, qualvollem Kampf an Krebs. 1963 reiste Wladislawa Choms nach Jerusalem. Sie lebte damals in einem Londoner Altersheim. Wie Ludmila Bogdanovich, die sie dort aufgespürt hatte, berichtete, lebte Frau Choms »seit langem in sehr schwierigen Verhältnissen« und hatte »in der Zeit, als ihr Mann sterbenskrank war, zwanzig Stunden pro Tag arbeiten müssen, um für sich und ihn aufkommen zu können«. Frau Choms war zu stolz, um finanzielle Unterstützung von denen anzunehmen, die sie gerettet hatte. Nachdem Wladislawa

Choms, die »Mutter der Juden«, der »Engel von Lwow«, in Yad Vashem einen Baum gepflanzt hatte, sagte sie: »Seit Kriegsende ist das der erste Lichtstrahl in meinem Leben. Hier auf dem Berg der Erinnerung stehend, empfinde ich Glück und Scham.« Glück, weil sie manches erreicht hatte, und Scham darüber, daß so etwas je nötig gewesen war.

*

Für Henryk Grabowski, einen polnischen Pfadfinderführer Anfang Zwanzig, waren die Juden nicht hilflose Opfer, sondern Waffengefährten. Er war Verbindungsmann zwischen den militanten jungen Zionisten des Jüdischen Kampfbundes und dem polnischen Untergrund. Er berichtete als erster in Warschau über die Massenexekutionen in Wilna und umgekehrt in Wilna über den bewaffneten Aufstand in Warschau. Er besorgte Gewehre, Messer und Sprengstoff, versteckte die Waffen und schmuggelte sie in das Warschauer Ghetto. Außerdem führte er Juden aus dem Ghetto. Sein Haus auf der arischen Seite diente jüdischen Kämpfern als Zufluchtsort. Einen jüdischen Häftling konnte er retten, obwohl die Gestapo zusah. »Der gemeinsame Kampf brachte die Leute einander näher«, sagte er. »Junge Polen und junge Juden wurden Freunde. Jeder war bereit, für den anderen sein Leben zu geben.«

Im Sommer 1941 kamen in Warschau Gerüchte auf, wonach die Nazis in den großen östlichen Zentren Wilna, Bialystok und Lwow die Juden massenweise hinrichteten. Außerdem würde jüdisches Eigentum beschlagnahmt. Die vierhunderttausend Juden, die in das Warschauer Ghetto gepfercht waren, wollten diese Nachrichten zunächst nicht glauben. Sie waren verwirrt und entmutigt. Trotz aller gegenläufigen aktuellen Meldungen hofften sie immer noch, daß eine Niederlage der Nazis auf dem Schlachtfeld ihr Überleben sichern werde. Zu den wenigen, die diese Berichte ernst nahmen, gehörten die jungen Kämpfer, aber auch polnische Patrioten wie Grabowski. Seiner Meinung nach wollten die Nazis zuerst die Juden ausrotten und dann die Polen.

Henry Grabowski (zweiter von rechts) mit ehemaligen jüdischen Widerstandskämpfern, 1985. In der Mitte Chaika Grossmann, links Abba Kovner.

Grabowski nahm an einem ersten Treffen zwischen jüdischen und polnischen Kämpfern im Ghetto teil. Sie beschlossen, den bewaffneten Kampf gegen die Besatzungsmacht aufzunehmen.

Im Herbst darauf schickten Yosef Kaplan von der sozialistisch-zionistischen Hashomer-Hatzair-Jugendbewegung und Irena Adamovicz von den polnischen Pfadfindern Grabowski nach Wilna. Er sollte dort Unterstützung für den organisierten Widerstand mobilisieren, bestehende Gruppen anweisen, Informationen über zivile und militärische Truppenbewegungen zu sammeln, und die Beziehungen zu Verbindungsleuten bei der örtlichen Polizei und der Bahnpolizei pflegen. Um nach Wilna zu kommen, mußte er zwei de facto bestehende Grenzen überqueren. Für die Reise in die dreihundertsechzig Kilometer entfernte Stadt brauchte er zwei Wochen: Das letzte Stück legte er mit stillschweigendem Einverständnis polnischer Arbeiter auf einem Güterzug zurück. Er mußte viele Kontrollstellen passieren, die mit feindlich gesinnten litauischen und lettischen Polizeihilfstruppen besetzt waren, die ohne viel Federlesens jeden erschossen, der ihnen nur im geringsten verdächtig vorkam.

In Wilna waren die »Aktionen«, bei denen in drei bis vier Monaten sechzigtausend von insgesamt achtzigtausend Juden getötet wurden, in vollem Gang. Da die Gaskammern noch nicht in Betrieb waren, wurden die Juden ins Freie geführt und erschossen. Chaika Grossmann empfing Grabowski im arischen Teil der Stadt und brachte ihn heimlich in das Ghetto. »Mit seiner Ankunft«, sagte sie, »wurde zum ersten Mal der Ring des Schweigens durchbrochen, der das Wilnaer Ghetto umgab. Seine Ankunft symbolisierte das Ende der totalen Isolation.« Grabowski erkannte, daß die jüdischen Jugendbewegungen den Widerstand bereits organisierten. Er drängte sie, mit dem litauischen Untergrund zusammenzuarbeiten, in dem wiederum die Pfadfinder herausragend tätig waren, und ihre Taten außerdem so eng wie möglich mit Warschau abzustimmen.

Bevor Grabowski sich auf den Rückweg in die polnische Hauptstadt machte, wollte er mit eigenen Augen sehen, ob die Berichte von Massenerschießungen der Wahrheit entsprachen. Begleitet von der litauischen Pfadfinderin Jadwiga Dudziec, einer äußerst mutigen Widerstandskämpferin, fuhr er mit dem Fahrrad aufs Land. Zwischen Wilna und Trok stießen sie auf eine Gruppe von drei- bis vierhundert Juden. Viele trugen schwere Bündel mit sich oder schleppten kleine Kinder hinter sich her. Sie wurden in kleinen Gruppen in den Wald geführt. Dort bemerkte Grabowski zehn der verhaßten Hilfspolizisten, die Gräben aushuben. Er konnte mit der einen Gruppe ein paar Worte wechseln und drängte sie zu fliehen, bevor man sie erschießen würde. Die Juden sagten ihm, man habe sie hierhergebracht, weil sie Kartoffeln ausgraben sollten. Sie wollten ihm nicht glauben. Bald darauf trafen zwei oder drei Lastwagen mit etwa zwanzig Soldaten unter dem Kommando eines SS-Offiziers ein. »Die Opfer legten ihre Habe auf einen Haufen, mußten sich bis auf die Unterwäsche ausziehen, dann wurden ihre Körper durchsucht. Man erschoß sie neben den frisch ausgehobenen Gruben.«

Am nächsten Morgen mieteten Grabowski und Jadwiga ein

Kajak – angeblich, um fischen zu gehen – und paddelten über den See zum Schloß Tyszkiewicz, in dem deutsches Militär einquartiert war. Sie wollten Informationen darüber beschaffen, wer das Schloß zu welchem Zweck nutzte. Obwohl sie nicht sehr nahe herankamen, sahen sie Truppen und etwa fünfhundert Zivilisten mit Kleiderbündeln. Sie vermuteten nun, so schrieb Grabowski später, daß dies eine weitere Gruppe von Juden war, die niedergemetzelt werden sollte:

»Wir versteckten uns im Schilf. Wir hörten die lauten Befehle der Hilfstruppen und der Deutschen, und wir hörten die Schreie der Zivilisten, denen die Exekution bevorstand. Sie wurden mit halbautomatischen Waffen erschossen. Wir hörten auch einzelne Schüsse. Damit wurden die umgebracht, die immer noch am Leben waren. Die Exekutionen dauerten etwa drei Stunden. Nachdem die Gewehrschüsse aufgehört hatten, warteten wir ab, was nun geschehen würde. Bald darauf beobachteten wir betrunkene Hilfspolizisten, die drei mit Kleidern, Bettzeug und anderen kleinen Dingen beladene Pferdekarren zogen. Es waren dieselben Männer, die auch an den Erschießungen beteiligt gewesen waren. Jetzt wollten sie ihre Beute in Trok verkaufen. Doch kein einziger Stadtbewohner kam auf die Straße, um ihnen etwas abzukaufen. Das brachte die betrunkenen Hilfspolizisten so in Rage, daß sie die Holzhäuser in Brand steckten und dann die Kleider von den Karren warfen. Schließlich kamen zwei SS-Offiziere auf dem Motorrad und befahlen den Hilfspolizisten, ins Schloß zurückzukehren. Am nächsten Tag waren die Feuer niedergebrannt. Alles war totenstill. Die SS und die Hilfstruppen verließen das Schloß. Allmählich kehrten die Menschen in ihre Häuser zurück. Das Leben ging weiter, doch es war ein freudloses Leben.«

In Wilna lernte Grabowski auch Arieh (»Jurek«) Wilner kennen, der sein jüdischer Kampfgefährte, der Mann des Warschauer Ghettos außerhalb der Ghettomauern, werden sollte. Der blonde Wilner sah wie ein echter Arier aus, schrieb Grabowski, aber er fühlte sich in dieser Rolle nie sehr wohl. Sie besuchten gemeinsam die Messe in einer katholischen Kirche, doch Wilner kniete zur falschen Zeit nieder und brachte die Gebete durcheinander.

Ein polnischer Zeitgenosse beschrieb ihn als »ruhigen, selbstbeherrschten und klugen Mann, der zu allem bereit war und immer ein aufmunterndes Lächeln auf den Lippen trug – ein Mann, der allen, die mit ihm zu tun hatten, neue Hoffnung gab«. Nach der Rückkehr nach Warschau zog Wilner bei Grabowski ein. Grabowski lieferte ihm Sprengstoff, Granaten, Messer und Schlagringe aus Messing für die Ghettokämpfer. Sein Haus wurde zum Umschlagplatz für Pakete und Geld aus dem Ghetto.

Da die Betriebsamkeit Verdacht erregt hatte, zog Wilner in eine leere Wohnung, die jedoch, was er nicht wußte, unter Bewachung stand, weil vor ihm ein Mitglied der polnischen Widerstandsbewegung dort gewohnt hatte. Als er eines Tages nach Hause kam, stürzten sich sechs Gestapo-Männer auf ihn, die glaubten, einen polnischen Untergrundkämpfer gefaßt zu haben. Von diesem Verdacht gingen sie auch aus, als sie ihn verhörten und folterten. Die Gestapo wollte Namen und genaue Einzelheiten über Aufbau und Bewaffnung des polnischen Untergrunds wissen. Als er die Qualen nicht länger aushielt, »gestand« Wilner, daß er Jude war. Sie schlugen ihn wieder und wollten wissen, wie er aus dem Ghetto geflohen und wie er an die Waffen gekommen sei, die man in seiner Wohnung gefunden hatte. Wilner blieb dabei, daß er ein Einzelkämpfer sei, der seine ermordeten Eltern rächen wolle. Die Gestapo-Offiziere, die ihn verhörten, verloren bald das Interesse an ihm. Sie brachten ihn zunächst in das Gefängnis Pawiak, dann in das Zwangsarbeiterlager Rembertow am Stadtrand von Warschau.

Mit Hilfe eines mitleidigen Wachpostens konnte Wilner Grabowski heimlich eine Nachricht zukommen lassen, in der er seinen polnischen Freund anflehte, ihn herauszuholen. »Trotz allem«, schrieb Wilner, »bin ich noch am Leben.« Die Polen vermuteten eine Falle der Gestapo, doch Grabowski informierte sich an Ort und Stelle. Das Lager war, wie er herausfand, ein altes Backsteingebäude, in dem etwa fünfhundert Juden untergebracht waren. Er versuchte vergeblich, einen Blick von Wilner auf dem Weg zur Arbeit zu erhaschen. Tags darauf kam er wieder, ging direkt zum Wachhaus und klagte, Wilner habe bei ihm zur

Miete gewohnt und sei gegangen, ohne die Miete zu bezahlen. Die Zeiten seien hart, und er brauche das Geld.

»Nach einer Weile«, schrieb er drei Jahre nach dem Krieg, »brachten sie Jurek. Er war abgemagert und von Schlägen verwundet, doch sein Gesichtsausdruck war schon wieder der alte. Er erkannte mich von weitem und schlang die Arme um mich. Darüber war ich nicht allzu erfreut. Ich umarmte ihn auch, doch gleichzeitig zwinkerte ich ihm zu und schimpfte: ›Warum hast du bei mir gewohnt und bist dann gegangen, ohne das Zimmer zu bezahlen?‹ Doch Jurek verstand kein Wort. ›Welches Geld?‹ fragte er. Also wiederholte ich: ›Spiel nicht den Dummen, gib mir das Geld, das du mir schuldig bist, sonst werde ich die Gestapo informieren.‹ Jurek begriff die ganze Situation überhaupt nicht. Er dachte, ich sei ebenfalls verhaftet worden. In dem Versuch, ihm die Lage zu erklären, sagte ich: ›Ich bin heute nur hierhergekommen, um das Geld zu holen. Ich muß das Geld haben.‹ Endlich begriff er. Ich ging mit der Drohung, ich werde am Abend wiederkommen, um das Geld zu holen.«

Am selben Abend kam Grabowski wieder. Er hoffte, die Gefangenen beim Rückweg von der Arbeit abzufangen und irgendwie die Wachposten so abzulenken, daß Wilner fliehen konnte, doch er hatte sie verpaßt. Das Lager lag am Rand eines Sumpfes. Um acht Uhr abends, nur eine Stunde vor Beginn der nächtlichen Ausgangssperre, begann er, sich einen Weg durch das Sumpfgelände zu bahnen:

»Nur mit Mühe erreichte ich die Baracken und schleppte Jurek heraus. Er war sehr schwach und konnte sich kaum bewegen. Doch wir schafften es, aus dem Lager herauszukommen.« Inzwischen war es Viertel vor neun, zu spät, um Grabowskis Haus noch zu erreichen. Also nahm er Wilner mit zu einem Freund, bei dem sie, obwohl der Freund »nicht sehr bereitwillig« war, bis zum nächsten Morgen bleiben konnten. Um fünf Uhr morgens kamen sie in Grabowskis Haus an. Grabowski behielt Wilner zehn Tage lang bei sich, gab ihm zu essen und behandelte seine Wunden mit Hausmitteln. Dann wollte Wilner unbedingt in das Ghetto zurückkehren. Trotz der Spuren, die die Folter der Gestapo hinterlassen hatte, kämpfte Wilner im April 1943 beim Aufstand im Warschauer Ghetto. Er starb in diesem Kampf.

*

Leonard Glinski ist der im Prolog erwähnte Mann, der »ein Leben rettete«. Er kam 1917 in Kartuzy, in der Nähe von Gdansk, dem ehemaligen Danzig, zur Welt und studierte Jura an der Universität Warschau. Er lebte von 1939 bis 1944 in der von den Deutschen besetzten Hauptstadt Polens. Seine barmherzige Tat war ein Nebenprodukt seiner Arbeit in einer im Untergrund arbeitenden Widerstandsgruppe, die der polnischen Heimatarmee angegliedert war. Anders als die meisten Retter, die in diesem Kapitel vorgestellt wurden, hatte er keine besondere Beziehung zu Juden. Er sah einen Menschen in Not und mußte etwas tun. Als wir uns 1989 kennenlernten, war dieser lebhafte Mann mit zweiundsiebzig Jahren gerade in den Ruhestand gegangen. Er war nach dem Krieg als Außenhandelsfachmann und Übersetzer tätig gewesen (er sprach englisch, deutsch und spanisch und hatte häufig in arabischen Ländern gelebt und gearbeitet).

1943, zur Zeit der Massendeportationen der Juden aus den polnischen Ghettos in die Vernichtungslager, arbeitete Glinski in einer Straßenbau- und Ausbesserungsfirma, die gleichzeitig dem Widerstand als Tarnung diente. Abends ging er immer zu seinem Chef zum Abendessen. Eines Tages fiel ihm dort ein neues Gesicht auf, ein vierzehnjähriges Mädchen:

»Mein Chef hatte eine große Wohnung. Das Mädchen saß in einem sehr kleinen Zimmer mit einem kleinen Fenster, durch das niemand hineinschauen konnte. Es war sehr gefährlich, Juden in Privatwohnungen aufzunehmen. Ich sah das Mädchen, sie hieß Alina Pottock, etwa ein bis zwei Wochen immer in diesem Zimmer. Sie hatte weder Geld noch Papiere. Nach ein paar Wochen sagte mein Chef zu mir, daß es immer gefährlicher werde, sie zu behalten. Nachbarn hatten gehört, daß sich ein jüdisches Mädchen in seiner Wohnung aufhielte. Er hatte Angst um seine Familie.«

Alina war aus dem Ghetto von Bedzin, ihrer schlesischen Heimatstadt, nach Warschau geflohen. Ihr Vater war mit der polnischen Armee in Rußland und hatte die Verbindung zu Frau und Tochter verloren. Weil Alina deutsch und polnisch sprach, bekam sie von den Nazis einen Passierschein, mit dem sie Lieferwagen aus dem Ghetto begleiten durfte. Eines Tages hörte sie von den Deutschen, daß das Ghetto liquidiert werden sollte. Sie drängte ihre Mutter, mit auf den Lieferwagen zu kommen und im Schutz der Plane zu fliehen, doch ihre Mutter wollte nicht. Alina floh allein und fuhr mit dem Zug nach Warschau. Sie erinnerte sich an den Namen und die Adresse von Glinskis Chef, der aus Schlesien stammte und mit ihren Eltern bekannt war. So klopfte sie an seine Tür und bat um Hilfe. Er nahm sie auf, doch nach zwei Wochen war er kurz davor, in Panik zu geraten. Er fragte Glinski und andere Widerstandskämpfer, was sie tun konnten.

»Ich wußte, daß das Mädchen in großer Gefahr war«, erzählte Glinski. »Also sagte ich: ›Laß mir zwei Wochen Zeit, und ich besorge ihr Papiere mit neuem Namen, neuem Alter und so weiter.‹ Die Heimatarmee hatte auf verschiedenen Ämtern ihre Leute sitzen. Einer konnte das Blankoformular eines Personalausweises kaufen, das von einem deutschen Offizier unterschrieben und gestempelt worden war. Man mußte es nur noch mit Schreibmaschine ausfüllen. Ich photographierte sie und kaufte Spezialtinte. Sie unterschrieb. Sie sollte, so beschlossen wir, ihren Namen behalten, aber sechzehn statt vierzehn Jahre alt sein (Kinder bekamen keine Personalausweise). Mit sechzehn durfte sie arbeiten. Aus anderer Quelle besorgte ich ihr einen Taufschein der Kirche St. Kasimir im damals unter russischer Besatzung stehenden Lwow, der sie zu einer Katholikin machte. Der Taufschein trug Stempel und Unterschrift eines Priesters. Über die Heimatarmee konnte ich Zeugnisse einer weiterführenden Warschauer Schule organisieren.«

Nachdem Glinski andere Leute aus dem Untergrund um Rat gefragt hatte, sorgte er dafür, daß Alina nach Wien gebracht wurde, wo sie in einer Arztfamilie als Hausmädchen arbeitete. Während des gesamten Krieges blieb er brieflich mit ihr in Verbindung. »Sie schrieb viel von ihren Gefühlen«, sagte er mir, »davon, daß sie nicht wisse, wo ihre Mutter und ihr Vater seien, ob sie umgekommen seien oder noch lebten.«

Glinski wurde 1944 während des Warschauer Aufstandes in der Wohnung seines Chefs verhaftet, konnte jedoch aus dem Durchgangslager entfliehen, in das er zur »Selektion« geschickt worden war. Alinas Vater kam mit der siegreichen Roten Armee zurück und gab Anzeigen in den Zeitungen auf, in denen er jeden, der etwas über das Schicksal seiner Tochter wisse, bat, sich mit ihrem Onkel in Kattowitz in Verbindung zu setzen. Glinski fuhr dreihundert Kilometer mit dem Zug nach Schlesien, fand den Onkel und gab ihm Alinas Adresse in Wien. Der Vater reiste nach Österreich und holte Alina nach Hause.

»Der Onkel lud mich ein, bei ihnen zu wohnen. Nach drei oder vier Tagen kam der Vater mit Alina. Sie kam in mein Zimmer und umarmte mich so fest, daß ich kaum noch Luft bekam. Ihr Vater bot mir Geld an, doch das lehnte ich ab.«

Alina lebte später in Sydney, Australien, heiratete dort, bekam zwei Söhne und leitete eine Reiseagentur. Der Kontakt zu Leonard Glinski brach nie ab, und 1985 wandte sie sich mit der Bitte an Yad Vashem, ihm die Medaille zu überreichen, die besagt: Wer ein Leben rettet, rettet die ganze Welt.

*

Witold Fomienko war einer der wenigen polnischen Christen, die jiddisch sprachen. Er wurde 1905 als Sohn eines Musikers in Warschau geboren. 1924 zog er mit seinem Vater, der in einer Militärkapelle spielte, nach Lutsk, das im damaligen Ostpolen lag und heute zur Ukraine gehört. Er fand Freunde unter den achtzehntausend Juden, die in der Stadt lebten, und lernte ihre Sprache sprechen und schreiben. In die Fußstapfen seines Vaters tretend, wurde der junge Witold Musiker: Er spielte Klarinette und Saxophon. Kurz vor Kriegsbeginn 1939 litt er erstmals unter Herzschmerzen, und die Ärzte rieten ihm, das Musizieren aufzugeben. Der jüdische Musiker Nahum Sofer, der auch einen

Friseurladen besaß, stellte Witold ein und lehrte ihn das Friseurhandwerk. Dadurch verkehrte Fomienko noch häufiger mit Juden. Einige seiner engsten Freunde waren Mitglieder der radikalen zionistischen Jugendbewegung Betar, die damals von Menachem Begin, dem späteren israelischen Premierminister, geleitet wurde. Nach dem Einmarsch der Deutschen 1941 konnte Fomienko seine Dankesschuld abtragen: Er eröffnete seinerseits einen Friseurladen, in dem er Juden beschäftigte. Außerdem fand er bei polnischen Friseuren aus seiner Bekanntschaft Arbeitsstellen für weitere Juden.

Doch schon bald wurden die Juden in ein Ghetto getrieben. Wieder beschloß er, seinen Freunden zu helfen. Er fand Wege ins Ghetto und aus dem Ghetto, das, wie Überlebende beteuern, sein zweites Heim geworden war. Er kaufte von seinem Geld Medizin, Feuerholz, Brot und andere Lebensmittel für die Juden und berichtete ihnen, was in der Welt geschah. Er bemühte sich, alles zu beschaffen, worum er gebeten wurde. Als immer öfter Juden ermordet wurden, schmuggelte Fomienko jüdische Bekannte in einem Lieferwagen aus dem Ghetto und versteckte sie in einer Wohnung, die er von einem polnischen Christen gemietet hatte. Zur Tarnung der Flüchtlinge zogen seine Eltern in die Wohnung. Fomienkos Vater brachte ihnen zu essen. An einem Weihnachtsabend lud Witold alle Juden, die in Verstecken lebten, zu einem Fest in seine Wohnung ein. Außerdem sammelte und ordnete er Photographien, die von ermordeten Familien in den Ghettos zurückgelassen worden waren.

Shoshana Jacobowitz war eine elfjährige Waise, als sie Witold kennenlernte. Ihre Eltern und die übrige Familie waren im Lutsker Ghetto getötet worden. Sie war in das nahegelegene Dorf Podhajce geflüchtet, wo junge Juden als Zwangsarbeiter auf Bauernhöfen arbeiteten. Sie war blond und blauäugig und sah, wie sie später schrieb, »so nordisch wie nur irgendwer« aus. Fomienko meinte, daß sie in der Stadt sicherer wäre, und versteckte sie in der Wohnung seiner Eltern.

»Juden jeden Alters kamen dorthin und baten um einen Schlafplatz. Es war fast ein Hotel, außer daß sie in einem Hotel hätten zahlen müssen, und Witolds Familie verlangte nichts. Statt sich darum Sorgen zu machen, daß er sein Leben und das seiner Familie gefährdete, wenn er uns Essen und Unterkunft gab, sorgte er sich um die Flüchtlinge, die zu ihm kamen, ermutigte sie, versuchte, ihnen neue Hoffnung zu geben, beruhigte sie und fand bei christlichen Bekannten Unterschlupf für sie. Manchmal bezahlte Fomienko die Unterbringung aus eigener Tasche. Er versprach den Christen alles, was sie verlangten, wenn sie nur die Flüchtlinge bei sich aufnahmen.«

Als dann polnische Nachbarn seine christlichen Helfer denunzierten, zog er Tag und Nacht durch die Straßen von Lutsk, um die versteckten Juden vor der drohenden Gefahr zu warnen. Andere Polen, die Juden aufgenommen und der Gestapo hatten entfliehen können, baten ihn um Rat und Hilfe. Auch für sie suchte er stillschweigend Plätze, wo sie zeitweilig unterschlüpfen konnten. In ihrem Beitrag zu einem Buch, das Überlebende aus Lutsk nach dem Krieg zusammenstellten, schrieb Shoshana Jacobowitz zusammenfassend: »Ich liebte diese Familie sehr. Sie behandelten mich sehr gut und sorgten sich um mich. Daß ich am Leben geblieben bin, verdanke ich in erster Linie ihnen.«

Witold Fomienko und seine Eltern retteten etwa sechsunddreißig Juden in ihren Wohnungen und halfen Hunderten mehr. Von Anfang an stand ihnen Ogenya Friedbaum bei, ein jüdisches Mädchen, deren Bruder mit Witold in einer Band gespielt hatte. Nach der Befreiung heirateten Witold und Ogenya. 1957 zogen sie mit ihrem Sohn Mark nach Israel. Vierunddreißig Jahre später gestand Mark, inzwischen stellvertretender Leiter einer Bank in Ashkelon: »Meine Mutter und ich wollten nicht nach Israel. Er wollte. Er hatte Freunde hier. Er wollte Polen verlassen.« In Israel arbeitete Witold, der vor der Reise einen Schlaganfall erlitten hatte, nicht mehr. Er starb 1961 und wurde auf dem katholischen Friedhof in Ramle beerdigt. Die israelische Tageszeitung *Davar* berichtete: »Hunderte von weinenden, trauernden Juden folgten dem großen Kreuz, das hinter dem Sarg hergetragen wurde.«

*

Krankenhäuser boten wie Klöster unendliche Möglichkeiten für Verstecke. Dort herrschte eine eigene Atmosphäre, es galten andere Rang- und Kleiderordnungen. Auch von einmarschierenden Soldaten mit schweren Stiefeln erwartete man ein gewisses Maß an Respekt, ja sogar Ehrfurcht. Die Gestapo konnte nicht einfach in ein Krankenhaus einfallen und alles kurz und klein schlagen. In Bratislava arbeiteten einige slowakische Ärzte, die untereinander in losem Kontakt standen, mit dem Widerstand zusammen, um Juden und anderen Flüchtlingen zu helfen. Einer der findigsten unter ihnen war der Urologieprofessor Dr. Joseph Jaksy. Er behandelte Dutzende von Patienten, deren einzige »Krankheit« darin bestand, daß sie auf der Abschußliste der Nazis standen. Manchmal waren bis zu sechzehn solcher »Kranker« gleichzeitig auf den Stationen untergebracht. Sie bekamen täglich harmlose Injektionen verabreicht. Eine sechzigjährige Jüdin stand drei Jahre lang unter Dr. Jaksys Schutz. Sie sperrte sich tagsüber in einem Badezimmer ein und kam nur nachts heraus. Wenn abgeschossene alliierte Piloten eingeliefert wurden, vergipste der Doktor ihnen die Kiefer, damit sie nicht sprechen konnten, falls sie bei der heimlichen Flucht außer Landes erwischt werden sollten.

Bei seinem gewagtesten Coup ließ er einen Juden, dem die Gestapo auf der Spur war, aus dem Operationssaal verschwinden. Der Mann war in der urologischen Klinik untergetaucht und wartete darauf, daß ein dauerhafter Zufluchtsort gefunden wurde. Dr. Jaksy verabreichte ihm ein Narkotikum, öffnete den Magen und sagte dann den Deutschen, es sei unmöglich, den Patienten während der Operation vom Operationstisch zu holen. Als sie wiederkamen, um ihn abzuholen, war er verschwunden. Alle jüdischen Männer liefen Gefahr, bei einer Razzia ihre Geschlechtsteile entblößen zu müssen. Der Doktor operierte sie erneut, so daß es aussah, als ob sie gerade erst beschnitten worden seien, und stellte ihnen dann Papiere aus, wonach der Eingriff aus medizinischen Gründen notwendig gewesen sei.

Alexander Eckstein, ein im Untergrund aktiver Jude, war verhaftet worden. Während er an der Sammelstelle auf den Abtransport nach Auschwitz wartete, sorgte seine Frau, eine Ärztin, dafür, daß er und zwei andere zu dringenden medizinischen Untersuchungen zu Dr. Jaksy gebracht werden durften. Ein deutscher Soldat lieferte sie im Krankenhaus ab und ging dann wieder.

»Jaksy ließ mir mitteilen, er könne mich in etwa zwei Stunden sehen«, schrieb Eckstein. »In dieser kurzen Zeit gelang es ihm, ein Versteck für mich zu finden. Meine Frau versteckte sich bei den Krankenschwestern. Die anderen beiden Juden tauchten ebenfalls unter. Als der deutsche Soldat uns bei seiner Rückkehr nicht mehr vorfand, geriet er völlig außer Fassung. Dr. Jaksy gab daraufhin kühl zurück, die Patienten müßten wohl geflohen seien, als keine Ärzte im Zimmer waren. Die Ärzte seien nicht für die Bewachung gefangener Patienten verantwortlich. Der Soldat hatte zweifellos Angst vor einer Bestrafung und hielt deshalb den Mund.«

Auch Gizi Fleishman, die Vertreterin des *American Jewish Joint Distribution Committee* in der Slowakei, wurde verhaftet. Bevor die Gestapo sie abführte, gab sie Dr. Jaksy zwanzigtausend Dollar und zwei Millionen tschechische Kronen, die für den jüdischen Untergrund bestimmt waren. Dr. Jaksy leitete die gesamte Summe an Eckstein weiter. Der Doktor nutzte außerdem seine Stellung als Leibarzt des Bürgermeisters von Bratislava, um einem jüdischen Freund, der in Wien untergetaucht war, im offiziellen Wagen des Bürgermeisters Lebensmittel zu bringen. Schon kurz nach Kriegsbeginn hatte Dr. Jaksy seiner ersten Frau, einer Jüdin, bei der Flucht über Budapest in die neutrale Schweiz geholfen.

Erster Assistent und wichtigster Mitverschwörer von Dr. Jaksy war der damals dreißigjährige Juraj Csiky. 1942, im Jahr der Massendeportationen, hatte er gerade Dienst in der urologischen Abteilung, als die Gestapo anrückte:

»Zwei Männer in Uniform und zwei in Zivil befahlen mir, ihnen alle jüdischen Patienten zu übergeben. Da ich ahnte, was mit ihnen geschehen sollte, versuchte ich mit aller Macht, sie zu retten. Ich lieferte die insgesamt sechzehn Patienten nicht an die

Deutschen aus, sondern sagte der Abordnung, ich sei nicht befugt, Patienten zu entlassen. Sie sollten am Tag darauf wiederkommen, dann sei der Professor da. Nachdem die vier Männer gegangen waren, berichtete ich sofort den Patienten, was geschehen war. Sie müßten, so sagte ich ihnen, die Klinik am selben Abend nach sechs Uhr verlassen. Als die Gestapo am nächsten Morgen wiederkam, waren die Patienten nicht mehr im Krankenhaus.«

Fast ein halbes Jahrhundert lang sprachen weder der Professor noch sein Assistent über ihre Rettungsaktionen. Dr. Jaksy eröffnete in New York eine Praxis. Dort erfuhr die in Israel geborene Psychotherapeutin Amira Trattner, die den alten Mann wegen Parkinsonscher Krankheit behandelte, seine Geschichte. Als sie ihn drängte, seine Erfahrungen niederzuschreiben, antwortete er: »Würden Sie nicht dasselbe für Ihren Nachbarn tun?« Sie spürte, daß er sich beinahe schämte, darüber zu sprechen. Dr. Jaksy starb einundneunzigjährig im Sommer 1991, drei Monate nachdem Israel und der Staat New York ihn geehrt hatten. Der Israeli Eliyahu Arbel lernte 1988 bei einem Besuch in seiner ehemaligen Heimatstadt Bratislava Dr. Csiky kennen. Der Doktor war mit der Schwester von Arbels Gastgeber, einem Freund aus Kindertagen, verheiratet. Dr. Csiky hatte, wie sich herausstellte, auch Arbels Mutter behandelt, die zehn Monate in der urologischen Klinik gelegen hatte. »Was ich getan habe«, schrieb er an Yad Vashem, »habe ich als Arzt und Mensch getan.«

*

Alexa Puti hätte den jungen Juden mit in seine Bauernkate genommen, doch er befürchtete, daß der Freund seiner Tochter, der oft und viel Alkohol trank, ihn eines Tages in redseliger Stimmung verraten könnte. Der rumänische Bauer, der nicht lesen und schreiben konnte, kannte die Familie Solomon, weil er an Markttagen nach Somcuta Mare kam und in ihrer Fabrik Kleider kaufte. 1939, nach dem Einmarsch der Deutschen, wurde die Region Hitlers ungarischen Verbündeten unterstellt. Bis März 1944 waren die Juden dort relativ sicher, doch dann marschierten die Deutschen ein und stellten zur Vorbereitung der Deportationen Meldelisten zusammen. Die Solomons flüchteten mit einer befreundeten Familie, den Barachs, aufs Land, hielten es dann jedoch für besser, in das Ghetto von Somcuta Mare zurückzukehren. Nur ihr zweiundzwanzigjähriger Sohn Jacob Solomon wollte in den Wäldern bleiben. So kam es, daß er im Dorf Buteasa an Alexa Putis Tür klopfte und um Hilfe bei der Suche nach einem Versteck bat, da sein Leben in Gefahr sei.

Der Bauer führt Jacob zu einer winzigen Höhle in den Bergen nahe bei seinem Haus. Sein Sohn Todor und seine Tochter Maria halfen mit, die Höhle bis auf etwa zwei Meter Tiefe auszugraben. Dort brachten sie Jacob unter. Wollte man die Felswand erklimmen, mußte man eine Leiter hinaufklettern, die der junge Jude in der Höhle behielt. Die Putis brachten ihm dreimal pro Woche Lebensmittel. Sie wußten, daß er nur koscheres Essen zu sich nahm, und brachten ihm deshalb bewußt nur Gemüse und Milchprodukte.

»Meine Existenz und mein Versteck hielten sie geheim«, schrieb Jacob, »sogar vor dem Verlobten der Tochter, der allgemein als starker Trinker bekannt war. Sie befürchteten, er könne in betrunkenem Zustand das Geheimnis verraten. Sie machten sich sogar die Mühe, mir jede Woche eine Zeitung zu kaufen, obwohl sie selber nicht lesen und schreiben konnten. Wurden sie gefragt, wozu sie eine Zeitung bräuchten, sagten sie, sie sei für den Lehrer in ihrem Dorf oder für den Priester.«

Als die Gestapo herausfand, daß Jacob nicht mit seinen Eltern in das Ghetto zurückgekehrt war, suchten sie ihn mit einem fünfundzwanzig Mann starken Aufgebot ungarischer Polizisten. Zu seinem Glück vermuteten sie ihn tief in den Wäldern und vernachlässigten deshalb die Suche in der Nähe des Dorfes. Trotz eines Erlasses, wonach jeder, der Juden versteckte und dabei erwischt wurde, deportiert würde, versorgten Alexa Puti und seine Familie Jacob fünf Monate lang in der Höhle. »All das nahmen sie aus Freundschaft und dem Wunsch, mir zu helfen, auf sich«, schrieb Jacob. »Ich gab ihnen zwar ein wenig Geld, doch davon konnten sie gerade das Essen und die Kleidungsstücke bezahlen, die sie mir besorgten.«

Jacob Solomon zog 1950 nach Israel und verlor seine Retter für über dreißig Jahre aus den Augen. 1979 und 1983 besuchte er Rumänien und kehrte auch in das Dorf zurück. Alexa und Todor waren gestorben, doch mit Maria und Todors Kindern nahm er wieder Kontakt auf. Als er von Yad Vashem gefragt wurde, ob Maria in finanzieller Bedrängnis sei, antwortete Jacob: »Dort hat sich seit 1944 nichts verändert. Sie essen Kartoffeln und schwarzes Brot, und sie haben eine Ziege.«

*

Kurz nach Beginn der Massendeportationen belgischer Juden im Jahr 1941 wurde Yvonne Nevejean, die Direktorin des *L'Œuvre National de l'Enfance (ONE)*, des nationalen Kinderhilfswerks, vom belgischen Komitee zur Rettung der Juden gefragt, ob sie sichere Zufluchtsorte für Kinder finden könne, deren Eltern befürchten mußten, in die Todeslager im Osten geschickt zu werden. Ohne Zögern sagte Yvonne Nevejean zu. Sie zog ihre Organisation nicht zu Rate, kümmerte sich nicht um Befugnisse und erzählte niemandem, was sie vorhatte. In einer ausgeklügelten Aktion brachte sie heimlich mindestens dreitausend Kinder, die man später »Yvonnes Kinder« nannte, bei Pflegeeltern, in Waisenhäusern der ONE und Klosterinternaten in Sicherheit. Als sie 1965 von Israel geehrt wurde, antwortete sie, sie hätte »einfach aus Liebe zu denen gehandelt, die während der deutschen Besatzung am schrecklichsten zu leiden hatten«. Dann lobte sie ihrerseits die belgischen Juden »für ihre Würde und ihren Mut in jenen finsteren und bedrückenden Zeiten«; nur ihretwegen sei sie »nicht an der Natur des Menschen verzweifelt«. Vor dem Krieg lebten etwa sechsundsechzigtausend Juden in Belgien. Die Nazis ermordeten sechsundzwanzigtausend von ihnen.

Nur ihre Sekretärin wußte über Yvonne Nevejeans Geheimnis genau Bescheid. Sie führte eigene Akten über die jüdischen Kinder, in denen sie ihre neue und alte Identität auflistete. Yvonne

Nevejean schickte vertrauenswürdige Mitarbeiter aus, die die Kinder ausfindig machten und sie entweder in Übergangsheime des ONE oder direkt in die Zufluchtswohnungen brachten. Die Klostervorsteher und Internatsdirektoren erfuhren so viel, oder so wenig, wie sie wissen mußten. Den jüdischen Eltern sagte man nicht, wo ihre Kinder Zuflucht gefunden hatten, doch Kuriere des ONE leiteten Mitteilungen zwischen Eltern und Kindern hin und her. Yvonne Nevejean beschaffte falsche Personalausweise und Lebensmittelkarten für ihre Schützlinge. Wer Geld für Unterbringung und Verköstigung verlangte, wurde aus Mitteln bezahlt, die mit Fallschirmen abgeworfen oder von Vertretern der belgischen Exilregierung in London ins Land geschmuggelt worden waren. Am Abend des 30. Oktober 1942 ließ die Gestapo achtundfünfzig jüdische Kinder aus einem unter deutscher Leitung stehenden Waisenhaus in das Übergangslager Malines verlegen, von wo aus die Kinder nach Auschwitz deportiert werden sollten. Yvonne Nevejean bat Königin Elizabeth, Mutter von König Leopold und Ehrenvorsitzende des ONE, um Fürsprache, und die Königin konnte einen deutschen General überreden, die Kinder zu verschonen.

Nach der Befreiung hieß es, die Deutschen hätten nicht eines von »Yvonnes Kindern« entdeckt. Die Gestapo ahnte, daß Yvonne Nevejean Juden rettete: Sie wurde verhört und ihr Büro häufig durchsucht. Einmal zwang sie ein ranghoher Gestapo-Offizier, ihn bei der Durchsuchung eines Kinderheims in Crainhem zu begleiten. Er mußte mit leeren Händen wieder gehen, obwohl über ein Drittel der Kinder dort jüdischer Herkunft waren. Der Anteil jüdischer Kinder war oft sehr hoch. In einem Heim, dem Institut d'Heverlee, waren hundertfünfundsiebzig von insgesamt sechshundert Kindern Juden. Das Kloster zum Heiligen Herzen in Auderghem versteckte sechzig junge Juden, die eine jüdische Partisanengruppe aus der Vorzeigekolonie der Regierung in Wezembeek gerettet hatte. Damals, 1944, am Vorabend der Invasion der Alliierten in der Normandie, befürchtete der Widerstand, die Kinder könnten deportiert werden. Yvonne Nevejean und die ONE sorgten dafür, daß die Kinder nicht hungern mußten.

Yvonne Nevejean, Retterin vieler belgisch-jüdischer Kinder, 1969 in Brüssel.

Als jüdische Partisanengruppen im August 1944 erfuhren, daß ein ranghoher Gestapo-Offizier nach Brüssel kommen sollte, um die letzten in der Hauptstadt verbliebenen Juden zu beseitigen, baten sie Yvonne Nevejean, noch weitere Kinder zu retten. »Niemals werde ich vergessen, wie entschlossen, sorgfältig und mutig Madame Nevejean diese Aufgabe anging«, berichtete Marie Blum-Albert, die damals zu den jüdischen Aktivisten gehörte. »Sie telefonierte unablässig mit Klöstern, allen möglichen Wohnheimen, Heimen für Kriegswaisen und für Kinder von Häftlingen, setzte sich hartnäckig bei einflußreichen Persönlichkeiten für unsere Sache ein und bekam für die Kinder schließlich Plätze in Heimen, die ohnehin schon überfüllt waren.«

Bei Yvonne Nevejeans Beerdigung im August 1987 sagte Yvonne Jospa, ehemaliges Mitglied einer jüdischen Widerstandsgruppe: »Allen Gefahren zum Trotz hatte sie sich bedingungslos der Rettung jüdischer Kinder verschrieben. Sie handelte aus Liebe zu Kindern, weil sie aufgrund ihrer Weltanschauung jegliche Form von Rassismus ablehnte und weil sie so gegen die Nazi-Besatzung kämpfen konnte. In erster Linie hoffte sie, den jüdischen Kindern dieselben Überlebens- und Entwicklungschancen verschaffen zu können, wie sie nichtjüdische Kinder hatten.«

*

In kleinerem Maßstab, aber nicht weniger engagiert und mutig, sorgte Alice Ferrières, Mathematiklehrerin in einem Mädcheninternat des südfranzösischen Städtchens Murat, wie eine Mutter für fünfzehn jüdische Jugendliche. Zusammen mit Kameraden aus dem Widerstand fand sie vorübergehende Zufluchtsorte für einige hundert weitere Juden, die vor den Deutschen auf der Flucht waren. Die meisten Kinder stammten aus Paris und waren bei Kriegsbeginn im September 1939 in den unter der Herrschaft der Vichy-Regierung stehenden Süden geschickt worden. Solange die Deutschen auf Abstand blieben, waren sie dort relativ sicher, doch 1943 vergrößerte das Deutsche Reich sein Herrschaftsgebiet, und die Juden mußten untertauchen. Alice Ferrières, eine etwa vierzigjährige alleinstehende Frau, erwartete sie schon.

Erna Stern, eine siebzehnjährige Deutsche, die nach Hitlers Machtergreifung 1933 mit ihrer Familie nach Frankreich übergesiedelt war, gehörte zu ihren ersten Schützlingen. Sie und zwei ihrer Freunde kamen unter falschen Namen und mit Papieren, die sie als Protestanten auswiesen, nach Murat:

»Alice Ferrières reichte all denen die Hand, die vor den Deutschen flohen. Ihrer großen Tapferkeit und Hingabe haben wir es zu verdanken, daß wir in dem Internat bleiben konnten und in einer unserem jeweiligen Alter entsprechenden Klasse zusammen mit den nichtjüdischen Schülern unterrichtet wurden. In Mademoiselle Ferrières' kleiner Wohnung bekamen wir nicht nur zusätzliches Essen zur Aufbesserung der winzigen Portionen, die es in der Schule gab, sondern sie bot uns vor allem ein warmes Zuhause, einen wahren Zufluchtsort.«

Wie ein anderes Mädchen, Solange Factor, hinzufügte, sorgte Alice Ferrières auch dafür, daß sie freitags, am Vorabend des Sabbats, Kerzen anzündeten, die jüdischen Festtage feierten und ihre religiösen Traditionen achteten.»Bis zur Befreiung gefährdete sie mit ihrer Sorge um uns ihr eigenes Leben und widmete uns ihre gesamte Freizeit.«

Im Sommer 1944 brachen in der näheren Umgebung heftige Kämpfe zwischen der deutschen Wehrmacht und dem französischen Widerstand aus. Trotz des großen persönlichen Risikos hielt sich Alice Ferrières über die Truppenbewegungen der Deutschen auf dem laufenden. Als die Besatzungstruppen immer näher rückten, gelang es ihr, die Kinder zu neuen Zufluchtsorten aufs Land zu schmuggeln, ohne den Bauernfamilien, die die Kinder aufnahmen, deren jüdische Identität zu offenbaren. Nachdem Murat von Widerstandsgruppen befreit worden war, kehrten die Kinder in die Stadt zurück und blieben bis zum Kriegsende in dem Internat. Alice Ferrières adoptierte zwei jüdische Waisenkinder und kümmerte sich um sie, bis sie alt genug waren, um selber für sich sorgen zu können.

»Ich weiß, daß ich ohne ihre Hilfe in den Kriegsjahren wahrscheinlich nicht hier wäre«, schrieb Solange Factor zwanzig Jahre später, als Alice Ferrières von Israel geehrt wurde. »Meine Mutter wurde im Sommer 1943 deportiert, und jene furchtbare Zeit wäre noch schwerer durchzustehen gewesen. Die hervorstechendste Eigenschaft dieser Frau war unumschränkte, aus tiefstem Herzen kommende Liebe, und sie widmete sich ganz und gar der Rettung von Menschenleben.«

*

Die jüdische Schülerin Simone Nathan, die die letzte Klasse eines Gymnasiums besuchte, sollte einen Aufsatz über Loyalität schreiben, und zwar in Form eines Briefes an Marschall Pétain, dessen von den Deutschen ferngesteuertes Marionettenkabinett in Vichy Anfang 1943 immer noch Zentralfrankreich regierte. Da Pétains Regierung den gesamten Besitz ihres Vaters konfisziert hatte, weil er Jude war, schrieb sie einen, wie sie später sagte, »wütenden« Brief. Die Direktorin war schockiert und warnte Simone, daß die Schule ihr in keiner Weise helfen könne, wenn man sie dafür zur Rechenschaft zöge. Ihr blieb nichts anderes übrig, als die Schule zu verlassen. Damals wandten sich ihre Eltern an Georges Dumas, einen führenden Widerstandskämpfer in ihrer Heimatstadt Limoges und Vater des späteren sozialistischen Außenministers Roland Dumas. Zwei oder drei Tage später hatte Georges Dumas die aufsässige Schülerin als Kostgängerin in einem Kloster untergebracht, das einem örtlichen Krankenhaus angegliedert war. Zwar überredete Dumas den Direktor des Krankenhauses, Simone einen Passierschein auszustellen, doch er riet ihr gleichzeitig, so wenig wie möglich auszugehen. Mindestens einmal kamen Georges Dumas und sein Sohn in das Kloster, um sich zu vergewissern, daß sie dort nicht zuviel durchmachen mußte. Tatsächlich ging die Oberin Mutter Sylvie sehr liebevoll mit ihr um.

Trotz aller Vorsichtsmaßnahmen denunzierte sie jedoch ein anderer Kostgänger, der der Vichy-Miliz angehörte. Simones Eltern wandten sich wieder an Georges Dumas. Inzwischen hatte sich die Lage in Limoges allgemein verschlechtert. Jeder Jude konnte allein aufgrund der Tatsache, daß er Jude war, verhaftet werden. Dumas besorgte gefälschte Personalausweise für Simone, ihren Vater, ihre Mutter und ihren Bruder und fand auf dem Land ein Versteck für sie. Er rettete noch weitere Juden, darunter Henri Sandler, der später Vorsitzender der örtlichen jüdischen Gemeinde wurde. Dumas überredete die Behörden, Sandler, der inhaftiert und mit dem Tode bedroht worden war, wieder freizulassen. Im März 1944 ließ das Glück Georges Dumas im Stich. Er wurde verhaftet und wegen seines Kampfes im Widerstand von einem Erschießungskommando hingerichtet. Zum Andenken an seinen Vater pflanzte Roland Dumas im Januar 1989 bei einem offiziellen Besuch in Jerusalem einen Baum in Yad Vashem. Simone, die inzwischen Ascher hieß und eine Kunstgalerie in Limoges leitete, bekundete persönlich ihre Hochachtung. In Verkennung der historischen Wahrheit riß ein jüdischer Nationalist, der gegen den Dialog des Außenministers mit der Palästinensischen Befreiungsorganisation war, den Baum wieder aus.

*

Als Retter der Juden war Joszef Antall eine vergleichsweise ungewöhnliche Persönlichkeit. Er war Abteilungsleiter im ungarischen Innenministerium unter der pronazistischen Regierung von Admiral Horthy. Anders als Georges Dumas' Sohn, dem späteren sozialistischen Außenminister, wurde Antalls Sohn (der ebenfalls Joszef hieß) zum Ministerpräsidenten der ersten nachkommunistischen und rechtsgerichteten Regierung Ungarns gewählt. Vater Antall war für die polnischen Soldaten zuständig, die nach der deutschen Invasion im September 1939 nach Ungarn flüchteten. Bevor die Nazis 1944 in Ungarn die Macht übernahmen, verhalfen die Ungarn von sich aus vielen Polen zur Flucht nach Großbritannien, wo sie sich der Exilarmee anschließen konnten.

Hunderte jüdischer Flüchtlinge aus Polen nutzten diese Chance, der Gestapo zu entkommen, zogen Uniformen an und schlossen sich mit gefälschten Armeeausweisen den Flüchtlingen in Ungarn an. Die ungarische Polizei wußte zwar, wer Jude war, ließ sie jedoch aufgrund von Weisungen aus dem Innenministerium in Ruhe. Die Regierung Horthy, die mit Hitler gegen die eigenen jüdischen Bürger kollaborierte, verärgerte die Deutschen mit dieser besonderen Behandlung polnischer Juden. In den Jahren 1943 und 1944, der Zeit der Massendeportationen, konnte eine zweite Welle nach Ungarn fliehen. Wieder verheimlichte Antall die Identität dieser Menschen. Seine Aufgabe bestand darin, alle Ausländer sorgfältig zu überprüfen und die Juden in ukrainische Zwangsarbeitslager zu schicken. Berichte von Überlebenden bestätigen, daß Antall, selbst wenn er Flüchtlingslager besichtigte und dort Juden als solche erkannte, sie entweder nicht kontrollierte oder ihnen arische Papiere verschaffte.

Nach der Besetzung durch die Deutschen setzte er diese inzwischen äußerst gefährliche Taktik fort. Er wurde von der Gestapo verhaftet und entging nur knapp der Hinrichtung. »Hunderte, vielleicht Tausende Juden verdanken ihm ihr Leben«, sagte Dr. Gabriel Bar-Shaked, der sich als Forscher in Yad Vashem mit dem Schicksal der ungarischen Juden beschäftigte. »Wenn er gewollt hätte, hätte er Mittel und Wege gehabt, den Juden zu schaden. Viele Ungarn taten das Gegenteil von dem, was er getan hat.«

*

Man weiß leider sehr wenig darüber, in welcher Hinsicht Halfdan Ullmann dazu beitrug, die Flucht der Juden über die Fjorde aus dem besetzten Trondheim zu beschleunigen, und doch mußte der norwegische Professor dafür mit dem Leben bezahlen. Die folgende Geschichte, ein Nachtrag zu diesem Kapitel über Rettung und Widerstand, ist ebenso seine wie die Geschichte seiner Enkelin: Liv Ullmann, die berühmte Schauspielerin, lernte ihren Großvater nie kennen. In Japan geboren, kam sie bei Kriegsbeginn nach Kanada, wo ihr Vater mit anderen norwegischen Piloten im Exil für die Luftwaffe ausgebildet wurde. Er wurde in den letzten Kriegswochen bei einem Einsatz getötet. Das Telegramm, das die Familie in Norwegen davon informierte, kreuzte sich über dem Atlantik mit dem Telegramm, in dem der Tod Halfdans in deutscher Gefangenschaft mitgeteilt wurde.

»Viele Jahre lange wußten wir über die letzten Lebensmonate meines Großvaters nur, daß er im besetzten Norwegen sehr aktiv im Untergrund gewesen war«, sagte mir Liv Ullmann. »Weil er Juden aufgenommen und ihnen zur Flucht aus Trondheim verholfen hatte, nahmen ihn die Deutschen als Geisel. Zuerst kam er in ein Gefängnis nach Oslo, später wurde er außer Landes gebracht und soll einem Gerücht zufolge in Dachau gewesen sein. In meiner Kindheit hörte ich vielerlei Geschichten, wie er in Dachau erschossen wurde, oder wie man ihn, einen älteren Herrn, um dessen Gesundheit es nicht zum besten stand, gezwungen hatte, bis zur Erschöpfung schwere Steine zu schleppen. Man gab sich große Mühe herauszufinden, wie er die letzten Tage seines Lebens verbracht hatte, doch die Suche blieb erfolglos.«

Jahre später, Liv Ullmann war inzwischen fünfundzwanzig, reiste sie im Rahmen eines Kulturaustauschprogrammes nach Polen. Als sie dort mit einigen Künstlern im Café saß, trat ein Mann an sie heran und sagte: »Wie ich höre, heißen Sie Ullmann.« Er hielt einen Augenblick inne und fragte dann: »Kennen Sie vielleicht die Familie von Halfdan Ullmann?« Die Schauspielerin antwortete, Halfdan sei ihr Großvater.

»Der Pole sagte mit Tränen in den Augen: ›Das ist sehr eigenartig für mich. In Dachau schlief ich mit Ihrem Großvater im selben Bett.‹ So erfuhr ich vom Leben und Sterben dieses Mann, den ich nie gekannt, über den ich aber sehr viel gehört hatte. Er war für alle in der Baracke ein großer Trost, denn er war ein Mann mit starkem Geist, auch wenn er körperlich eher einem Gespenst ähnelte. Er starb schließlich an einer Lungenentzündung, die natürlich nicht behandelt wurde, und daß er im Steinbruch Steine schleppen mußte, machte die Sache auch nicht besser. Meine Familie wird meinen Großvater im Andenken behalten für das Leben, das er vor diesem Tod führte, aber auch für seinen ehrenhaften Tod, obwohl ich glaube, daß nicht der Tod, sondern nur Taten ehrenhaft sein können.«

7
Die wenigen, die den Gehorsam verweigerten

Ich habe nicht viel getan«, sagte Hugo Armann, ehemaliger Oberfeldwebel in Hitlers Wehrmacht, im September 1986, nachdem er einen Baum in der Allee der Gerechten in Yad Vashem gepflanzt hatte. »Doch wenn viele ein weniges getan hätte, hätte viel daraus werden können.« Als der pensionierte Schulleiter nach Jerusalem kam, war er neunundsechzig Jahre alt. 1942 hatte er sechs weißrussische Juden vor den Todesschwadronen gerettet und seine schützende Hand über fünfunddreißig bis vierzig weitere Juden aus seinem Arbeitskommando gehalten. Er ist einer der über zweihundertfünfzig Deutschen und Österreicher, die dafür geehrt wurden, daß sie die potentiellen Opfer von Gaskammern, Galgen und Maschinengewehren bewahrten. Mindestens einer, ein mit allen Wassern gewaschener österreichischer Feldwebel, bezahlte dafür mit dem Leben. Fabrikdirektoren wie Oskar Schindler taten auf ihre Weise, was sie konnten, um ihre Arbeiter zu schützen. Eine Gräfin schmuggelte jüdische Flüchtlinge durch die Abwasserkanäle Berlins. Eine Offiziersfrau bemutterte jüdische Mädchen, die als »ukrainische« Hausmädchen arbeiteten. Ein Weltklasseboxer rettete zwei Jungen vor dem Nazi-Pöbel.

Zweifellos gab es noch andere, die ihr »weniges« taten, doch es wurde nie ein »viel« daraus. Selbst die, die keine überzeugten Antisemiten und Nazi-Anhänger waren, fügten sich meist stillschweigend, weil das einfacher war. Die meisten Deutschen gehorchten den Befehlen – wie Adolf Eichmann, der für die »Endlösung« das Feuer schürte. Unwissenheit ist keine Entschuldigung. Wer sehen wollte, so Armann, sah. Viele wußten von den Konzentrationslagern und der »Kristallnacht«, der Nacht des 9. November 1938, als überall im Reich die Fensterscheiben der Häuser von Juden zerbrochen, Synagogen zerstört und jüdisches Eigentum geplündert wurde. Alle hatten gesehen, daß ihre jüdischen Nachbarn den gelben Stern tragen mußten und zu den Bahnhöfen getrieben wurden. »Jeder wußte, daß man die Juden nicht ins Paradies abtransportierte.«

Hugo Armann wurde mit zweiundzwanzig Jahren zum Kriegsdienst eingezogen. Als Jugendlicher hatte er sich der Hitlerjugend angeschlossen, war jedoch kurze Zeit später wieder ausgetreten. Seine Eltern waren keine Nazis. In ihrem Haus waren oft jüdische Freunde und Geschäftspartner zu Gast. 1942, nach dem Überfall der Deutschen auf die Sowjetunion, wurde Armann als Oberfeldwebel in der weißrussischen Stadt Baranoviçi stationiert. Er mußte den Soldaten und Sicherheitspolizisten, die Heimaturlaub bekommen hatten, Eisenbahnfahrscheine ausstellen. Sein Büro war im Bahnhof untergebracht. Urlaubsfahrscheine waren sehr begehrt. Die Offiziere waren, wie er schnell herausfand, gerne bereit, sich für Gefälligkeiten mit ebensolchen zu revanchieren. »Ich nutzte die Vorteile, die ich durch Bestechung anderer erwarb, um Menschen in Not zu helfen«, gestand er später. »Aufgrund meiner Position konnte ich jüdische Helfer beschäftigen und Lebensmittel für hungernde Menschen beschaffen.«

Die zehntausend Juden von Baranoviçi, die alle in das Ghetto getrieben worden waren, mußten wie Sklaven arbeiten. Unter den Juden, die Armann beschäftigte, war Sara Czazkes, ein neunzehnjähriges Mädchen, das in der Küche seiner Einheit arbeitete. Er war, so erinnerte sie sich, »ein großherziger, ein wirklich guter Mann«. Im März 1942, zur Zeit des Purimfestes, mit dem die Juden ihre Rettung vor der Vernichtung durch den persischen König Ahasveros und seines bösen Ministers Haman im fünften Jahrhundert vor Christus feiern, zerrten die Gestapo und ihre Helfershelfer in der Ortspolizei zweitausenddreihundert Männer aus ihren Häusern, verspotteten sie, knüppelten sie nieder und erschossen sie. Unter den Opfern waren auch führende Angehörige des Judenrates, der jede Zusammenarbeit mit dem Hitlerregime abgelehnt hatte. Sechs Monate später erfuhr Armann von einem Sicherheitspolizisten, mit dem er zu tun hatte, daß für den Tag nach Jom Kippur, dem jüdischen Versöhnungsfest, ein zweites Massaker geplant war. Nun sollten die Frauen und Kinder an die Reihe kommen. Der Oberfeldwebel überlegte, wie er »seine« Juden schützen könne.

»Uns war der Tod bestimmt«, erinnerte sich Sara Czazkes, »doch Hugo Armann rettete alle Juden, die für ihn arbeiteten. Er holte uns von dort, wo die Selektion stattfand, weg und behielt uns in seinem Haus, bis die *Shechitah* vorüber war.« In dem Brief, den Sara 1985 aus Baltimore an Yad Vashem schickte, fällt sie vom Englischen ins Hebräische, um auszudrücken, was damals in Baranoviçi geschah: In *Shechitah* klingt das Schächten von Tieren ebenso an wie die zaristischen Pogrome. Das entsprechende englische Wort wäre zu harmlos gewesen.

Innerhalb von zehn Tagen wurden weitere dreitausend Juden getötet. Hunderte von Opfern wurden in jenem Herbst hastig in Gräbern verscharrt, die so dicht unter der Oberfläche lagen, daß Hundemeuten die Leichen ausgruben und auffraßen.

Alle ahnten, daß das zweite Massaker nicht das letzte gewesen war. Sara arbeitete weiterhin in Armanns Einheit, doch sie kehrte abends nicht ins Ghetto zurück, sondern übernachtete mit anderen jüdischen Küchenhelfern im Haus des Oberfeldwebels. Der dritte Schlag kam im Dezember: Bei der Liquidierung des Ghettos wurden weitere dreitausend Juden ermordet. Alle jüdischen Arbeiter hatten den Befehl erhalten, nach Hause zu gehen, nur die wirklich Unentbehrlichen durften bleiben, doch Armann versorgte seine Schützlinge weitere drei Wochen auf dem Dachboden, bis die »Aktion« vorüber war.

Sie konnten dann nicht länger bleiben, weil es zu gefährlich geworden war. Armann nahm Kontakt zu dem polnischen Untergrundkämpfer Edward Czaczia auf, der Juden, die aus dem Ghetto hatten fliehen können, zu den Partisanen in den Wäldern führte. Czaczia schmuggelte Sara zu einem etwa fünfund-

Der deutsche Oberfeldwebel Hugo Armann pflanzt einen Baum in der Allee der Gerechten, Yad Vashem 1986.

zwanzig Kilometer außerhalb der Stadt gelegenen Sumpf, der jüdischen und anderen Flüchtlingen als eine Art Zwischenstation diente. Bevor Armann Sara der Obhut des Widerstandskämpfers anvertraute, gab er ihr noch seine Dienstpistole, eine Walther. »Er riskierte wirklich sein Leben«, berichtete Saras Schwager Dr. Shabtai Sternfeld. »Gott sei Dank wurde er nicht erwischt, sonst wäre das sein Ende gewesen.«

Saras Rettung war Armann noch nicht genug. Er machte Saras Vater, Schwester und Schwager ausfindig, die in Arbeitslagern außerhalb des Ghettos schuften mußten, und konnte schließlich ihnen und zwei weiteren Juden zur Flucht in die Wälder verhelfen, wo sie dann auch Sara wiederfanden. Saras Vater Josef, ein

Uhrmacher, hauste in einer überfüllten Baracke. Armann suchte ihn heimlich auf, um mit ihm zu besprechen, wie er helfen könne. »Die Arbeiter wohnten und schliefen in einem Raum«, erinnerte sich Armann. »Die Etagenbetten, auf denen sich die Menschen drängten, reichten bis zur Decke. Ich brachte ihnen Brot, Konserven und frische Lebensmittel.« Als Armann erfuhr, daß Dr. Sternfeld als Arzt im Lager arbeitete, bat er um eine gründliche Untersuchung. Die Behandlung fand im Haus eines Mannes vom Sicherheitsdienst statt. Wieder nutzte Armann das Treffen, um zu besprechen, wie er helfen könne. Er ging im Lager ein und aus und überbrachte Nachrichten von Sara, die er von Czaczia erhalten hatte. Im November 1943 flohen Sternfeld, seine Frau Faigel und sein Schwiegervater aus dem Lager. »Armann war unser Verbindungsmann zu Czaczia«, schrieb der Doktor. »Er organisierte aktiv unsere Flucht. Czaczia brachte uns an einen sicheren Ort.«

Der Oberfeldwebel ging auch in anderer Hinsicht eigene Wege: Er hatte Kontakt zu einigen jüdischen Mechanikern, die in der Autowerkstatt des Lagers arbeiteten. Sie baten ihn um Waffen. »Ich brachte mein Auto in die Werkstatt«, schrieb Armann, »und die Tore wurden hinter mir geschlossen. Unter dem Rücksitz hatte ich Gewehre und Munition versteckt.« Teils mit, teils ohne seine Hilfe konnten nach Schätzungen mindestens vierhundertfünfzig Juden in die Wälder fliehen.

Hugo Armann blieb bis Mitte 1944 in Baranoviçi, dann wurde er an die Westfront verlegt. Er wurde in Frankreich verwundet. Nach dem Krieg war er Lehrer in dem nordbayerischen Städtchen Detter. Dr. Sternfeld, der sich in Tel Aviv niedergelassen hatte, schickte ihm jedes Jahr eine Kiste Jaffa-Orangen. Kurz vor seinem Tod im Mai 1989 schloß Armann einen Brief an Yad Vashem mit den Worten: »Habe ich viel getan? Habe ich wenig getan? Habe ich meine Pflicht getan?« In einem Abschnitt dieses Briefes gibt er selbst die abschließende Antwort: »Ich half Menschen in einer Zeit, in der sie unmenschlich behandelt wurden.«

Anton Schmid war eine Art Robin Hood des Wilnaer Ghettos. Um ihn ranken sich Legenden. Überlebende gaben an, daß er jiddisch oder hebräisch mit ihnen gesprochen habe, Kibbuzim in Palästina besucht, mit Kriminellen verkehrt beziehungsweise nicht verkehrt habe. Manche behaupten, er sei noch am Leben. Schmid war als Feldwebel der Wehrmacht für jüdische Zwangsarbeiter zuständig. Er hegte keinerlei Illusionen. Er war stolz darauf, Österreicher und nicht Deutscher zu sein. Die Nazis verachtete er, unterschätzte sie jedoch nicht. Am Neujahrstag 1942 stieß er heimlich mit zwei jungen Juden an, Mordechai Tannenbaum und Esther Yafee. Schon damals schmuggelte er Juden aus Wilna heraus. Mit seiner Hilfe gelangten Untergrundkämpfer nach Polen und konnten den Führern des Warschauer Ghettos Bericht erstatten. Man erzählte sich, daß er bei der Freilassung von Juden, die von der litauischen Polizei aufgegriffen worden waren, die Fäden zog und daß er Arbeiter zurück ins Ghetto begleitete, damit die Wachposten ihnen nicht die eingeschmuggelten Lebensmittel wegnehmen konnten. Schmid warnte seine Arbeiter, wenn wieder einmal Juden zusammengetrieben werden sollten. Tannenbaum machte Scherze darüber, daß man Schmid nach dem Krieg in Palästina einen Orden dafür verleihen würde, daß er Juden gerettet habe. Schmid sagte, einen solchen Orden würde er mit Stolz tragen.

Im Februar erhielten alle Bewohner des Wilnaer Ghettos eine Kennkarte: ungelernte Arbeiter eine weiße, Leute mit Berufen, die den Deutschen nützlich waren, eine gelbe. Daraus schloß man, daß die Besitzer gelber Karten und ihre Familien am Leben bleiben würden, während die Besitzer weißer Karten zum Tode verurteilt seien. Nur fünfzehn von Schmids Männern hatten zu ihrem Glück eine gelbe Karte erhalten. »Gelbe Karten oder weiße Karten, das ist alles derselbe Mist«, sagte ihnen der Feldwebel. »So oder so wird man alle Juden liquidieren.«

Trotz seiner skeptischen Haltung beschloß Schmid, die Besitzer weißer Karten aus der schlimmsten Gefahrenzone zu schleusen. Er versteckte sie in Armeelastern und fuhr sie nach Lida, das damals jenseits der sich ständig verschiebenden Grenze zu Weißrußland lag. In Lida war die jüdische Gemeinde noch nicht in ein Ghetto gepfercht. Es gab keine Razzien, obwohl noch im selben Jahr sechzehntausend Juden in einer »Sonderaktion« massakriert wurden. Der Ingenieur Shlomo Bronowski, der eine gelbe Kennkarte bekommen hatte, aber Frau und Sohn in Wilna verlor, berichtete:

»Etwa zwei- bis fünfmal pro Woche transportierte Schmid Baumstämme aus der Gegend um Wilna zu einem Platz auf halber Strecke nach Lida. Dabei beförderte er auch die Juden. Er konnte so etwa dreihundert jüdische Familien nach Lida bringen. Zwei seiner Arbeiter, Juden, die in kriminellem Milieu verkehrt hatten, halfen ihm bei der Durchführung der Evakuierung. Man nannte sie Berkeh den Gabbai und Smurah. Unter ihrem Einfluß verlangte Schmid, der seine Hilfe zunächst ohne Gegenleistung angeboten hatte, von denen, die er herausbrachte, Juwelen und Pelze. Für ihre Dienste als Mittelsmänner bekamen auch die beiden Gauner ihren Anteil.«

Andere Überlebende geben an, daß Schmid die Bezahlung nicht für sich selbst verwendete, sondern damit Lebensmittel für seine Schützlinge kaufte und Deutsche bewirtete, die Positionen innehatten, die ihm nützlich sein konnten. »Alle wußten«, sagte ein Zeuge, »daß er, wenn er die Juden herausholen wollte, mit gewissen Leuten zum Trinken gehen mußte. In jenen Tagen war es schwer, sogar für Liebe oder Geld an Whisky heranzukommen. Wir wußten, daß er das Geld brauchte, um seine Aktionen zu finanzieren. Die Leute im Ghetto fanden daran nichts auszusetzen. Eher im Gegenteil. Das waren eben die Lebensbedingungen dort. Jedenfalls trieb er keinen Wucher damit. Wer etwas geben konnte, gab es. Wer nichts gab, gab nichts.« Robin Hood traute man nichts Böses zu, doch Yad Vashem registrierte die Bezahlung mit Besorgnis und zögerte deshalb die Ehrung hinaus.

Als die Nazis ein paar Wochen später in Lida ein Ghetto einrichteten, ging Schmids Glückssträhne zu Ende. Da den Nazis eine verdächtige Anzahl Wilnaer Juden auffiel, gingen sie der Sache nach. Zuerst sagte niemand etwas, doch letztlich kam die Wahrheit doch ans Licht. Schmid wurde verhaftet und in ein Militärgefängnis gebracht. Im Verlauf der Verhöre gab er an, daß in einer der Werkstätten ein jüdischer Schneider einen Anzug für ihn nähe. Die Polizei lud den Arbeitervertreter Abraham Frankel vor und zwang ihn, den Anzug mitzubringen. Schmid wurde mit dem Beweis seiner Bestechlichkeit konfrontiert. Von Frankel hörte man nie wieder. Ein anderer Feldwebel, ein Mann namens Fuchs, übernahm die Einheit. Er bestimmte den zögernden Shlomo Bronowski zu Frankels Nachfolger.

»Als ich am Morgen des 2. April 1942 ins Hauptbüro ging, um mir die Schlüssel abzuholen«, so Bronowski, »traf ich einen Soldaten, der, wie ich wußte, im Büro arbeitete. Er war still und traurig. Als ich ihn fragte, was los sei, sagte er mir, daß man Schmid an jenem Morgen als Vaterlandsverräter erschossen habe.«

*

Der Major der deutschen Besatzungsarmee Eberhard Helmrich und seine Frau Donata wußten, daß sie ihr Leben riskierten. Sollte die Gestapo entdecken, daß sie nicht nur in Polen, sondern im Herzen des Deutschen Reichs, mitten in Berlin, Juden Zuflucht gewährten, dann würden ihre vier Kinder zu Waisen. Eine endlose Woche lang überlegten sie hin und her, welche Verpflichtung schwerer wiege; dann kamen sie zu dem Entschluß, daß sie ihre Kinder eher als Waisen zurücklassen denn als Kinder von Feiglingen aufwachsen sehen wollten. Auf abenteuerliche Weise konnte Eberhard dann fast dreihundert jüdische Zwangsarbeiter schützen, die auf dem Gut in der Nähe von Drohobycz arbeiteten, das er im Auftrag der Wehrmacht leitete. Donata holte mindestens fünf jüdische Mädchen, die nur oberflächlich als »Ukrainerinnen« getarnt waren, als Hausmädchen nach Berlin und Hamburg. Außerdem, so ein Zeuge, vermittelten die beiden weitere hundert jüdische Frauen als Hausmädchen nach Polen. Für viele von ihnen stellte Eberhard im Keller seines Hauses gefälschte arische Papiere her. Das Ehepaar tröstete sich mit folgender Überlegung: »Sobald wir zwei Menschen gerettet hätten, wären wir quitt mit Hitler, selbst wenn man uns ertappte, und mit jedem Geretteten mehr hätten wir die Nase vorn.«

Schon vor dem Krieg hatten die Helmrichs Juden geholfen. Sie setzten wiederholt nach England über, um für ihre jüdischen Freunde Wertsachen – und manchmal Kinder – außer Landes zu schmuggeln. Kurz vor der »Kristallnacht« im November 1938, als die Nazis anfingen, die deutschen Juden zusammenzutreiben, riefen die Helmrichs einen jüdischen Rechtsanwalt an und sagten ihm, er solle sofort seine Koffer packen und mit seiner Frau zu ihnen kommen. »Meine Eltern taten, wie ihnen geheißen«, berichtete der Sohn des Rechtsanwalts, Harvey Samo, »und blieben etwa zehn Tage bei den Helmrichs. Das rettete sie vor der Verhaftung und Deportation in ein Konzentrationslager.«

Obwohl Eberhard nichts von den Nazis hielt, ging er zur Wehrmacht und wurde als Versorgungsoffizier eingeteilt. In Drohobycz bestand seine Aufgabe darin, die in dieser Gegend stationierten deutschen Truppen mit Lebensmitteln zu versorgen. Er baute ein Gut auf, auf dem er etwa dreihundert »gesunde, arbeitsfähige junge Männer und Frauen« beschäftigte, die zu fast neunzig Prozent Juden waren. Die Ernten waren ausgezeichnet, die Truppen gut genährt und die Vorgesetzten zufrieden. Während der Massenmorde und Deportationen aus Drohobycz im Herbst 1942 und im Frühjahr und Sommer 1943 widersetzte sich Eberhard wiederholt dem Befehl, seine jungen Arbeiter zu überstellen. Er erklärte seinen Vorgesetzten, das würde das Ende des Gutes bedeuten, dann könne er der Wehrmacht keine Lebensmittel mehr liefern. Der Major beschützte auch einige Juden, die nicht für ihn arbeiteten. Viermal griff die Gestapo den Chirurgen Dr. Sasha Weissman auf den Straßen des Drohobyczer Ghettos auf, und viermal überredete Eberhard sie, den Doktor wieder freizulassen. Er hatte Weissman gefälschte Papiere gegeben, die ihn als Agrarspezialisten auswiesen. Dementsprechend gab er bei der Gestapo an, der Doktor sei für die Leitung des Gutes unentbehrlich. Als einmal die Gestapo nach Dr. Weissman und seiner Frau suchte, versteckte er die beiden sechsunddreißig Stunden lang in seinem Haus. Vor dem Krieg lebten fünfzehntausend

Juden in der Stadt, dazu waren Hunderte weiterer gekommen, die vor der deutschen Invasion dort Schutz suchten. Doch der Vernichtungsfeldzug war gnadenlos: Als die Rote Armee im August 1944 in Drohobycz einmarschierte, tauchten gerade noch vierhundert Überlebende aus ihren Verstecken auf.

Im November 1942 war Eberhard auf Heimaturlaub in Berlin und brachte auf der Rückreise seine Frau zu einem Besuch mit. Von Donata wußte er, daß es immer schwieriger wurde, Hauspersonal zu finden, weil deutsche Frauen in den Fabriken arbeiten mußten, um die Männer zu ersetzen, die zur Wehrmacht eingezogen worden waren. In Drohobycz hatte Eberhard das sechzehnjährige jüdische Mädchen Susi Almann als Haushälterin eingestellt. Susis Vater Wilhelm war ein Geschäftsmann aus Wien, der 1938, nach dem »Anschluß« Österreichs, nach Galizien geflohen war. Eberhard hatte ihn als Vorgesetzten der jüdischen Gutsarbeiter angeworben. Susi war mit den Verhältnissen im Haus der Helmrichs sehr zufrieden:

»Eberhard Helmrich wohnte in einem schönen Haus. Er hatte oft Deutsche zu Gast. Sein ukrainischer Koch haßte die Deutschen und spuckte immer ins Essen, bevor ich es servierte. Einmal waren einige Nazis zu Gast. Einer sagte: ›Es sollten endlich alle Juden liquidiert werden.‹ Helmrich befürchtete eine Reaktion von mir. Er sagte zu dem Nazi: ›Über so etwas sollte man bei Tisch nicht sprechen.‹«

Susi Almann, die heute Susi Bezalel heißt und in Ramat Chen, einer Vorstadt von Tel Aviv, lebt, war das erste jüdische Mädchen, das Donata Helmrich mit nach Deutschland nahm, weil dort kaum noch Hauspersonal zu bekommen war:

»Zu jener Zeit begannen sie mit dem Morden, selbst auf dem Gut, zuerst Behinderte und ältere Menschen. Man ahnte, daß als nächstes die Jugendlichen an die Reihe kämen. Die Helmrichs kamen mit meinen Eltern überein, daß sie mich und meine jüngere Schwester Hansi abholen und nach Berlin bringen würden, sobald die Aktionen losgingen. Mein Vater besorgte mir eine falsche Geburtsurkunde. Er hatte sie einer noch lebenden Frau abgekauft, weil zu befürchten war, daß die Deutschen die Kirchenregister überprüften. Ich kaufte eine ukrainische Bluse, dann mußte ich meinen Eltern Lebewohl sagen.«

»Ich fuhr im selben Zug wie Donata Helmrich«, so berichtete Susi weiter, »doch wir saßen nicht in einem Abteil. Sie fuhr erster Klasse. Aus meiner Schulzeit unter russischer Besatzung konnte ich ein wenig Ukrainisch. Ich war aufgeregt und übte den Katechismus auf ukrainisch. Ich hatte eine lange Geschichte vorbereitet, die erklären sollte, warum ich so gut Deutsch sprach. Wenn ich danach gefragt würde, wollte ich sagen, daß ich bei deutschen Pflegeeltern aufgewachsen sei. In Berlin wurden wir durch ein Durchgangslager geschleust. Ich hatte große Angst. Schließlich bekam ich die Genehmigung, in einem Haushalt arbeiten zu dürfen. Sie durchsuchten uns nach Läusen. Wir mußten uns nackt ausziehen und beim Gehen die Hände über den Kopf halten. Unsere Kleider wurden entlaust. Dann bekamen wir unsere Kennkarten.«

Zuerst nahm Donata Susi als Hausmädchen zu sich, doch sie befürchtete, das Mädchen könne dort auffallen. Die Helmrichs galten als Freunde der Juden. Susi selbst sah nicht besonders semitisch aus, doch sie reagierte sehr empfindlich auf Ungerechtigkeiten. »Es ist eine Sache, ein junges Mädchen in ein fernes Land zu schicken«, wunderte sich Susi später, »aber es ist etwas ganz anderes, sie in dein Haus aufzunehmen, in deine Familie, eine Familie mit vier Kindern. Wie konnte Frau Helmrich sicher sein, daß ich, oder eines der anderen Mädchen, die sie nach mir aufnahm, sie nicht plötzlich aus Wut, Angst, Überraschung verraten und damit sie und ihre Kinder in Gefahr bringen würde?« Donata brachte Susi bald darauf bei einem älteren Ehepaar unter, das in einer eleganten Villa in Potsdam lebte. Selbstverständlich verriet sie ihnen nicht, daß ihr neues Hausmädchen Jüdin war. Glücklicherweise gab es in der Nachbarschaft kein echtes ukrainisches Hausmädchen, das Susi hätten verraten können.

»Das Ehepaar, das aus Hannover stammte, war sehr ordentlich«, erzählte Susi mir. »Er war früher ein hohes Tier in der Schokoladenfabrik Nestlé gewesen. Aufgrund ihres Alters durften sie ein Hausmädchen haben. Als sie aus Berlin evakuiert wurden, wies mich die Arbeitsvermittlung der Frau eines Admirals zu. Überall hingen Bilder, auf denen der Admiral mit Hitler zu sehen war. Die Frau mochte mich sehr gerne. Der Beginn der Bombardierung Berlins war mein Glück. Ich brachte sehr viel Zeit im Luftschutzkeller zu. Das Ehepaar war viel unterwegs, doch sie kamen alle paar Wochen, um zu sehen, ob alles in Ordnung war. Dann brachten sie immer Berge von Wäsche mit. Ich wusch auf einem Waschbrett. Manchmal war ich allein in der Villa, manchmal quartierte die Regierung Leute ein, die ausgebombt worden waren. Deshalb waren der Admiral und seine Frau sehr froh darüber, daß ich ein Auge auf alles hatte.«

Später schickte Eberhard Helmrich Susis Schwester Hansi in Begleitung seines Sekretärs zu Donata nach Berlin. Die Helmrichs brachten drei weitere Mädchen in Hamburg unter. Alle fünf überlebten den Krieg. Zwei leben heute in Israel, eine in den Vereinigten Staaten, eine in Deutschland und Susis Schwester in Australien. Während der zwei Jahre, die Susi als ukrainisches Hausmädchen arbeitete, hielt sie den Kontakt zu Donata, besuchte sie gelegentlich und telefonierte öfters. Donata Helmrich wurde ihre heimliche Adoptivmutter. Susi nannte sie »Mami«. Sie besuchte auch oft ihre Schwester, die in einer Villa arbeitete, die nur fünf Minuten vom Haus der Helmrichs entfernt war. Hansis Arbeitgeber, ein berühmter Wissenschaftler und seine Frau, wußten, daß sie Jüdin war.

Eberhard besuchte Susi erst nach Kriegsende. Selbst dann hielt er es für besser, ihr das Schicksal ihrer Eltern zu verschweigen: Ihr Vater hatte sich vergiftet, um nicht den Nazis in die Hände zu fallen, und ihre Mutter, die als Hausmädchen in Polen gearbeitet hatte, war verraten und ermordet worden. Die Helmrichs überlebten, doch ihre Ehe scheiterte. Eberhard ließ sich von Donata scheiden und heiratete eines der jüdischen Mädchen, die er vor der Gestapo gerettet hatte. Sie zogen nach New York. Donata arbeitete als Privatsekretärin für Konrad Adenauer, den Bundeskanzler, der die Aussöhnung Deutschlands mit Israel und dem jüdischen Volk einleitete. Nach ihrer Pensionierung zog sie sich in ein Landhaus mit Reetdach auf der Nordseeinsel Sylt zurück.

Israel ehrte Eberhard Helmrich 1965 und Donata einundzwanzig Jahre später. Donata Helmrich starb, bevor sie die Medaille von Yad Vashem entgegennehmen konnte. Ihre Tochter Cornelia Schmalz-Jacobsen, FDP-Politikerin und derzeit Ausländerbeauftragte des Deutschen Bundestags, pflanzte zu ihrem Andenken einen Baum in Yad Vashem. »Infolge des Krieges änderte sich vieles«, sagte sie nachdenklich. »Mein Vater ist in New York begraben und meine Mutter auf der Insel Sylt. Hier an der Allee der Gerechten unter den Völkern sind sie nun wieder vereint.«

*

Roman Erich Petsche war Offizier in der Wehrmacht wie Eberhard Helmrich, und er war Österreicher wie Anton Schmid. Wie diese beiden lehnte er es ab, den Juden die Zugehörigkeit zum Menschengeschlecht abzusprechen. Als die »Endlösung« näherrückte, hatte er Mitleid mit den Juden, die er täglich sah, und schritt zur Tat. Wäre er ertappt worden, hätte man ihn vor ein Erschießungskommando gestellt – wie es Anton Schmid in einem anderen Landstrich Europas ergangen war, jenes Erdteils, der von einem Alptraum heimgesucht wurde.

Petsche gehörte zu einer Gruppe von Offizieren, die 1944, nach dem Einmarsch der Deutschen in Novi Sad an der Donau, im Haus der wohlhabenden Familie Csernyei einquartiert worden waren. Die jüdischen Besitzer durften selbst nur noch zwei kleine Zimmer bewohnen. Auch die Frau des angesehenen Rechtsanwalts Gyorgy Tibor war mit ihren fünfjährigen Zwillingen dort untergekommen. Ihr Mann war einige Monate zuvor bei dem Versuch gefaßt worden, über die jugoslawisch-ungarische Grenze zu flüchten. Sein weiteres Schicksal blieb für immer im dunkeln. Trotz der beengten Verhältnisse waren die Tibors zu ihren Verwandten, den Csernyeis, gezogen. Petsche, der vor und nach dem Krieg als Künstler in Wien arbeitete, freundete sich mit ihnen an und unterstützte sie mit Lebensmitteln und anderen lebensnotwendigen Dingen. Am 24. März 1944 ordneten die Nazis an, daß sich die etwa viertausend Juden, die die Besatzung durch Hitlers ungarische Verbündete überlebt hatten, am darauffolgenden Tag in der Synagoge melden sollten, um dann nach Auschwitz transportiert zu werden. Als Petsche an jenem Abend in seine Unterkunft zurückkehrte und die Neuigkeit erfuhr, beschloß er, der Vernichtungsmaschinerie einige Opfer zu entreißen.

Er sagte Vera Tibor, sie solle ihre Zwillinge Miriam und Hava anziehen. Ein paar Minuten später waren die kleinen Mädchen bereit, und Petsche fuhr mit ihnen und einer Putzfrau, die er kannte, zum Bahnhof. Er gab die Frau als seine Gattin und die Zwillinge als seine Töchter aus. Am selben Abend fuhren sie alle mit dem Zug über die Grenze zu Ungarn nach Budapest, wo Petsche Miriam und Hava einer Tante übergab. Die ungarische Hauptstadt war auch kein sicherer Zufluchtsort mehr, deshalb brachte die Tante die beiden Mädchen in einem römisch-katholischen Kloster außerhalb der Stadt unter. Die Oberin des Klosters, eine konvertierte Jüdin, behielt sie bis zur Befreiung in ihrer Obhut.

Petsche kehrte noch in derselben Nacht nach Novi Sad zurück, um der Mutter der Zwillinge und ihren anderen Verwandten zu helfen. Doch in so kurzer Zeit konnte er nicht viel tun. Er gab ihnen Proviant für die Reise und riet ihnen, von dem Zug zu springen, der sie durch seine Heimat Österreich nach Auschwitz bringen würde. Außerdem gab er ihnen die Adresse seiner Frau in Wien, bei der sie Zuflucht suchen sollten. Tatsächlich sprang jedoch niemand aus Novi Sad vom Zug. Die Deutschen hatten die Menschen mit der Drohung eingeschüchtert, daß alle sofort hingerichtet würden, wenn bei der Ankunft im Lager auch nur ein einziger Passagier fehle. Nur die alte, kranke Großmutter der Zwillinge blieb in Novi Sad zurück. Petsche brachte sie im örtlichen Krankenhaus unter, wo er sie bis zu ihrem Tod täglich besuchte.

Insgesamt wurden sieben Mitglieder der Familien Tibor und Csernyei von Novi Sad nach Auschwitz deportiert. Nur Olga Csernyei, die Tante der Zwillinge, kehrte aus dem Todeslager zurück. Olga, Miriam und Hava zogen nach Israel. Miriam (heute Miriam Ascher) lebt in Ramat Gan bei Tel Aviv und Hava (heute Hava Szyk) in Levahot Haviva, einem einfachen Kibbuz in der Ebene von Sharon. Sie ist dort für die Bibliothek und das Kulturprogramm verantwortlich. Die Zwillinge schrieben bis in die neunziger Jahre regelmäßig zum Geburtstag und zu Weihnachten an Roman Erich Petsche und er umgekehrt auch an sie, doch sie sahen ihren Retter aus der Wehrmacht nach der Nacht, in der er sich im Zug nach Budapest als ihr Vater ausgegeben hatte, nie wieder.

*

Ein Gerechter unter den Völkern mußte kein Heiliger sein. Der sudetendeutsche Geschäftsmann Oskar Schindler, der zwölfhundert seiner jüdischen Arbeiter vor den Greueln von Auschwitz bewahrte, trank viel und gerne und hatte zahlreiche Affären. Bevor er sich ins Geschäftsleben stürzte, arbeitete er für die deutsche Spionageabwehr. Nach dem Krieg ging er zweimal beinahe bankrott, in Argentinien und in Deutschland. Wenn er Geld hatte, gab er es aus. In seinen Lieblingskneipen spendierte er eine Runde nach der anderen. War er bei Freunden zum Abendessen eingeladen, schickte er der Gastgeberin hundert Rosen. In den sechziger Jahren kaufte die Filmgesellschaft MGM seine Geschichte für fünfzigtausend Dollar. Knapp eine Woche, nachdem er einen Vorschuß von zwanzigtausend Dollar erhalten hatte, war schon die Hälfte des Geldes weg. Moshe Bejski, der als junger polnisch-jüdischer Musterzeichner in Schindlers Emailwarenfabrik arbeitete und später Richter am höchsten israelischen Gericht wurde, beschreibt ihn mit seinen Vor- und Nachteilen:

»Schindler war ein Trinker, Schindler war ein Casanova. Seine Ehe war ziemlich schlecht. Er hatte nicht nur eine, sondern oft mehrere Geliebte gleichzeitig. Nach dem Krieg gelang es ihm kaum, ein normales Geschäft zu führen. Während des Krieges, solange er Küchengeräte produzieren, sie auf dem Schwarzmarkt verkaufen und damit viel Geld verdienen konnte, war er jedoch

Oskar Schindler in Krakau, 1942. Im Hintergrund seine Fabrik.

erfolgreich. Doch er konnte nicht unter normalen Bedingungen arbeiten, kalkulieren, eine Stellung halten, selbst in Deutschland nicht. In Israel sammelten einige Überlebende etwas Geld, wenn er knapp bei Kasse war. Die drei- bis viertausend Dollar, die wir schickten, hatte er nach zwei oder drei Wochen ausgegeben, dann rief er an und sagte, er habe keinen Pfennig mehr. Er gab das Geld schneller aus, als wir es aufbringen konnten.«

»Ich weiß also, wer Schindler war«, fährt Bejski fort, »doch ohne Schindler wären die meisten der zwölfhundert Juden nicht am Leben geblieben, auf jeden Fall nicht als Gruppe. Man mußte ihn nehmen, wie er war. Schindler war ein sehr komplizierter Mensch, ein guter Mensch, der gegen das Böse war. Er handelte spontan. Er war ein Abenteurer, jemand, der Risiken einging, obwohl ich nicht weiß, ob er das gerne tat. Er tat, um was er gebeten wurde. Er liebte Kinder und betrachtete die Kinder und Enkel derjenigen, die er gerettet hatte, als seine Familie. Er war sehr feinfühlig. Als Durchschnittsmensch hätte Schindler nicht getan, was er getan hat. Mit allem, was er tat, brachte er sich in Gefahr. Selbst wenn er viel weniger getan hätte, dürfte man ihn schon zu den Gerechten zählen.«

»Ende der sechziger Jahre«, so Bejski weiter, »fragte ich

Der Gummistempel,
den Moshe Bejski 1945
für Oskar Schindler herstellte.

Schindler einmal, warum er all das getan habe. Seine Antwort war schlicht: ›Ich kannte die Leute, die für mich arbeiteten. Wenn du jemanden kennst, behandelst du ihn wie einen Menschen. Wenn ich über die Straße gehe und einen Hund sehe, der Gefahr läuft, überfahren zu werden, dann versuche ich doch, ihm zu helfen, oder?‹ So war Schindler.«

Moshe Bejski ist sicherlich der einzige Verfassungsrichter der Welt, der seine Karriere als Meisterfälscher begann. Er mußte für Schindler nicht nur Entwürfe zeichnen, sondern auch offizielle Dokumente fälschen. Solche Fähigkeiten hatte er sich im Krakauer Ghetto angeeignet, wo er jüdischen Mädchen, die in Deutschland arbeiten wollten, die dazu nötigen Ariernachweise erstellte. In seinem Bungalow in der Nähe der Universität von Tel Aviv führt Bejski Besuchern gern die Zeichengeräte vor, die Schindler ihm gab – darunter auch den Gummistempel mit deutschem Adler, den er in Schindlers Fabrik mit einer Rasierklinge eingravierte.

Bald nach dem Überfall der Nazis auf Polen reiste der damals einunddreißigjährige Schindler nach Krakau, um dort deutschen »Treuhändern« eine konfiszierte jüdische Fabrik abzukaufen. Kurz nach seiner Ankunft in Krakau lernte er Isaac Stern kennen, einen gebildeten jüdischen Buchhalter, der in den folgenden fünf Jahren sein treuer Gehilfe sein sollte. Bei der Vorstellung streckte Schindler Stern die Hand hin. Stern wollte ihm jedoch nicht die Hand geben. Als Schindler nach dem Grund dafür fragte, erklärte Stern, daß er Jude sei und ein Jude einem Deutschen nicht die Hand schütteln dürfe. Schindler reagierte mit einem deutlichen Fluch: »Scheiße.« Stern wußte von Anfang an, daß Schindler kein gewöhnlicher Deutscher war.

Der zweiundzwanzigjährige Bejski hörte erstmals 1942 von Schindler, wenige Monate, nachdem er aus dem Ghetto in das nahegelegene, berüchtigte Arbeitslager Plaszow transportiert worden war. Jeden Tag marschierte ein Kommando jüdischer Arbeiter aus dem Ghetto in Schindlers Fabrik. Als das Ghetto im März liquidiert wurde, trieb man die Arbeiter und einige tausend anderer Juden nach Plaszow. Bewaffnete Aufseher brachten die Arbeiter weiterhin jeden Morgen zu Schindler und holten sie abends wieder ab. Der Industrielle hatte die Behörden bald dazu überredet, auf seinem Fabrikgelände ein Zweiglager einrichten zu dürfen. Ein paar Dutzend Arbeiter zogen in die Baracken, die er hatte bauen lassen. Laut Bejski waren die Verhältnisse dort sehr viel besser als im Lager:

»In Schindlers Lager wurde nicht gemordet. In Plaszow verging kaum ein Tag, an dem kein Mord geschah. Jeder Deutsche konnte willkürlich morden. Schindlers Leute mußten auch nicht so schwer arbeiten wie wir in Plaszow. Wir arbeiteten vierzehn bis achtzehn Stunden am Tag. Schindler versorgte seine Arbeiter mit zusätzlichen Lebensmittelrationen. Ein halber Brotlaib zusätzlich bedeutete damals sehr viel. Das Küchengeschirr, das Schindler produzierte, war für das Militär bestimmt, doch er verkaufte einen Teil auf dem Schwarzmarkt. Ich habe Schindler damals nicht zu Gesicht bekommen. Eine Verlegung in Schindlers Lager war aber sehr begehrt.«

In den Jahren 1943 und 1944 erhöhte Schindler die Zahl der Beschäftigten in seiner Fabrik von ein paar Dutzend auf siebenhundert. Einige SS-Offiziere auf Inspektionstour beschuldigten einen Gefangenen der Sabotage, weil er einen Schubkarren zu langsam über den Fabrikhof geschoben habe. Sie schickten ihn nach Plaszow, wo er erschossen werden sollte. Als Schindler davon hörte, eilte er sofort zum Lager und »kaufte« das Leben des Mannes für eine Flasche Wodka. Ein anderes Mal kamen zwei Gestapoleute in Schindlers Büro und forderten ihn auf, ihnen eine fünfköpfige Familie auszuliefern, die gefälschte polnische

Papiere gekauft habe. »Drei Stunden später«, erzählte Schindler dem Schriftsteller Kurt Grossmann, »torkelten zwei betrunkene Gestapoleute aus meinem Büro, ohne ihre Gefangenen und ohne die belastenden Schriftstücke, die sie gefordert hatten.« Auf Bitten von Isaac Stern reiste Schindler unverzüglich in geheimer Mission nach Budapest, um dort Rudolf Kastner und andere führende Mitglieder des *Jewish Joint Distribution Committee*, einer jüdischen Hilfsorganisation, zu treffen. Er berichtete über die Verhältnisse in Plaszow und Krakau und brachte auf der Rückreise große Geldsummen mit, die für die jüdischen Führer im Arbeitslager bestimmt waren. Bejski, der als Mitarbeiter der Registratur relativ große Bewegungsfreiheit genoß, half Stern bei der Verteilung.

Bejski blieb bis Oktober 1944 in Plaszow. Da die Russen weiter westwärts vorrückten, begannen die Deutschen im Sommer mit der Auflösung des Lagers. Die Gefangenen wurden ins Reich zurückgeschickt, wo sie ein unheilvolles Schicksal erwartete. Die Zahl der Insassen sank rasch von fünfundzwanzig- bis dreißigtausend auf zehntausend. Schon im August wußten die Juden, daß damit das Ende von Plaszow gekommen war. In Plaszow gab es Massengräber, in denen die zwei- bis viertausend Juden begraben lagen, die 1943 im Krakauer Ghetto erschossen worden waren. Die Opfer waren zu jung, zu alt oder zu krank für die Reise gewesen. Siebzehn Monate später, als die Russen in Polen vorrückten, wurden die Gräber geöffnet und die Leichen verbrannt – nachdem man den Juden die Goldzähne herausgebrochen hatte. Einen Monat lang lag den Lagerinsassen der Brandgeruch in der Nase. Die Deutschen vernichteten die Beweise ihrer Greueltaten. Andere Juden wurden in das nahegelegene Auschwitz transportiert.

Schindler, dem es an guten Einfällen nie mangelte, verschaffte sich die Genehmigung, die Emailwarenfabrik in seine Heimatstadt im Sudetenland – jenem Teil der Tschechoslowakei, den Großbritannien und Frankreich mit dem Münchner Abkommen 1938 an Deutschland abgetreten hatten – zu verlegen und etwa vierhundert weitere Arbeiter einstellen zu dürfen. Außerdem konnte er einen neuen Vertrag abschließen, so daß er neben Küchengeschirr nun auch Granathülsen produzierte. Das Gerangel darum, auf Schindlers Liste zu kommen, war groß. Jeder wußte, daß die Überlebenschance in der Obhut des eigenwilligen Geschäftsmanns größer war als in den Konzentrationslagern.

»Wer auch nur die geringste Chance für sich sah, setzte alles daran, auf die Liste zu kommen«, erinnerte sich Bejski. »Es gab einige reiche Leute, die immer noch irgendwo Diamanten versteckt hatten. Etwa ein Dutzend Leute bestachen den mit der Erstellung der Liste beauftragten Juden. Manche versuchten, über seine Freunde an ihn heranzukommen. Manche gingen direkt zu Schindler. Wer für Schindler arbeitete, versuchte, ihn dazu zu überreden, Verwandte aus dem Lager ebenfalls aufzunehmen. Schindler bat darum, auch einige bekannte jüdische Führer auf die Liste zu setzen. Außerdem nahm er etwa siebzig Arbeiter aus einer Fabrik auf, in der Militäruniformen geschneidert wurden. Zu meinem Glück kam ich als technischer Entwickler auf die Liste, weil ich von technischem Zeichnen etwas verstand.«

Bejski und seine beiden Brüder gehörten zu den etwa achthundert »Schindler-Juden«, die in Viehwaggons in das oberschlesische Konzentrationslager Groß-Rosen transportiert wurden:

»Für die etwa hundert Kilometer dorthin brauchten wir zwei oder drei Tage. Stundenlang blieben wir auf verschiedenen Bahnhöfen stehen. Wir bekamen Proviant für einen Tag und aßen alles am ersten Tag. Spätnachmittags kamen wir in Groß-Rosen an. Wir sahen die rauchenden Schornsteine der Krematorien. Wir waren nun nicht mehr so sicher, ob wir bei Schindler ankommen würden. Man ließ uns die ganze Nacht über im Freien stehen, um uns einer peinlich genauen, auch innerlichen Körperuntersuchung zu unterziehen. Wir waren nackt, und es war eine sehr kalte Nacht Ende Oktober. Um elf Uhr am nächsten Vormittag bekam ich meine Kleidung.«

»Wir wurden in speziellen Baracken untergebracht«, so Bejski weiter. »Das war das erste Zeichen, daß wir zu Schindler unterwegs waren. In den Baracken herrschte eine solche Enge, daß eine Woche lang niemand schlafen konnte. Dann wurden wir eines Tages in Waggons verfrachtet, achtzig bis hundert Leute in einen Viehwaggon. Uns interessierte nur, in welche Richtung der Zug fahren würde. Wir fuhren nach Süden, Richtung Tschechoslowakei. Die Fahrt dauerte noch einmal zwei oder drei Tage, und jeder hatte nur hundertfünfzig Gramm Brot. In jedem Bahnhof blieb der Zug endlos lange stehen. Es gab viele Truppenbewegungen. Dann kamen wir nach Brünnlitz, einer Stadt in der Nähe von Schindlers Geburtsort Zwittau. Schindler war noch nicht da, die Maschinen für die Fabrik waren noch nicht angekommen, doch wir bekamen drei große Räume im oberen Stockwerk. Wir schliefen auf dem Boden, auf loser Streu. Schindler besorgte später dreistöckige Etagenbetten und Strohsäcke. Doch jetzt zählte nur eines: Wir waren in Schindlers Fabrik angekommen.«

Die achthundert Männer kamen an, doch die dreihundert Frauen, die ebenfalls auf der Liste gestanden hatten, wurden nach Auschwitz transportiert. Es waren zumeist Mütter, Frauen und Schwestern der Schindler-Männer. Sie baten Isaac Stern, etwas zu tun. Schindler reagierte sofort. Er schickte seine Sekretärin, eine Deutsche, mit einem Sack voll Diamanten nach Auschwitz, mit denen sie die Lagerbehörden bestechen sollte. Ein paar Wochen später trafen die dreihundert Frauen in Brünnlitz ein. Nur Sterns alte Mutter blieb zurück. Sie starb in Auschwitz. Dies ist der einzige dokumentierte Fall, daß so viele Frauen aus dem Lager herauskamen und überlebten. Wieder tat Schindler mehr, als schlichter Anstand verlangt hätte. Er hätte mit einem Achselzucken sagen können: »Ich kann leider nichts tun. Es wäre zu gefährlich, wenn man versuchte, sie herauszubekommen.« Statt dessen gehorchte er seinem Instinkt – und kam damit durch.

Dann hörte er, daß in Zwittau ein Zug mit zwei Waggons voller Juden aus Golleschau, einem Auschwitzer Nebenlager, angekommen waren. Im Chaos des letzten Kriegswinters waren sie zwei Wochen lang ohne Lebensmittel und Wasser ziellos umhergefahren. Schindler schaffte es, den Frachtbrief in die Hände zu bekommen, und trug als Zielort »Zwittau« ein. Mit einem Kommando Schweißer aus seiner Fabrik öffnete er die Waggons. Etwa hundert abgemagerte Juden lebten noch, siebzehn waren jedoch

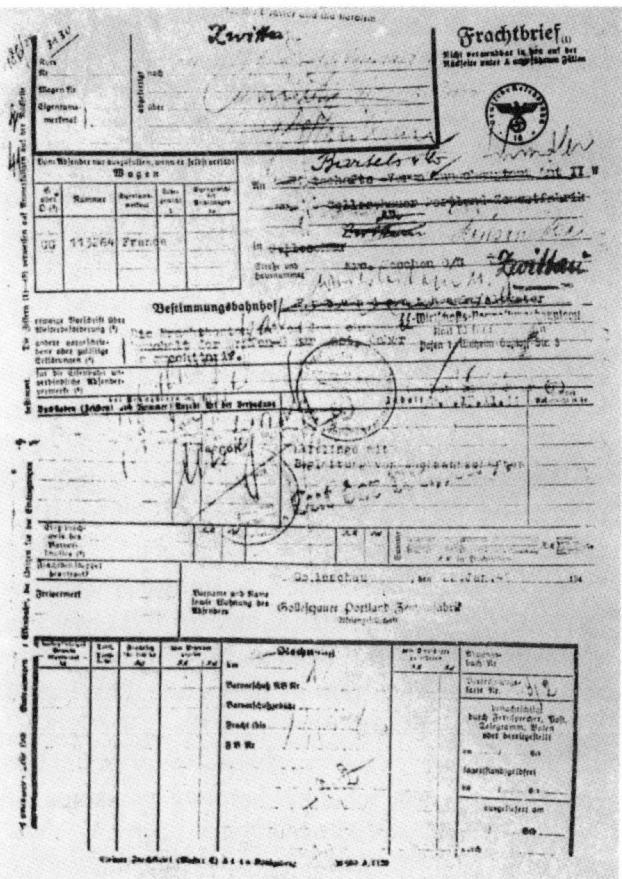

»Frachtbrief« für Juden, die aus Golleschau, einem Außenlager von Auschwitz, abtransportiert wurden. Oskar Schindler hat mehrere Stationen durchgestrichen und statt dessen »Zwittau« eingetragen, die Stadt, die seiner Fabrik am nächsten lag. So rettete er diesen Juden das Leben.

erfroren. Schindlers Fabrik gehörte zu einem SS-Lager. Der Kommandant befahl, die Leichen zu verbrennen. Schindler erreichte bei den örtlichen Behörden, daß sie in einem Winkel des Friedhofs nach jüdischer Tradition begraben werden durften. Er überredete den SS-Kommandanten auch, ihm für das Begräbnis den Minjan von zehn Gefangenen zu überlassen (die Mindestanzahl von Männern, die für ein vollgültiges Gemeindegebet vorgeschrieben ist). Unter ihnen war auch ein Rabbiner. Schindlers seit langem kränkelnde Frau Emilia kümmerte sich um die hundert Überlebenden aus Golleschau und gab ihnen Haferbrei zu essen. Sie reiste dreihundert Kilometer, um gegen zwei Koffer voll Wodka – aus den Vorräten von Schindlers Schwarzmarktgeschäften – Medikamente einzutauschen. Von den Überlebenden wog kaum einer mehr als fünfunddreißig Kilo. Auf Befehl des SS-Kommandanten sollten diese wandelnden Skelette zur Arbeit getrieben werden. Obwohl Schindler wußte, daß die meisten unmöglich arbeiten konnten, bezahlte er bis Kriegsende für sie wie für alle anderen Sklavenarbeiter fünf Mark pro Tag an Berlin.

Schindler bewies auch in kleineren Dingen Mitgefühl. So zündete er sich eine Zigarette an, wenn er an Bejskis Zeichentisch vorbeiging, legte die Packung beiseite, während er die Zeichnungen prüfend betrachtete, und »vergaß« dann, die Packung wieder einzustecken. Für vier Zigaretten konnte man schon fast ein Brot kaufen. Ein Mann hatte seine Brille zerbrochen und konnte ohne sie nichts sehen. Schindler fuhr in die Stadt und kaufte ihm eine neue Brille. Eine Frau wurde schwanger. Wenn der SS-Kommandant das herausgefunden hätte, wäre sie sofort in die Gaskammern geschickt worden. Schindler besorgte gynäkologische Instrumente und ließ einen jüdischen Arbeiter, der Arzt war, eine Abtreibung vornehmen. Die Frau überstand den Krieg und lebt heute in Israel. Eine andere junge Frau litt an Tuberkulose. Mitten im Winter sehnte sich die sterbende Insassin eines Zwangsarbeitslagers nach einem Apfel. Irgendwie beschaffte Schindler ihr einen. Einige Gefangene hatten ihre Kinder bei polnischen Familien versteckt. Schindler schmuggelte Briefe nach Krakau und kehrte mit Nachrichten von den Kindern zurück.

In der Fabrik hielt er seine schützende Hand über die ursprünglichen elfhundert Juden. Sie waren chronisch unterernährt, obwohl Schindler ihre Hungerrationen mit zusätzlichen Lebensmitteln aufbesserte. Die Produktion lief oft träge. Schindler ließ die brutalen SS-Aufseher nicht in die Fabrik. Der tägliche

Appell fand auf dem Fabrikhof statt. Wenn Schindler eintrat, tat niemand so, als ob man sich bei der Arbeit furchtbar anstrengte. Er kümmerte sich nicht darum.

Schindler gab sich nicht damit zufrieden, »seine« Juden ins Sudetenland zu bringen und vor den Nazis zu schützen. Er machte weiterhin Geschäfte auf dem polnischen Schwarzmarkt – und bestach deutsche Offiziere und Nazi-Größen in großem Stil. Nun wurde der zukünftige Richter Bejski sein Meisterfälscher: Schindler brauchte Genehmigungen, um Lebensmittel und andere Waren aus Krakau nach Deutschland und in die Tschechoslowakei zu transportieren. Isaac Stern wußte, daß Bejski im Ghetto arische Papiere gefälscht hatte. Schindler beschaffte sich ein Originaldokument und beauftragte dann Bejski, dieses samt Stempel und ähnlichen Details zu kopieren. Bejski wundert sich noch heute über das zusätzliche Risiko, daß sein Chef auf sich nahm. Jedes neue Abenteuer erhöhte die Gefahr einer Entdeckung. Schindler wurde zweimal verhaftet, kam aber, wie er Bejski später erzählte, mit Schmiergeldzahlungen wieder frei. Nichts hielt ihn davon ab, bis zum Äußersten zu gehen.

Im März 1945 wußte jeder in Brünnlitz, daß der Krieg gewonnen beziehungsweise verloren war. Unter den jüdischen Arbeitern waren zwei Radiotechniker. Schindler gab ihnen oft Radios, die sie für die deutschen Beschäftigten reparieren sollten. Die Techniker nutzten die Gelegenheit, um die BBC-Sendungen für Polen zu hören. Einmal »vergaß« Schindler eine Woche lang, ein Gerät abzuholen. Die Gefangenen stellten das Vorrücken der Alliierten auf einer improvisierten Landkarte nach, doch sie wußten, daß es noch zu früh zum Feiern war. Wenn die SS nach dem üblichen Schema vorging, würde man die Juden auf Gewaltmärschen ins Reich treiben – und dabei war die Überlebenschance sehr gering. Gleichzeitig machte Schindler sich Sorgen darüber, was mit ihm, einem deutschen Kapitalisten mit zweifelhaften Verbindungen, geschehen würde, wenn er den Sowjets in die Hände fiele. Er wählte wie immer einen gewagten Ausweg aus dieser doppelten Zwickmühle.

Schindler teilte den Juden mit, daß er einen heimlichen Vorrat an Gewehren, Revolvern und Handgranaten in einem Lagerraum neben seiner Wohnung versteckt habe. Er gab Bejskis jüngerem Bruder Uri, der als Hausangestellter für ihn arbeitete, den Schlüssel. Sollte die SS versuchen, die Juden zu holen, so sagte er ihnen, müßten sie sich wehren und flüchten. Ein ehemaliger Offizier der polnischen Armee brachte fünfzehn Gefangenen nacheinander bei, wie man die Waffen benutzte. »Bis zum 8. Mai«, sagte Moshe Bejski, »wußten wir nicht, ob der Kommandant uns noch auf einen Gewaltmarsch hetzen würde.« Am Nachmittag dieses Tages wurden die Waffen an die fünfzehn ungeübten Schützen ausgegeben, und sie verteilten sich rund um die Fabrik, doch in der darauffolgenden Nacht zog sich die SS zurück.

Schindler hatte versprochen, daß er seine Schützlinge nicht im Stich lassen würde, bevor nicht der letzte SS-Mann abgezogen war. Er hielt Wort. Doch fünf Minuten nach dem Abzug der Nazis fuhr er in einem Lastwagen Richtung Westen. Am Steuer saß Richard Rechen, ein Jude, der sich freiwillig dazu gemeldet hatte und heute in Haifa lebt. Die Juden sprachen darüber, was sie ihrem Retter zum Dank geben sollten. Sie schrieben ihm Briefe auf deutsch und hebräisch, gerichtet an jeden jüdischen Amtsträger, dem er vielleicht begegnete. Darin bezeugten sie ihm, daß er ihr Leben gerettet habe und Hilfe verdiene. Das schien nicht genug, doch sie hatten nichts anderes. Dann bot ein Jude namens Jeret seine zwei Goldzähne an. Man zog sie ihm sofort. Ein anderer Gefangener, ein Juwelier namens Lichte, machte daraus einen Ring, in den er einen Dank an Schindler eingravierte. Vor seiner Abreise öffnete Schindler sein Schwarzmarktlager und gab jedem Gefangenen eine Flasche Wodka, zweihundert Zigaretten und eine Anzuglänge marineblauen Stoffes. Diese Dinge sollten ihnen den Weg in die Freiheit erleichtern.

Schindler und Rechen entkamen den Russen und erreichten Paris, wo der flüchtige Unternehmer vom *American Jewish Joint Distribution Committee* eine Belohnung von fünfzehntausend Dollar bekam. Mit diesem Geld kaufte er sich eine Farm in Argentinien, mit der er nicht viel Glück hatte. Als Schindler 1961 Israel seinen ersten von siebzehn Besuchen abstattete, bereiteten ihm etwa zweihundertzwanzig Überlebende einen überwältigenden Empfang. Was, so fragte einer, war mit dem goldenen Ring geschehen? »Schnaps«, sagte Schindler achselzuckend. Das, so Richter Bejski, war typisch für Oskar Schindler. Man mußte ihn nehmen, wie er war. Er starb im Oktober 1974 an Leberzirrhose und wurde auf dem Berg Zion in Jerusalem beerdigt. Über vierhundert überlebende »Schindler-Juden« und ihre Familien nahmen an dem Begräbnis teil. So viele trauernde Juden hatte man auf dem katholischen Friedhof noch nie gesehen.

*

Wer der Nazi-Propaganda Glauben schenkte, hätte sich wohl kaum vorstellen können, daß Max Schmeling zwei jüdischen Teenagern das Leben rettete. Oder daß er überhaupt jüdische Freunde hatte. Schmeling wurde 1930 Boxweltmeister im Schwergewicht. Sechs Jahre später bezwang er den für unschlagbar geltenden schwarzen Amerikaner Joe Louis mit einem sensationellen Sieg durch K.o. in der zwölften Runde. Es war die erste Niederlage des »braunen Bombers«. Louis war zwar noch nicht Weltmeister, hatte jedoch bereits die ehemaligen Titelinhaber Primo Carnera und Max Baer geschlagen. Die Nazi-Presse posaunte, Schmelings Sieg sei ein »Sieg der weißen Rasse«. Schmeling wurde als Mythos des Germanen in Fleisch und Muskeln hingestellt, als Inbegriff des Nazi-Helden, obwohl Louis sich 1938 mit einem K.o. in der ersten Runde revanchierte und in den nächsten elf Jahren den Weltmeistertitel ohne Niederlage behauptete.

Der extravagante Jude David Lewin, der sich für Sport interessierte und die Kabarettwelt der kränkelnden Weimarer Republik liebte, lernte Schmeling Anfang der dreißiger Jahre kennen. Wie viele deutsche Juden war er mehr Deutscher als Jude. Er hatte eine Loge in der Oper und die besten Plätze bei Motorrennen und Boxkämpfen. Lewin besaß ein gutgehendes Hotel mit Restaurant in Potsdam. Dort trainierte Schmeling für seine großen Kämpfe. Die beiden Männer hatten dieselbe Lieblingskneipe, den Zigeunerkeller, wo sie zusammen sangen und tranken.

1938 hatte Hitler seine Macht gefestigt, der Antisemitismus steuerte auf einen Höhepunkt zu. Lewin verstand die Zeichen der Zeit. Er zog mit seiner Familie nach Berlin und bereitete die Emigration vor. In der Nacht des 9. November, der »Reichskristallnacht«, wandte er sich an seinen Freund, den Boxer. Schmeling, inzwischen dreiunddreißig Jahre alt, hatte gerade geschäftlich in Berlin zu tun. Lewin bat ihn, sich um seine beiden Söhne, den vierzehnjährigen Heinz und den fünfzehnjährigen Werner, zu kümmern. Schmeling nahm sie mit in sein Zimmer im Hotel Excelsior am Alexanderplatz. Dort blieben sie drei Tage lang. An der Rezeption sagte er, er sei krank und wünsche nicht gestört zu werden. Als am 12. November die Krawalle abgeflaut waren, fuhr Schmeling mit den beiden Jungen in seinem Mercedes-Coupé zu sich nach Hause. Nach zwei weiteren Tagen des Wartens brachte Schmeling sie zu ihrem Vater zurück. Bald darauf machte sich die Familie auf den Weg nach Shanghai, wo David Hotelmanager wurde. 1946 zogen sie in die USA.

Daß Schmeling zwei jüdischen Jungen Zuflucht gewährt hatte, blieb lange ein Geheimnis. Erst einundfünfzig Jahre später organisierte Heinz Lewin, der sich inzwischen Henri nannte und Direktor des Sands-Hotels in Las Vegas war, ein Galadiner von Format, wie es auch seinem Vater gefallen hätte. Zu Ehren des vierundachtzigjährigen Boxers lud er achthundert Prominente aus der Boxwelt ein. Schmeling saß neben dem amtierenden Weltmeister Mike Tyson. »Heute erfahren Sie, was für ein Held Max Schmeling war«, verkündete Lewin. »Er riskierte Kopf und Kragen für uns. Hätte man uns in seinem Zimmer gefunden, säßen heute abend weder Max noch ich hier.«

Dann erzählte Lewin, daß sein Vater die Fahrkarten nach Shanghai damals bereits gekauft hatte. Wäre die Familie in der »Kristallnacht« aufgegriffen worden, hätte sie wahrscheinlich ihre letzte Chance zur Flucht aus Deutschland verpaßt. Von anderen Verwandten, die in jenen Tagen verhaftet worden waren, hörten die Lewins nie wieder etwas.

»Schmeling wäre zweifellos in großer Gefahr gewesen, wenn man uns entdeckt hätte«, sagte mir Lewin. »Die Nazis hätten nie-

Max Schmeling

mals zugelassen, daß ein Nationalheld freundschaftlich mit Juden verkehrte. Das wäre ja eine Schande für den Führer gewesen. Außerdem riskierte er viel, als er uns in seinem Auto mitfahren ließ. Er hätte uns in ein Taxi setzen können. Doch wir waren seine Freunde, und er hätte alles für uns getan. Es war das einzige Mal, daß mein Vater ihn um etwas bat.«

Auf Schmelings Bitte hat Lewin die Geschichte lange geheimgehalten. Auch als der ehemalige Weltmeister seine Teilnahme am festlichen Abendessen in Las Vegas zusagte, bat er Lewin noch, kein Loblied auf ihn zu singen. »Er sagte mir, mit dem, was er für mich und meinen Bruder getan habe, habe er nur seine Pflicht getan«, sagte Lewin und fügte dann hinzu, daß er die Geschichte doch noch publik gemacht habe, »weil Max, auch wenn er sich bester Gesundheit erfreut, vierundachtzig Jahre alt ist und ich fünfundsechzig. Ich wußte nicht, wie lange wir beide es noch machen würden.«

Schmelings Ruhm wurde zwar von Joseph Goebbels' Propagandamaschinerie ausgeschlachtet, doch er selbst war nie ein Nazi. David Lewin war nicht sein einziger jüdischer Freund. Im Krieg diente er in einer Fallschirmspringereinheit. Nach Kriegsende machte er eine erfolgreiche Karriere als Coca-Cola-Generalvertreter für die Bundesrepublik Deutschland. Henri Lewin blieb auf Distanz, obwohl er wie sein Vater Boxen und das gute Leben liebte.

1980 las Schmeling in einer deutschen Zeitung, daß Lewin im Hilton-Hotel in Las Vegas, wo er Vizedirektor war, einen Weltmeisterschaftskampf veranstalten wollte. Er schrieb an Henri, und der nahm die Freundschaft dort auf, wo David sie hatte aufgeben müssen. Als Joe Louis 1981 starb, ohne zuvor seine Einkommensteuerschulden begleichen zu können, bat Schmeling Lewin, ihn bei der Beerdigung zu vertreten, und schickte ihm eine größere Geldsumme für Louis' Witwe. Auch das wurde erst 1989 öffentlich bekannt.

*

Gräfin Maria Helena Françoise Isabel von Maltzan, rebellische Tochter einer deutsch-schwedischen Adelsfamilie, wurde einmal gefragt, wie sie den Krieg hatte durchstehen können, obwohl ihr der Tod ständig im Nacken saß. »Das geht nur, wenn man ihn nicht beachtet«, antwortete sie. »Wenn ich eine Sekunde lang Angst gehabt hätte, wäre das mein Ende gewesen. Doch sobald etwas gefährlich aussieht, überlege ich, was zu tun ist. Und selbst in den schlimmsten Zeiten bewahrte ich mir den Blick für das Komische in allen Situationen.«

Die Gräfin, Jahrgang 1909, wuchs im Schloß der Maltzans auf einem schlesischen Gut mit siebentausend Hektar Grund auf. Als Hitler an die Macht kam, trat fast die gesamte Familie in die NSDAP ein. Ihre Mutter haßte Juden. Der Bruder, ein überzeugter Nazi, schloß seine Schwester später vom Erbe aus. Eine Schwester war mit Feldmarschall Walter von Reichenau verheiratet, der sich als einer der ersten hohen Offiziere zum Nazismus bekannte. Maria studierte Naturwissenschaften an den Universitäten Breslau und München, wo sie erstmals aktiv am Widerstand gegen den Nationalsozialismus teilnahm. Gleichzeitig pflegte sie jedoch weiterhin ihre Verbindungen zur besseren Gesellschaft. Während des Krieges studierte sie Veterinärmedizin.

1939 lernte sie in Berlin Hans Hirschel kennen, den jüdischen Herausgeber einer avantgardistischen Literaturzeitschrift, und verliebte sich in ihn. Als drei Jahre später zu befürchten war, daß man ihn in ein Konzentrationslager schicken würde, bot sie ihm an, in ihre Dreizimmerwohnung in der Detmolder Straße zu ziehen. Bis zum Ende des Krieges versteckte sie ihn dort in einem großen Mahagonidiwan, den man aufklappen konnte, um Bettzeug darin unterzubringen. Die Wohnung wurde häufig von der Gestapo beobachtet. Hirschel hatte weder Geld noch Lebensmittelmarken. Maria teilte ihre Rationen mit ihm und arbeitete auf zwei Posten, um ihrer beider Unterhalt und anderweitige Rettungsaktionen zu finanzieren. Hirschel zufolge ruinierte sie dabei ihre Gesundheit und erlitt wegen der ständigen Anspannungen beinahe einen Nervenzusammenbruch. Als sie feststellte, daß sie schwanger war, überredete sie einen homosexuellen

Maria von Maltzan, die in ihrem Haus in Berlin Juden versteckte.

schwedischen Freund, sich als Vater auszugeben. Der Sohn, der im September 1942 zu früh zur Welt kam, starb in einem Berliner Krankenhaus, als während eines Luftangriffs die Stromzufuhr seines Brutkastens unterbrochen wurde.

Hirschel war nicht der einzige Jude, der bei der Gräfin Zuflucht fand. Nach Schätzungen hat sie zwischen 1939 und 1945 zu unterschiedlichen Zeiten mindestens sechzig Menschen versteckt. Einer, Wolfgang Hammerschmidt, ein junger »Halbjude«, der später beim ZDF arbeitete, konnte der Gestapo entfliehen. Er litt an einer Lungenentzündung und blieb vom 12. März bis Ende April 1945 bei ihr. Sie pflegte ihn und sorgte dafür, daß er zu essen hatte, obwohl zu jener Zeit in der belagerten Hauptstadt fast nichts zu bekommen war. In einem Film über ihr Leben aus dem Jahr 1986 wird angedeutet, sie habe sich wegen ihrer Liebesaffäre mit Hirschel dem Widerstand angeschlossen. Diese Darstellung lehnte sie strikt ab. »Ich rettete Juden, lange bevor ich mich in einen Juden verliebte«, sagte sie Janet Watts, einer Journalistin der Zeitung *Observer*. »Ich hatte *Mein Kampf* gelesen. Wer dann noch nicht wußte, was geschehen würde, mußte ein Idiot sein. Ich wußte, daß gemordet wurde, daß furchtbare Dinge geschahen, und ich hätte alles getan, um dagegen anzukämpfen.«

Zusammen mit der Schwedisch-Protestantischen Kirche, deren Rettungsaktionen in Kapitel 4 beschrieben sind, half sie, Dutzende Juden aus Deutschland herauszuschmuggeln. Pastor Erik Myrgren erinnerte sich an sie als die »Löwin von Berlin«:

»Sie war sehr temperamentvoll, machte Judo, schwamm und ritt wie ein Mann, oder sogar besser. Wenn es nötig war, konnte sie auch mit einer Pistole umgehen. Gleichzeitig war sie durch und durch eine Frau, charmant, elegant und sehr attraktiv. Sie genoß die Gesellschaft von Parteifunktionären, Generälen und SS-Offizieren mit Pomade im Haar. Doch in unzähligen Nächten schlüpfte sie in die andere Rolle, verwandelte sich in Maria Müller und vollbrachte Unglaubliches. Sie liebte Hans Hirschel aus ehrlichem Herzen, doch ihre Liebe war auch Ausdruck ihres brennenden Hasses gegen die Nazis. Manchmal verließ sie Hans und war tagelang unterwegs, um Fluchtpläne zu schmieden und Widerstandsaktionen zu planen. Die Kirche kaufte die Juden frei. Sie schmuggelte sie durch die städtische Kanalisation aus der Stadt heraus.«

Auf einer ihrer letzten Missionen führte sie eine Gruppe jüdischer Flüchtlinge durch die Wälder zu einer Eisenbahnlinie. Die Besatzung des Zuges, der Möbel heimkehrender schwedischer Diplomaten geladen hatte, war bestochen worden, einen außerfahrplanmäßigen Halt zu machen. Andere Mitglieder des Widerstands, die im Dunkeln warteten, sollten die Kisten aufbrechen, so daß die Juden sich darin verstecken konnten. Maria übergab ihnen ihre Schützlinge und machte sich auf den Heimweg. Dabei wurde sie von Gestapoleuten entdeckt, die mit Suchscheinwerfern und Spürhunden patrouillierten. Um die Hunde von ihrer Fährte abzubringen, watete sie durch einen Fluß, schmierte sich auf einem Bauernhof mit Mist ein und schwamm durch einen Teich. Eineinhalb Tage hockte sie frierend, naß und hungrig im Gestrüpp und wartete auf die Gelegenheit, fliehen zu können, ohne sich dabei zu verraten. Schließlich war es soweit: Die Luftschutzsirenen heulten, und ihre Verfolger gingen in Deckung. Als sie aus dem Wald schlich, stieß sie auf eine Gruppe von Leuten, die verzweifelt versuchten, das Feuer zu löschen, das in einer Fabrik ausgebrochen war. Sie half ihnen bei ihren Bemühungen und trat dann mit einer glaubwürdigen Erklärung für ihr verdrecktes Aussehen den Rückweg in die Stadt an. Kaum hatte sie die Schwedische Kirche erreicht, berichtete Pastor Myrgren, fiel sie in Ohnmacht.

Einmal wollten zwei Gestapoleute ihre Wohnung durchsuchen. Sie befahlen ihr, den Mahagonidiwan zu öffnen, in dem sich Hans Hirschel versteckt hielt. Sie weigerte sich und erklärte, der Diwan ließe sich nicht öffnen. Da die Gestapoleute darauf bestanden, schlug sie vor, sie sollten doch mit ihren Revolvern hineinfeuern, vorher müßten sie ihr allerdings eine Erklärung unterschreiben, daß sie für den Schaden aufkämen, wenn niemand gefunden würde. Daraufhin zogen die Gestapoleute ab. Als sie ein anderes Mal zum Verhör in das Gestapo-Hauptquartier gebracht wurde, bat sie den verantwortlichen Offizier darum, einen Nazi-Minister anrufen zu dürfen, um ihm zu erklären, warum sie verspätet zum verabredeten Abendessen erscheinen würde. Da ließ man sie lieber gehen. Einmal kam sie spätnachts mit einer Schußwunde am Hals nach Hause. Hirschel war entsetzt und fragte, was passiert sei. Sie antwortete kurz, solche Fragen dürfe er ihr nie stellen.

Maria von Maltzan und Hans Hirschel heirateten kurz nach dem Einmarsch der Russen in Berlin, ließen sich jedoch ein Jahr später wieder scheiden. 1972, drei Jahre vor Hans' Tod, heirateten sie ein zweites Mal. Als sie 1986 von Yad Vashem gebeten wurde, ihre Tätigkeiten im Widerstand gegen die Nazis darzustellen, schrieb Maria von Maltzan zurück: »Ich kenne die Beweggründe für meine Taten, und das gleiche gilt – das weiß ich sicher – für die, die mich um Hilfe baten. Wie sie habe ich keine glücklichen Erinnerungen an jene Zeiten. Ich hoffe aus ganzem Herzen, und mehr kann ich dazu nicht sagen, daß es solchen Haß, solche Grausamkeit, solche Unmenschlichkeit zwischen Menschen nie mehr geben wird!«

Epilog
Motive und Beweggründe

Bitte machen Sie nicht zuviel Wirbel. Stellen Sie mich nicht als den großen Helden dar.« Jeder, der mit Rettern gesprochen hat, kennt diese Antworten. »Ich habe meine Pflicht getan«, heißt es. »Es war doch selbstverständlich, ein Akt der Menschlichkeit, Christenpflicht, das zu tun. Menschen waren in Gefahr. Sie brauchten Hilfe. Also half ich ihnen.« Daß die Bittsteller Juden waren, fügen viele hinzu, sei nur ein Zufall. »Für uns spielte es keine Rolle, daß sie Jüdin war«, sagte einer der britischen Kriegsgefangenen, die ein Mädchen in ihre Obhut nahmen, das von einem Todesmarsch geflüchtet war. »Sie war einfach ein menschliches Wesen.« Doch die bittere Wahrheit ist, daß es in Hitlers Europa schon eine Heldentat war, wenn man einen Juden, alle Juden, als menschliche Wesen behandelte. »Ich habe zu einer Zeit Menschen geholfen«, schrieb der deutsche Oberfeldwebel Hugo Armann, »als sie nicht wie Menschen behandelt wurden.« Das ist eine Gemeinsamkeit.

Wenn Hilfeleistung so selbstverständlich war, warum sahen viele Millionen anständiger Europäer, die ihr Vaterland liebten und in die Kirche gingen, beiseite (oder schlimmeres)? Die einfachste Erklärung ist die Angst, der Selbsterhaltungstrieb. Krieg und Besatzung brachten sie und ihre Familien unmittelbar in Gefahr. Wie streng unsere Prinzipien auch sein mögen, niemand kann beschwören, daß er nicht ebenso gehandelt hätte. Laß dich nicht in Schwierigkeiten bringen. Paß auf dich auf. Doch die Ungewißheiten, die der allgegenwärtige Krieg in sich barg, wirkten sich auch in gegenteiliger Richtung aus. Sicherheit war eine Illusion. Ein Leben war nicht viel wert. Partisanen kämpften und starben. »Wovor sollte ich Angst haben?« fragte Erik Myrgren, der schwedische Pastor in Berlin. »Der Tod war immer nahe. Tag und Nacht fielen Bomben. Ein zusätzliches Risiko wog nicht schwer. Doch für manche Leute war es eine Überlebensfrage.« Die Nazi-Justiz war brutal und unberechenbar. Gegen jemanden mit einer Pistole in der Hand, der dich erschießen will, und sei es aus einem noch so lächerlichen Grund, hatte man keinerlei Handhabe. »Damals sah man das Leben mit anderen Augen«, sagte ein polnischer Retter der amerikanischen Autorin Nechama Tec. »Ein Leben zählte nichts. Man konnte mitten auf der Straße einfach getötet werden, weil man die Hand zu langsam aus der Tasche nahm. Ich habe so etwas gesehen. Ein Mann wurde erschossen, weil er zu langsam auf den Befehl reagierte, die Hände aus den Taschen zu nehmen.«

Konformistische Neigungen verstärkten jedoch bei vielen den Drang zum Selbstschutz. Die Nazis, ihre Verbündeten und Kollaborateure schufen ein Klima, in dem es erlaubt war, Juden zu töten. Es erforderte keine große Anstrengung, barg kein unmittelbares Risiko, wenn man sich anpaßte, das Morden stillschweigend hinnahm oder sich sogar daran beteiligte. Man konnte sich sogar Lob und Belohnung verdienen. Diese Tendenz herrschte besonders in solchen Gesellschaften vor, in denen Juden als Außenseiter galten, als Eindringlinge, die nationalen Bestrebungen im Wege standen, als wirtschaftliche Konkurrenten. Es ist kein Zufall, daß in den Ländern, in denen die meisten nichtassimilierten Juden lebten – Menschen, die sich anders kleideten, eine andere Sprache sprachen, an einen anderen Gott glaubten, deren Bindungen und Beziehungen über die Nationalgrenzen hinausreichten –, die örtlichen Hilfstruppen bedenkenlos kollaborierten. In sowjetischen Archiven, die in der liberalen Gorbatschow-Ära für westliche Forscher geöffnet wurden, ist die blutrünstige Begeisterung dokumentiert, mit der die litauische, lettische und ukrainische Polizei mordete, brandschatzte und plünderte. Die nazistische Ideologie mit ihrem Kult um Blut, Stahl und arische Überlegenheit sanktionierte und kanalisierte den Willen zur Zerstörung. In Polen, wo vor dem Krieg 3,3 Millionen Juden lebten, hatten selbst Teile der Widerstandsbewegung Bedenken, mit dem jüdischen Untergrund zusammenzuarbeiten.

Umgekehrt war die Bereitschaft, die Juden zu schützen, gleich, was es koste, dort am größten, wo sie eine kleine, gut in das Gesellschaftsgefüge integrierte Minderheit darstellten. In Ländern, deren nationale Identität unumstritten war, in denen die Juden keinerlei Bedrohung darstellten, weder kulturell noch politisch, noch wirtschaftlich. Das herausragende Beispiel ist Dänemark, wo die Juden nicht nur sehr stark assimiliert waren, sondern es auch zahlreiche Ehen zwischen Juden und Nichtjuden gab. In Italien gehörten die jüdischen Gemeinden von alters her zur Landschaft. Bulgarien mit seinen fünfzigtausend sephardischen Juden ist eines der wenigen osteuropäischen Länder ohne antisemitische Tradition. In diesen Ländern fand der Nazismus am wenigsten Anklang – und hier konnten anerkannte einheimische Persönlichkeiten andere Normen setzen. König Christian widersetzte sich den Deutschen mit seiner Rede über »unsere jüdischen Mitbürger«. In Italien machte Bischof Nicolini Assisi zu einem sicheren Zufluchtsort. In Griechenland predigte Erzbischof Damaskinos, daß »alle Bürger Griechenlands, unabhängig von Rasse und Religion, von den Besatzungsmächten gleich behandelt werden müssen«. In Frankreich schützte das Vichy-Regime die einheimischen Juden, überließ jüdische Flüchtlinge jedoch den übermächtigen Deutschen. Nicht zufällig stehen die Niederlande, wo der Geist der Toleranz tief verwurzelt ist, an der Spitze der Liste der Gerechten in Yad Vashem. Doch selbst in Ländern, in denen der Antisemitismus eine lange Tradition hat, zeigten einige Widerstandsgruppen Mut und Menschlichkeit. Ganze Bücher sind über polnische Retter geschrieben worden, die zwar eine Minderheit, aber keine unbedeutende Minderheit darstellten. Sie operierten nicht im luftleeren Raum.

Letztlich oblag die Entscheidung, etwas zu tun, jedoch jedem einzelnen und fiel oft aufgrund einer momentanen Stimmung. In den meisten Fällen machte ein Jude, der in Not war, den ersten Schritt – manchmal war es ein Bekannter, manchmal ein völlig

Fremder. Angesichts der Umstände hatte man selten die Zeit, zu überlegen oder nach Hause zu gehen und mit der Familie darüber zu sprechen. Man mußte ja oder nein sagen. Eine Untersuchung ergab, daß siebzig Prozent der Retter ihre Entscheidung innerhalb von Minuten trafen und achtzig Prozent sich ohne vorherige Beratung mit anderen entschieden. Manche glaubten, eine kurzfristige Verpflichtung einzugehen. Sie stellten ein Versteck für eine Nacht bereit oder bis der Hilfesuchende eine dauerhafte Bleibe gefunden hatte. Oft wurden daraus Wochen oder Monate. Je besser der Retter »seinen« Juden als eigenständige Persönlichkeit kennenlernte, als einen Menschen mit Ängsten und Schwächen, Vorlieben und Begabungen, desto unwahrscheinlicher wurde ein Hinauswurf.

Aus welchen Motiven handelten die, die zu helfen bereit waren? Seit zehn Jahren suchen Sozialwissenschaftler mit den Methoden ihrer Wissenschaft, mit Interviews und Fragebögen, eine Antwort auf diese Frage. Man ist sich einig, daß Altruismus, Menschenliebe, nicht in Sekundenschnelle entsteht. Einfühlungsvermögen und Mitgefühl sind Eigenschaften, die eng mit der persönlichen Geschichte verknüpft sind. Die Neigung, ja zu sagen, war bereits in Persönlichkeit und Lebensstil des Retters angelegt. Doch darüber hinaus kann die Forschung nur mögliche Verhaltensmuster aufzeigen.

Nechama Tec beschreibt in ihrer gründlichen Studie über polnische Retter, *When Light Pierced the Darkness*, sechs verbreitete Eigenschaften: 1. Individualität oder Isoliertheit; 2. Unabhängigkeit oder das Selbstbewußtsein, persönlichen Überzeugungen entsprechend zu handeln, unabhängig davon, wie diese von anderen bewertet werden; 3. intensives und langfristiges Engagement für Arme und Hilfsbedürftige; 4. die Einstellung, Hilfe für Juden als geringfügige Selbstverständlichkeit zu betrachten; 5. ein unerwarteter, ungeplanter Beginn der Rettung von Juden; und 6. die grundsätzliche Einschätzung der Juden als hilflose Wesen, die auf den Schutz anderer unbedingt angewiesen sind. Tec faßt zusammen:

Die Wertvorstellungen, deren Quelle hier gleichgültig ist, scheinen tief in der Persönlichkeit verwurzelt zu sein. Alle erlebten sie als mächtige und verbindliche Maßstäbe des persönlichen Verhaltens. Überdies wurden diese Imperative meist wohl schon lange vor dem Krieg integrativer Bestandteil des moralischen Wertgefüges. In vielen Fällen kam eine lange Geschichte der Hilfeleistungen für Bedürftige zutage.

Die Wissenschaftlerin Eva Fogelman sagte in einem Referat, das sie 1990 auf einer Konferenz zum Thema »Moralischer Mut während des Holocaust« hielt:

Letztendlich war die Erziehung, nicht das soziale Umfeld, von größerer Bedeutung. Welche Werte wurden in den Familien derer, die Retter wurden, am häufigsten gelehrt? Vor allem war es Toleranz gegenüber den Unterschieden zwischen Menschen... Wenn wir unsere Kindern lehren, jedes Leben zu achten, Mitgefühl für Menschen in Not zu empfinden und Unterschiede zwischen den Menschen zu tolerieren, könnten wir eine Gesellschaft schaffen, in der Auschwitz undenkbar wäre.

Samuel und Pearl Oliner interviewten für die bislang anspruchsvollste Untersuchung des Themas siebenhundert Retter, Beobachter und Überlebende. Sie kommen in *The Altruistic Personality* zu einem ähnlichen Ergebnis:

Worte und Sätze, die Fürsorge umschreiben – daß man hilfsbereit, gastfreundlich, liebevoll, besorgt um andere sein muß –, wurden von Rettern sehr viel häufiger genannt, wenn sie die Werte beschrieben, die sie von ihren Eltern oder anderen wichtigen Personen gelernt hatten. Großzügigkeit und Aufgeschlossenheit statt Gerechtigkeit und Gegenseitigkeit waren für die Eltern von Rettern deutlich wichtiger als für die Eltern derjenigen, die nicht geholfen haben... Ebenso wichtig ist, daß Retter deutlich mehr

Gruppen in die Aufzählung derer einschlossen, denen gegenüber sie eine moralische Verpflichtung empfanden.

Retter, so fanden die Oliners heraus, fühlten sich für das Leiden eines Fremden ebenso verantwortlich wie für das eines Freundes: »Fürsorge war kein Zuschauersport. Man mußte handeln. Man mußte persönlich Verantwortung übernehmen, nicht weil andere es forderten, sondern weil Nichthandeln stillschweigendes Einverständnis mit den Folgen bedeutet hätte.«

Solche Hinweise sind wichtig, doch es gibt keine eindeutigen Antworten, keine hinreichende und notwendige Bedingung für moralischen Mut. Von den Interviewpartnern der Oliners gaben vierundvierzig Prozent an, fürsorgliche Eltern gehabt zu haben, das ist ein doppelt so hoher Prozentsatz wie unter denen, die Juden hätten retten können, es aber nicht taten. Das heißt, sechsundfünfzig Prozent der Retter erwähnten keine fürsorglichen Eltern. Zu jedem Fall, der eine bestimmte Hypothese bestätigt, gibt es einen anderen, der sie widerlegt.

Erziehung? Ja, aber was ist mit der Gräfin Maria von Maltzan, deren Mutter, Bruder und Schwester Nazis waren? Liberale politische Einstellung? Ja, aber was ist mit Giorgio Perlasca, der ein überzeugter Faschist war? Christliche Barmherzigkeit? Ja, aber was ist mit all den gottesfürchtigen Christen, die die Öfen schürten? Jüdische Freunde und Schulkameraden? Ja, aber was ist mit den guten Menschen aus Nieuwlande und Assisi, die noch nie Juden gesehen hatten, bevor sie ihnen Zuflucht gewährten? Nichtangepaßtheit? Ja, aber was ist mit den Bischöfen und Pastoren, Stadträten und Polizeioffizieren, allesamt Angehörige der Führungsschichten, die darauf bestanden, daß sie sich an all das hielten, was sie gelernt hatten und an was sie glaubten? Hohe Moral? Ja, aber wer hätte schon gerne seine Tochter mit Oskar Schindler verheiratet?

»Alles, was blieb«: Die Skulptur von Elsa Pollak, die im Museum in Yad Vashem steht, erinnert an die Schuhe der Opfer, die in Auschwitz ausgestellt sind.

Glossar

Abessinien: Früherer Name von Äthiopien.

Aschkenasim: Die mittel- und osteuropäischen Juden, im Unterschied zu den Sephardim (s. d.).

Arier, arisch: Ursprünglich nannten sich so indogermanische Adelsgruppen in Vorderasien und Indien. In den Rassentheorien des 19. Jh. erhielt der ethnologisch-sprachwissenschaftliche Begriff einen rassenideologischen und antijüdischen Akzent. Die Rassenpolitik der Nationalsozialisten mißbrauchte den Begriff am stärksten.

Chanukka: Achttägiges Lichterfest, gefeiert zur Erinnerung an die Wiedereinweihung (165 v. Chr.) des Tempels in Jerusalem, der von den Griechen entweiht worden war.

Chassid (Chassidim): (wörtl. Frommer) Anhänger der Bewegung des Chassidismus, einer jüdisch-religiösen Erneuerungsbewegung, die seit dem 18. Jh. in Osteuropa weite Verbreitung fand.

Goj (Gojim): (wörtl. Volk) In spät- und nachbiblischer Zeit wird der Begriff vor allem für Nichtjuden gebraucht.

I. G. Farben: Vor 1945 war die I. G. Farbenindustrie AG, Frankfurt a. M., der größte Chemiekonzern und das größte Unternehmen Deutschlands. Nach 1945 wurde das Vermögen der I. G. Farben von den Besatzungsmächten beschlagnahmt und das Auslandsvermögen enteignet.

Jeschiwa: Höhere Lehranstalt für das Studium des Talmud (s. d.).

Jiddisch: Umgangssprache der Ostjuden, die sich aus dem mittelalterlichen Jüdisch-Deutsch entwickelt hatte. Seit dem 19. Jh. ist Jiddisch auch Literatursprache.

Jom-Kippur: Versöhnungsfest. Es ist der höchste jüdische Fest- und Bußtag, der den Abschluß der mit dem Neujahrsfest beginnenden 10 Bußtage bildet.

Kaddisch: Gebet für die Verstorbenen und gleichzeitig tägliches gottesdienstliches Gebet.

Koschere Speisen: Nach den jüdischen Speisegesetzen zubereitetes Essen, wobei Tiere nach besonderen Vorschriften geschlachtet werden müssen und Fleisch- und Milchprodukte weder zusammen zubereitet noch zusammen gegessen werden dürfen.

Menora: Leuchter (meist siebenarmig); eines der ältesten Symbole des jüdischen Volkes.

Minjan: Zahl von 10 männlichen religionsmündigen Betern, die in traditionellen Gemeinden für den Gottesdienst benötigt werden.

*Pessach (*auch *Passahfest):* Erinnert an den Auszug der Kinder Israels aus Ägypten. Es wird am ersten Vollmond im Frühling gefeiert und dauert acht Tage.

Pogrom: Aus dem Russischen; seit der Zeit der Judenverfolgungen im zaristischen Rußland auch in anderen Sprachen gebräuchlich. Meint Ausschreitungen gegen eine bestimmte Bevölkerungsgruppe.

Purim: Ein Freudenfest (unserer Fastnacht ähnlich), gefeiert zur Erinnerung an die Rettung der persischen Juden durch Königin Esther und Mordechai.

Rabbiner: Amtsbezeichnung des von der jüdischen Gemeinde bestallten Geistlichen.

»Reichskristallnacht« oder »Kristallnacht«: Auf Initiative von Joseph Goebbels zerstörten nationalsozialistische Trupps in der Nacht vom 9. zum 10. November 1938 jüdische Friedhöfe, Synagogen, Wohn- und Geschäftshäuser. 91 Menschen fanden dabei den Tod. Mehr als 30 000 Juden wurden verhaftet und zeitweilig in Konzentrationslagern inhaftiert. Die Bezeichnung »Kristallnacht« bezieht sich auf das in jener Nacht zerschlagene Glas.

Rosch Haschana: Das im Herbst gefeierte jüdische Neujahrsfest.

Sabbat: Der siebte Tag der Woche (Samstag) ist für die Juden ein Ruhetag, für den strenge Verhaltensregeln gelten. Er soll an Gottes Schöpfungswerk erinnern und beginnt bereits am Freitagabend, an dem in den Wohnungen und Synagogen die Sabbatlichter angezündet werden.

Schintoismus: Japanische Nationalreligion; kennzeichnend ist die Verehrung der Natur und der ausgeprägte Ahnenkult.

Sephardim: Juden spanisch-orientalischer Herkunft, im Unterschied zu den Aschkenasim (s. d.).

Synagoge: Bethaus der Juden.

Talmud: Sammelwerk der jüdischen Gesetzeslehre. Er besteht aus der Mischna (Sammlung mündlicher Überlieferungen des Gesetzes) und der Gemara (Erläuterungen der Mischna; hält die Disputationen der Rabbiner aus dem 3.–6. Jh. schriftlich fest).

Tefillin: Gebetsriemen, die fromme Juden sich beim Morgengebet wochentags so um den linken Oberarm schlingen, daß ein kleiner würfelartiger Behälter unmittelbar neben dem Herzen liegt. In diesem Würfel befinden sich ausgewählte Tora-Sprüche. Eine zweite Lederkapsel legt man in ähnlicher Weise an den Kopf.

Tora: (wörtl. Lehre) So werden die fünf Bücher Mose bezeichnet; steht auch für das gesamte jüdische Schrifttum und Wissen.

Quisling: Der norwegische Politiker arbeitete nach dem deutschen Angriff auf Norwegen mit der deutschen Besatzungsmacht zusammen und führte unter ihr eine »nationale Regierung«. Nach 1945 wurde Quisling wegen Hochverrats zum Tod verurteilt. Sein Name wurde gleichbedeutend mit »Verräter«.

Zionismus: Durch Theodor Herzl Ende des 19. Jh. politisch begründete national-jüdische Bewegung mit dem Ziel der Errichtung eines Judenstaates in Palästina.

Register

Adamovicz, Irena 173
Adenauer, Konrad 207
Adler, Sidney 19
Albanien 158 ff.
Almann, Susi (später Bezalel) 205 ff.
Andersen (dänischer Bootsmann) 74 f.
Andonno (Italien) 40 ff., 45 f., 48, 50 f.
André, Joseph 134
Antall, Joszef 193
Arbel, Eliyahu 185
Armann, Hugo 196 ff., 229
Assisi (Italien) 136 ff., 234
Athen 130, 132 f.
Auschwitz (Konzentrationslager) 43, 89 f., 94 ff., 98 ff., 216 f.

Bar-Shaked, Gabriel 193
Baranoviçi (Weißrußland) 197 ff.
Barzilai, Elia 133
Bauer, Yehuda 78
Begin, Menachem 181
Bejski, Moshe 210 ff.
Belgien 77, 134 f., 187 ff.
Ben-David, Yehuda 39 f.
Ben-Tov, Arieh 89, 91 f.
Ben-Yosef 161
Berger, Tibor (später Shmuel Ben-Dov) 123 ff.

Berlin 113 ff., 206 f.
Bernadotte, Graf Folke 119
Best, Werner 67, 69 ff.
Bettex, André 31 ff.
Bialystok 111 f., 143, 172
Binder, Heinrich 110
Birkenau (Konzentrationslager) 96, 101, 103
Blum-Albert, Marie 189
Bogdanovich, Ludmila 170 ff.
Bolwyn 27 ff.
Bordeaux (Frankreich) 77 ff.
Borkowska, Anna (Imma) 142 ff.
Born, Friedrich 89 ff., 123
Borsotto, Antonio 41 ff., 45 f., 48, 50
Boves (Italien) 46, 49 f.
Bozikovski, Tuvia 167 f.
Brachfeld, Sylvain 135
Bratislava 183 f.
Brizi, Luigi 137
Bronowski, Shlomo 202 f.
Brunacci, Don Aldo 137 ff., 140
Brünnlitz (Sudetenland) 214 ff.
Buckles, John 112
Budapest (Ungarn) 52 ff., 89 ff., 122 ff.
Buteasa (Rumänien) 186

Castle, John 94, 98
Castruccio, Giuseppe 133

Chambon-sur-Lignon, Le (Frankreich) 31 f., 34 ff., 40
Choms, Wladislawa 169 ff.
Chouraqui, André 31, 37 ff.
Christian X. (König von Dänemark) 68 ff., 231
Chrysostomos, Bischof 131
Clauberg, Karl 102
Cohen, Haim 132
Collet, Gustave 135
Coward, Charles 13, 93 ff.
Csernyei (Familie) 208 ff.
Csiky, Juraj 184 f.
Cuneo (Italien) 44
Curaçao (Antilleninsel) 61 ff.
Czaczia, Edward 198, 200
Czazkes, Sara 197 ff.

Damaskinos, Papandreou (Erzbischof von Griechenland) 129 ff., 132 f.
Dänemark 67 ff.
Darcissac, Roger 39
Davids, Isaac (Peter) 21
Dekker, Jan 27
Dering, Wladyslaw Alexander 103 f.
Destefanis, Catarina 47, 51
Douwes, Arnold 17 ff., 29 ff.
Drancy (Lager) 43
Drohobycz (Galizien) 203 ff.
Duckwitz, Georg Ferdinand 67 ff., 71 ff., 77
Dudziec, Jadwiga 174
Dumas, Georges 192 f.
Dumas, Roland 192 f.
Durand, André 90
Dutkievicz, Stanislaw 166 ff.

Eckstein, Alexander 183 ff.
Edwards, Alan 105, 109 ff.
Eichmann, Adolf 58, 67, 196

Eidem, Earling 116
Evert, Anghelos 130, 132 f.

Factor, Solange 190 f.
Ferrières, Alice 190 f.
Fisher, William 105, 108, 112
Fleishman, Gizi 184
Fogelman, Eva 233
Fomienko, Witold 180 ff.
Forell, Birger 117
Fortini, Anraldo 138
Franco, Francisco 32, 52 ff.
Frank, Anne 14, 26
Frankel, Abraham 203
Friedmann, Herbert 117 f.
Fulgsang, Damgaard Hans 72

Gal, Regina 47 f., 51
Gelb, Hannah 140
Giacanella, Armando 138
Giordano, Marianna 48 ff.
Giordano, Usebio und Anna 49 f.
Glinski, Leonard 178 ff.
Grabowski, Henryk 172 ff.
Grajek, Stefan 167 f.
Gregorios von Chalkis 130
Griechenland 129 ff.
Grossmann, Chaika 143, 173 f.
Grossmann, Kurt 214
Groß-Rosen (Konzentrationslager in Oberschlesien) 215
Gutwirth, Nathan 61
Günther, Rolf 67

Haefliger, Louis 86 ff., 92
Haestrup, Jorgen 67 f.
Haldezos, Panos 130
Hallie, Philip 31, 35 f., 38
Hamling, Bert 109, 112
Hammond, George 105, 109, 112
Hanneken, Hermann von 70

Hansson, Per Albin 71
Hardaga, Mustafa 149 ff.
Hardaga, Zayneba 149 ff.
Hautval, Adélaïde 99 ff.
Hearst, William Randolph 19
Hedenqvist, Göte 116
Hedtoft, Hans 68, 72
Helmrich, Eberhard und Donata 203 ff.
Henriques, C. B. 72
Himmler, Heinrich 71, 119
Hirschel, Hans 225 ff.
Hishmit, Sarah 165
Hoffmann (Polizist in Berlin) 119
Hogeveen, Jakob und Bonnie 29
Horthy, Miklós 89, 193

I. G. Farben 95, 99
IKRK (Internationales Komitee vom Roten Kreuz) 85, 88 ff., 123

Jacobowitz, Shoshana 181 f.
Jacobs, Sam 20 f.
Jaksy, Joseph 183 ff.
Jasenovac (Zwangsarbeitslager in Jugoslawien) 151, 154
Johnny (niederländischer Verräter) 24 f.
Jospa, Yvonne 189
Jozsa, Paolo 142

Kabilio, Yosef 149 ff.
Kalmanowitz, Moses 64
Kaplan, Yosef 173
Karrer, Lukas 131
Kastner, Rudolf 214
Keable, William 112
Keenan, Tich 96
Kenally, Thomas 14
Kerem, Yitzchak 130
Kolonia Wilenska (Litauen) 143 ff.

Kopenhagen 67 ff.
Kotzuji, Setsuzo 65 ff.
Kovner, Abba 143 ff., 147 ff., 164, 173
Kovno (heute Kaunas), Litauen 60 ff., 64
Kruger, Birgitte 117
Kruger, Chaim 79 f.
Kruja (albanisches Dorf) 160 ff.

Lamirand, George 36
Lebrat, Jean 32, 34 f.
Leons, Max (Tarnname Nico) 17, 22, 24, 29 f.
Letchford, Roger 105, 112
Lewin, David 221 f., 224
Lewin, Heinz (Henri) 222 ff.
Lida (Weißrußland) 201 f.
Limoges (Frankreich) 192
Lipowski (polnisches Ehepaar) 34
Lit, Alfred 131
Litauen 143 ff.
Logothetopoulos, Constantinos 129
Lopes, Nuño de Bessa 84
Louis, Joe 221, 224
Lutsk (Polen) 180 ff.
Lwow 169 ff., 172

Maber, Lesley 32, 34 ff., 38
Maltzan, Gräfin Maria von 196, 225 ff., 234
Mandil, Moshe 158 ff.
Mandil, Gavra 158 ff.
Matteck (Polizist in Berlin) 119 ff.
Matuson, Sara 105 ff.
Mauthausen (Konzentrationslager bei Wien) 20, 85 ff.
May, Roger 32, 34, 37
Melchior, Werner David 72 ff., 76
Melchior, Marcus 73 f., 76
Mendes, Aristides de Sousa 77 ff.
Mendes, Cesar de Sousa 79, 81 f.

Mendes, Sebastian de Sousa 83 f.
Mir, Jeschiwa 61, 64
Modiano, Sam 132 f.
Monowitz, Lager (Auschwitz III) 94, 96 f.
Moreillon, Jacques 92
Murat (Frankreich) 190 f.
Mussolini, Benito 43, 45, 52 f.
Myrgren, Erik 113 f., 227 ff., 230
Müller, Valentin 141 f.

Namur (Belgien) 134 f.
Nathan, Simone (später Simone Ascher) 191 f.
Neshad 159 f., 162
Nevejean, Yvonne 187 ff.
Nicacci, Rufino 136 ff. 139 ff.
Nicolini, Giuseppe Placido 136, 231
Nieuwlande, (Niederlande) 17, 21 ff., 29, 234
Noble, Thomas 105, 109, 112
Novi Sad (Jugoslawien) 158, 163, 208 f.

Oestermann, Richard 73 ff.
Ohmann, Vide 117
Oliner, Samuel und Pearl 233 f.

Peleg, David 122, 126
Peres, Gershom 98
Peres, Shimon 96
Perlasca, Giorgio 52 ff., 234
Perski, Yitzhak 96 ff.
Perwe, Erik 114 f.
Pétain, Marschall Philippe 39, 191
Petsche, Roman Erich 208 ff.
Pfeilkreuzler (ungarische Faschisten) 53, 57, 89, 122 f.
Philipp, Andrée 37
Plaszow (Arbeitslager in Polen) 213
Post, Johannes 18, 21 ff., 30 f.

Pottock, Alina 178 ff.
Puti, Alexa 185 f.

Quisling 68

Radovich (jugoslawischer Hauptmann) 150
Raffay, Sandor 123
Ramati, Alexander 140, 142
Rechen, Richard 220
Reiman, Hauptmann 152
Reitlinger, Gerald 73, 85, 87 f.
Rhodos 154 ff.
Rietti, Georgina 139
Rockefeller, Winthrop und David 38
Ronai, Avraham 57
Rossi (italienische Familie) 45 f.
Rosso, Giacomo 42, 47 f., 51
Roth, Brunia 169 f., 171
Rudbeck, Wendela 117
Rumänien 185 ff.

Sadik, Ahmed 152, 154
Salazar, António de Oliveira 78, 83
Saloniki (Griechenland) 129 f.
Samo, Harvey 204
Samuel, Dr 103
Sandler, Henri 192
Sanz-Briz, Angel 54 f.
Sarajevo 149 ff.
Sauvage, Pierre 17, 31, 35
Savidor, Menahem 61
Scavenius, Erik 70
Schindler, Emilia 218
Schindler, Oskar 14, 196, 210 ff., 234
Schmalz-Jacobsen, Cornelia 14, 208
Schmeling, Max 196, 221 ff.
Schmid, Anton 201 ff., 208
Schweden 58 f., 67, 71 f., 74 ff.
Scruton, William 112
Segal, Rachel 134 f.

Shamir, Yitzhak 12
Shilo, Michael 66
Shpiro, David 66
Simaite, Ona 164 ff.
Siöcroona, Meri 117
Skjaer, Eyvind 74 f.
Slawie, Henryk 86
Soares, Mário 84
Sobibor (Konzentrationslager) 26
Sofer, Nahum 180
Solomon, Jacob 185
Spanien 54 ff.
Stern, Erna 190
Stern, Isaac 212 ff., 219
Sternfeld, Shabtai 199 f.
Sternheim, Leo 61
Sternthal, Tanya 165 f.
Sugihara, Sempo 60 ff.
Sugihara, Hiroki 64
Sutzkever, Avraham 144, 165
Svennigsen, Nils 72
Szajdholc, Familie 40 ff.
Sztehlo, Gabor 122 ff.

Tannenbaum, Mordechai 102
Tec, Nehama 230, 233
Telz, Jeschiwa 61
Theis, Édouard 39 f.
Theodorakis, Mikis 86
Tibor, Gyoray 208
Tibor, Hava 209 f.
Tibor, Miriam 209 f.
Tibor, Olga 209 f.
Tibor, Vera 209
Tirana (Albanien) 158 ff., 162 f.
Tokayer, Marvin 66
Trattner, Amira 185
Triguboff, Alex 63
Trocmé, André 33, 36 ff.
Trocmé, Daniel 34, 36
Trocmé, Magda 35, 38 ff.

Trondheim (Norwegen) 194 f.
Turiel, Matilda 157

Ulkumen, Selahattin 154 ff.
Ullmann, Halfdan 194 f.
Ullmann, Liv 194 f.
Ungarn 52 ff., 89 f., 122 ff., 193 f.
Uris, Leon 101, 103 f.

Vajna, Gabor 56 f., 59
Velde, Ernst von den 142
Vermes, Gabor 127
Veseli, Refik 160 ff.
Veseli, Vesel 160 ff.
Vishnia, Arieh 134
Viterbi, Emilio (Deckname Ernesto Varelli) 137 f., 140
Viterbi, Mirjam 137 f., 139

Wahrhaftig, Zerach 61 ff., 65 f.
Wallenberg, Raoul 14, 58 f., 86
Warschau (Polen) 166 ff., 172, 176 ff.
Weiss, Clara (Bianchi) 140 f.
Weissenberg, Margot und Martin (Berg) 118 ff.
Weissmann, Sasha 204
Wells, Stanley 105, 107 f., 111 f.
Weyermann, Hans 90
Wesslen, Erik 115 f., 120
Whartman, Miriam 12 ff.
Wilna 143 ff., 164 ff., 172 ff., 201
Wilner, Arieh (Jurek) 145 f., 175 ff.
Wirths, Eduard 101 f.
Wollheim, Norbert 99

Yafee, Esther 201
Yahil, Leni 67

Zakynthos (Griechenland) 130
Ziereis, Franz 87 f.
Zwartendijk, Jan 61

Quellen

1. Verschwörer des Guten

1
Nieuwlande: Interviews mit Arnold Douwes, Max Leons und Miriam Whartman.

2
Le Chambon-sur-Lignon: Interviews mit Pastor André Bettex, Roger May, Jean Lebrat und André Chouraqui. André Trocmé in einem Brief an einen amerikanischen Freund, zitiert in Pierre Sauvages Artikel in *Moment* (Oktober 1983). Briefwechsel mit Lesley Maber. Philip Hallie, *Daß nicht unschuldig Blut vergossen werde*. Pierre Sauvages Film *Weapons of the Spirit*, seine Artikel in *Moment* (op. cit.), *The Hollywood Reporter* (17. März 1987) und ein Vortrag, den er auf der Konferenz »Remembering for the Future« (Oxford 1988) hielt.

3
Andonno: Albert M. Sharon, *Laissez Passer, a Different Holocaust Memoir* (mit freundlicher Genehmigung von Lynn Sharon).

2. Die ehrenhaften Konsuln

1
Giorgio Perlasca: Interview mit Perlasca. Ernie Meyers Artikel *The Second Wallenberg* in *Jerusalem Post Magazine* (29. September 1989).

2
Sempo Sugihara: Interviews mit Zerach Wahrhaftig und Michael Shilo. Wahrhaftigs Memoiren, *Refugee and Survivor*. Artikel in *Tokyo Shimbun* (17. Januar 1985), *Mainichi Daily News* (19. Januar 1985), *The Times* (19. Januar 1985) und *Jerusalem Post* (28./29. November 1985 und 16. April 1991).

3
Georg Ferdinand Duckwitz: Werner David Melchiors Aussage im Eichmann-Prozeß (Jerusalem, 10. Mai 1961) und sein Brief an das israelische Außenministerium (26. Juli 1968), beides im Yad Vashem Archiv. Leni Yehil, *The Rescue of Danish Jewry*, und ihr Brief an Yad Vashem (1971). Interview mit Richard Oestermann.

4
Aristides de Sousa Mendes: Berichte der Familie Mendes und des Rabbi Chaim Kruger (Yad Vashem Archiv). Artikel in *Reader's Digest* (Dezember 1988), *Christian Science Monitor* (19. Mai 1967), *Los Angeles Times* (22. März 1988) und *Jerusalem Post* (23. März 1988). Interview mit Dr. David Shpiro.

5
Louis Haefliger: Artikel in *Jerusalem Post* (20. Mai 1980).

6
Friedrich Born: Arieh Ben-Tov, *Das Rote Kreuz kam zu spät*. Artikel in *Jerusalem Post* (24. Juni und 31. August 1988).

3. Unter Gefangenen

1
Charles Coward: John Castle, *The Password Is Courage*. Aussage von Yitzhak Perski (Yad Vashem Archiv). Interview mit Gershon Peres (Perski).

2
Adélaïde Hautval: Aussage von Adélaïde Hautval im Prozeß Dering gegen Uris (Oberster Britischer Gerichtshof, London 1964). *Médecine et Crimes contre l'Humanité*, Aussage von Dr. Hautval aus dem Jahr 1946, revidierte Fassung 1987 (veröffentlicht 1991 von Actes Sud). Briefe von Leon Uris (1964, Yad Vashem Archiv). *Times Law Report* (6. Mai 1964). Brief von Moshe Bejski (30. Oktober 1988, Yad Vashem Archiv).

3
Britische Kriegsgefangene: Interviews mit Hannah Sara Rigler (geborene Matuson), Alan Edwards, George Hammond und Stanley Wells. Artikel in *Jerusalem Post* (17. März 1989) und *Jewish Forward* (10. Februar 1989). BBC Transkripte (Yad Vashem Archiv).

4. Widerstand aus den Kirchen

1
Erik Myrgren: Interview mit Myrgren. Artikel von Myrgren (1986, Yad Vashem Archiv). Berichte der Überlebenden (Yad Vashem Archiv). Leonard Gross, *Versteckt*.

2
Gabor Sztehlo: Interviews mit Shmuel Ben-Dov und David Peleg. Artikel von Gabor Vermes, darin auch Material aus Sztehlos Memoiren (*Gustav Adolf Kalender*, 1990). Bericht von Shmuel Ben-Dov (Yad Vashem Archiv).

3
Erzbischof Damaskinos und Anghelos Evert: Berichte von Sam Modiano und Haim Cohen (Yad Vashem Archiv). Artikel von Yitzchak Kerem (*Greek Orthodox Church and Greek Police*, in: *Computerized Encyclopedia of the Holocaust*, Wiesenthal Centre, Los Angeles). Artikel in *Davar* (11. Juni 1961).

4
Joseph André: Aussagen von Rachel Segal, Arieh Vishnia, Yitzchak Kubovitski, Sarah Weinberg (Yad Vashem Archiv). Zusätzliches Material von Sylvain Brachfeld.

5
Rufino Nicacci: Interview mit Mirjam Ben-Horin (geborene Viterbi). Berichte von Hannah Hirsh (geborene Gold) und Leah Halevy (geborene Baruch) (Yad Vashem Archiv). Artikel von Don Aldo Brunacci (London, *Catholic Times*, 1946). Alexander Ramati, *Der Assisi-Untergrund*.

6
Anna Borkowska: Borkowskas Bericht in *Mosty*, dem Magazin der Hashomer Hatzair (Nr. 46, Warschau 1948), nachgedruckt in *Vergossenes Blut uns verbrüdert*, hrsg. von Wladyslaw Bartoszewski und Zofia Lewin. Bericht von Abba Kovner (Yad Vashem Archiv), der Auszüge seiner Rede in Warschau bei der Überreichung der Yad-Vashem-Medaille an Anna Borkowska enthält. Interview mit Chaika Grossmann.

5. Der gütige Halbmond

1
Mustafa Hardaga: Bericht von Yosef Kabilio (Yad Vashem Archiv). Interview mit Binyamin Kabilio und Tovah Greenberg (geborener Kabilio). Bericht in *Jerusalem Post* (17. Juni 1985).

3
Refik Veseli: Interviews mit Gavra Mandil und Veseli.

6. Ein Akt des Widerstands

1
Ona Simaite: Berichte von Abba Kovner, Sarah Nishmit und Tanya Sternthal (Yad Vashem Archiv). Mark Dworzecki, *Jerusalem in Rebellion and in Holocaust* (Mapai Publishers 1948).

2
Stanislaw Dutkievicz: Interview mit Dutkievicz. Bericht von Stefan Grajek (Yad Vashem Archiv).

3
Wladislawa Choms: Aussagen von Brunia Roth, Ida Begeleiter und Ludmila Bogdanovich (Yad Vashem Archiv). Kurt Grossmann, *Die unbesungenen Helden*.

4
Henryk Grabowski: Berichte von Grabowski in *Mosty* (Nr. 46, Warschau 1948), nachgedruckt in Bartoszewski und Lewin, *op. cit.*, und im Moreshet Archiv, Givat Havivah (1976). Aussage von Chaika Grossmann (Yad Vashem Archiv und Interview mit dem Autor). Bericht in *Ma'ariv* (8. November 1984).

5
Leonard Glinski: Interview mit Glinski.

6
Witold Fomienko: Bericht von Shoshana Jacobovitz (*The Book of Lutsk*, Yad Vashem Archiv). Interview mit Mark Fomienko. Artikel in *Davar* (17. Februar 1961).

7
Joseph Jaksy: Bericht von Alexander Eckstein, gegründet auf seinen Memoiren *We Did Fight Back*, und Juraj Csiky und Eliyahu Arbel (alles Yad Vashem Archiv). Berichte in *Forward*, New York (15. März 1991) und *Religious News Service* (8. März 1991).

8
Alexa Puti: Bericht von Jacob Solomon (Yad Vashem Archiv).

9
Yvonne Nevejean: Briefe von Max Gottschalk, Präsident des Centre National des Hautes Études Juives, an Yad Vashem (Brüssel 1964, 1965) aufgrund von Interviews mit Nevejean. Artikel in *Le Soir* (28. August 1987) und *Regards* (10. bis 23. September 1987). Sylvain Brachfeld, *Ils n'ont pas eu les gosses*.

10
Alice Ferrières: Berichte von Erna Stern, Solange Factor und Ruth Feldman (Yad Vashem Archiv).

11
Georges Dumas: Berichte von Simone Ascher (geborene Nathan) und Henri Sandler (Yad Vashem Archiv).
12
Joszef Antall: Yad Vashem Archiv.
13
Halfdan Ullmann: Liv Ullmann (Brief an den Autor).

7. Die wenigen, die den Gehorsam verweigerten

1
Hugo Armann: Brief von Armann an Yad Vashem (1983). Berichte von Sara Czazkes Manishewitz und Shabtai Sternfeld (Yad Vashem Archiv). Bericht in *Jerusalem Post* (16. September 1986).
2
Anton Schmid: Berichte von Shlomo Bronowski, Mordechai Tannenbaum und M. Duborzski (Yad Vashem Archiv).
3
Eberhard und Donata Helmrich: Interview mit Susi Bezalel (geborene Almann). Berichte von Sasha Weissman und Harvey Samo (Samolewitz) (Yad Vashem Archiv), Interview mit Cornelia Schmalz-Jacobsen, *Jerusalem Post* (26. April 1987).
4
Roman Erich Petsche: Bericht von Hava Szyk (geborene Tibor) (Yad Vashem Archiv) und Interview mit dem Autor.
5
Oskar Schindler: Interview mit Moshe Bejski. Schindlers Bericht nach Kurt R. Grossmann, *op. cit.*
6
Max Schmeling: Interview mit Henri Lewin. Bericht von Tom Tugend, *Jerusalem Post* (26. Dezember 1989).
7
Maria von Maltzan: Berichte von Erik Myrgren und Wolfgang Hammerschmidt (Yad Vashem Archiv). Leonard Gross, *Versteckt*. Janet Watts Interview mit von Maltzan, *Observer* (15. Februar 1986).

Auswahlbibliographie

Bartoszewski, Wladyslaw und Lewin, Zofia (Hg.). *Vergossenes Blut uns verbrüdert. Über die Hilfe für Juden in Polen während der Okkupation.* O.O., 1970.
Ben-Tov, Arieh. *Das Rote Kreuz kam zu spät. Die Auseinandersetzung zwischen dem jüdischen Volk und dem internationalen Komitee vom Roten Kreuz im Zweiten Weltkrieg. Die Ereignisse in Budapest.* Zürich, 1990.
Bierman, John, *Righteous Gentile: The Story of Raoul Wallenberg.* New York, 1981.
Boehm, Eric. *We Survived.* New Haven, 1949.
Borwicz, Michael. *Vies interdites.* Tournai, 1969.
Brachfeld, Sylvain. *Ils n'ont pas eu les gosses.* Herzliya, 1989.
Castle, John. *The Password Is Courage.* London, 1954.
Dawidowicz, Lucy S. *Der Krieg gegen die Juden. 1933-1945.* München, 1979.
Deutschkron, Inge. *... denn ihrer war die Hölle. Kinder in Gettos und Lagern.* Köln, 1965.
Ford, Herbert. *Flee the Captor.* Nashville, Tenn., 1966.
Frank, Anne. *Anne Franks Tagebuch.* Frankfurt am Main, 1992.
Friedman, Philip. *Their Brothers' Keepers.* New York, 1957.
Gilbert, Martin. *Endlösung. Die Vertreibung und Vernichtung der Juden. Ein Atlas.* Reinbek bei Hamburg, 1982.
Gross, Leonard. *Versteckt. Wie Juden in Berlin die Nazizeit überlebten.* Reinbek bei Hamburg, 1983.
Grossmann, Chaika. *The Underground Army.* New York, 1987.
Grossmann, Kurt. *Die unbesungenen Helden.* Berlin, 1961.
Gutman, Israel und Zuroff, Efraim (Hg.). *Rescue Attempts During the Holocaust.* Jerusalem, 1974.
Gutman, Israel (Hg.) *Enzyklopädie des Holocaust.* Berlin 1993.
Hallie, Philip *... daß nicht unschuldig Blut vergossen werde. Die Ge-*

schichte des Dorfes Le Chambon und wie dort Gutes geschah. Neukirchen-Vluyn, 1983.
Hilberg, Raul. *Die Vernichtung der europäischen Juden.* Berlin, 1982.
Horbach, Michael. *So überlebten sie den Holocaust: Zeugnisse der Menschlichkeit 1933-1945.* München, 1979.
Kenally, Thomas. *Schindlers Liste.* München, 1984.
Lanzmann, Claude. *Shoah.* Düsseldorf, 1986.
Oliner, Samuel P. und Pearl M. *The Altruistic Personality.* New York, 1988.
Ramati, Alexander. *Der Assisi-Untergrund. Assisi und Nazi-Besetzung nach dem Bericht von Pater Rufino Nicacci.* München, 1984.
Reitlinger, Gerald. *Die Endlösung. Hitlers Versuch der Ausrottung der Juden Europas 1939-1945.* Berlin, 1956.
Tec, Nechama. *When Light Pierced the Darkness.* New York, 1986.
Uris, Leon. *QB VII.* München, 1974.
Wahrhaftig, Zerach. *Refugee and Survivor.* Jerusalem, 1988.
Yahil, Leni. *The Rescue of Danish Jewry.* Philadelphia, 1969.

Bildnachweis

Pastor André Bettex, der in Le Chambon-sur-Lignon Juden versteckte. *(© Dinah Silver)*
Sempo Sugihara, japanischer Konsul in Kovno. *(Yad Vashem Archiv)*
Aristides de Sousa Mendes, portugiesischer Generalkonsul in Bordeaux, mit seiner Frau Angelina. *(Yad Vashem Archiv)*
Charles Coward, der »Graf von Auschwitz«. *(Associated Press)*
Sara Rigler (geborene Matuson) mit fünf der britischen Kriegsgefangenen, die ihr das Leben retteten. *(© G. Feinblatt / Media)*
Die gefälschten Personalpapiere von Tibor Berger (Shmuel Ben-Dov), die Pastor Gabor Sztehlo besorgt hatte. *(Mit freundlicher Genehmigung von Shmuel Ben-Dov)*
Erzbischof Damaskinos mit dem griechischen König Georg bei dessen Rückkehr aus dem Exil. *(Associated Press)*
Der israelische Dichter und ehemalige Ghettokämpfer Abba Kovner überreicht Anna Borkowska die Medaille der Gerechten; Warschau, 1984. *(Mit freundlicher Genehmigung der Familie Kovner)*
Zayneba Hardaga (Mitte) pflanzt in Begleitung ihrer Schwester Arifagic Nada einen Sprößling, rechts Yosef Kabilio; Jerusalem, Juni 1985. *(© Isaac Harari)*
Selahattin Ulkumen, türkischer Konsul in Rhodos im Juni 1990 in Yad Vashem, Jerusalem. *(© Rahamim Israeli)*
Die albanischen Muslime Vesel und Fatima Veseli (in der Mitte sitzend) mit den jüdischen Familien, denen sie 1944 Zuflucht gewährten. *(Mit freundlicher Genehmigung von Gavra Mandil)*
Tag der Befreiung in Tirana, November 1944. *(Mit freundlicher Genehmigung von Gavra Mandil)*
Henry Grabowski mit ehemaligen jüdischen Widerstandskämpfern, 1985. *(Moreshet Archiv)*
Yvonne Nevejean, Retterin vieler belgisch-jüdischer Kinder, 1969 in Brüssel. *(© Sylvain Brachfeld)*

Der deutsche Oberfeldwebel Hugo Armann pflanzt einen Baum in der Allee der Gerechten, Yad Vashem, 1986. *(© Rahamim Israeli)*
Der Gummistempel, den Moshe Bejski 1945 für Oskar Schindler herstellte. *(Mit freundlicher Genehmigung von Richter Bejski)*
»Frachtbrief« für Juden, die aus Golleschau, einem Außenlager von Auschwitz, abtransportiert wurden. *(Yad Vashem Archiv)*
Oskar Schindler in Krakau, 1942. *(Yad Vashem Archiv)*
Max Schmeling *(© Ullstein Bilderdienst)*
Maria von Maltzan, die in ihrer Berliner Wohnung Juden versteckte. *(Ullstein Bilderdienst)*
»Alles, was blieb«: Die Skulptur von Elsa Pollak, die im Museum in Yad Vashem steht, erinnert an die Schuhe der Opfer, die in Auschwitz ausgestellt sind. *(© Shevach Black)*

Eric Silver war Korrespondent des Londoner GUARDIAN in Israel und Indien. Heute lebt er in Jerusalem und arbeitet als freier Journalist für englische und israelische Zeitungen. Neben seiner journalistischen Arbeit schrieb er eine Biographie Menachem Begins.

In gleicher Ausstattung liegt vor:

Peter Pohl
Der Regenbogen hat nur acht Farben

288 Seiten
ISBN 3-446-17358-7

Heinrich ist fünf, als er im September 1945 nach Schweden kommt. Er ist Deutscher, seine Mutter Schwedin, der deutsche Vater ist im Krieg gefallen. Was Frieden ist, hat Heinrich noch nicht erfahren. Daß er auch die Hölle sein kann, lernt Heinrich bald. Denn er ist fremd, ein Ausländer, Deutscher – ein kleiner Nazi. Aus Angst wird er zum mißtrauischen, vergrübelten Einzelgänger – bis Ylva in die Klasse kommt, die starke, selbstbewußte, sanfte Ylva, die seine erste Liebe wird.

»*Die Geschichte demonstriert in ergreifender Weise blinden Ausländerhaß und Gewalt am Beispiel eines deutschen Kindes und leistet in ihrem Bekenntnis zu Liebe und Verständnis einen wertvollen Beitrag zur aktuellen Problematik.*«

Salzburger Nachrichten

In gleicher Ausstattung liegt vor:

Amos Oz
Sumchi – Eine wahre Geschichte über Liebe und Abenteuer

Mit Bildern von Quint Buchholz
96 Seiten
ISBN 3-446-17391-9

»Einmal bekam ich ein Fahrrad geschenkt und tauschte es gegen eine Eisenbahn, für die ich einen Hund bekam, an dessen Stelle ich dann einen Spitzer fand, den ich gegen Liebe hergab. Doch auch das ist nicht die volle Wahrheit, denn die Liebe gab es die ganze Zeit, schon bevor ich meinen Spitzer herschenkte...«

Eine Hans-im-Glück- und eine Liebesgeschichte, eine Geschichte von der Sehnsucht (nach dem Land Ubangi-Schari tief in Afrika) und vom Erwachsenwerden, ein Buch für Kinder, aber längst nicht nur – und vielleicht das persönlichste des Friedenspreisträgers des Deutschen Buchhandels.

Von der ZEIT und Radio Bremen ausgezeichnet mit dem »Luchs«.

In gleicher Ausstattung liegt vor:

Jostein Gaarder
Sofies Welt

Roman über die Geschichte der Philosophie
616 Seiten
ISBN 3-446-17347-1

Ein Roman über zwei ungleiche Mädchen und einen geheimnisvollen Briefeschreiber, ein Kriminal- und Abenteuerroman des Denkens, ein gescheites, geistreiches, witziges Buch, ein großes Lesevergnügen – und zu allem eine Geschichte der Philosophie von den Anfängen bis zur Gegenwart.

»*Ein dickes Buch mit spitzen Fingern angefaßt und mit Begeisterung und Beifall zugeklappt: Ein großer Wurf im wörtlichen und im übertragenen Sinn. Gaarders Buch ist eine einmalige Chance für alle, die endlich einmal erfahren wollen, was das ›Ding an sich‹ ist. Selten hat man einem Buch soviel Erfolg gewünscht.*«

DIE ZEIT

Von der ZEIT und Radio Bremen ausgezeichnet mit dem »Luchs«.